2012年教育部哲学社会科学重大课题攻关项目阶段性成果
中国政法大学网络法研究中心文库22

作者简介

于志刚 男，1973年生，洛阳人。中国政法大学网络研究中心主任，教育部长江学者特聘教授。法学学士（1995年，中国人民大学）、法学硕士（1998年，中国人民大学）、法学博士（2001年，中国人民大学），2001年进入中国政法大学任教，次年破格晋升副教授。2004年至2005年赴英国牛津大学做访问学者，2005年破格晋升教授，2006年被遴选为博士生导师，同年开始兼任北京市顺义区人民检察院副检察长至今，2009年至2012年5月任研究生院副院长，2012年5月任教务处处长，2015年5月任中国政法大学副校长。2007年入选教育部新世纪优秀人才支持计划，2010年获北京市五四青年奖章，当选第11届全国青联委员，2013年受聘为最高人民法院案例指导工作专家委员会委员。

近20余年来在《中国社会科学》《法学研究》《中国法学》等刊物发表学术论文200余篇，出版《传统犯罪的网络异化研究》等个人专著12部，合著多部，主持教育部哲学社会科学重大课题攻关项目、国家科技支撑计划项目、国家社科基金项目等省部级以上科研项目近20项。曾获教育部高校优秀科研成果奖、霍英东青年教师奖、钱端升法学研究成果奖、司法部科研成果奖等科研奖励，以及宝钢优秀教师奖、北京市优秀教学成果奖等教学奖励。2010年11月，当选第六届全国十大杰出青年法学家。

郭旨龙 男，1989年生，江西于都人。中国政法大学网络法研究中心研究员（2013年7月—），国家公派英国格拉斯哥大学博士研究生（2014年9月—），研究方向为网络犯罪、非犯罪化、学术评价。在《法律科学》《法学论坛》《法律和社会科学》等刊发文20余篇，并为《高等学校文科学术文摘》《复印报刊资料（刑事法学）》摘编、转载多篇；出版《网络刑法的逻辑与经验》《信息时代犯罪定量标准的体系化建构》等著作5部；法律翻译数篇；在《中国社会科学报》《法制日报》等报发文多篇；在全国刑法学术年会、中国犯罪学学会年会、网络法国际学术研讨会等会发文多篇，并为《检察日报》等报道观点；参与教育部哲学社会科学重大课题攻关项目、国家科技支撑计划项目、国家社科基金重大项目等省部级以上科研项目6项。

丁琪 男，1989年生，安徽安庆人，山东大学法学学士、中国政法大学刑事诉讼法学硕士，中央纪委中国纪检监察学院干部（2014年7月—），研究方向为刑事诉讼、纪检监察。发表论文多篇，合著、参编著作多部；参加北京市科委、社科院、检察院等多项课题。

高严 男，1991年生，江西上饶人，中国政法大学法学学士、刑事诉讼法学硕士，2015年进入美国哥伦比亚大学法学院深造，研究方向为刑事诉讼、网络犯罪。曾获中国政法大学"学术新人"论文大赛优秀论文奖。

法学格致文库
穷究法理 探求真知

丛书主编 于志刚

郭旨龙 丁琪 高严 著

网络犯罪公约的修正思路

中国法制出版社
CHINA LEGAL PUBLISHING HOUSE

网络犯罪下的国际态势与中国应对
（代前言）

《网络犯罪公约》（*Convention on Cybercrime*，以下简称《公约》）是 2001 年 11 月由欧洲委员会的 26 个欧盟成员国以及美国、加拿大、日本和南非等 30 个国家的政府官员在布达佩斯共同签署的国际公约，是第一部打击网络犯罪行为的国际公约。2003 年 1 月 23 日，欧盟在斯特拉斯堡通过了《网络犯罪公约补充协定：关于通过计算机系统实施的种族主义和排外性行为的犯罪化》。

但是，自《公约》实施以来，网络技术得到飞速发展，网络犯罪也随之出现复杂化、组织化、全球化、高科技化等新特点，《公约》已不能适应现实的需要。不仅"先天"在地区公平性上存疑，而且"后天"在时代技术性上脱节。过去十余年，世界和中国网络犯罪的特点和规律伴随着网络的代际演变发生了巨大的变化，尤其是网络在犯罪中的地位几乎是伴随着网络的代际演变经历了同步演变，经历了从"犯罪对象"到"犯罪工具"再到"犯罪空间"的三个阶段，但是《公约》无论是实体内容还是程序规定都似乎反应"迟钝"。比如 2015 年美国纽约曼哈顿联邦法院开庭审理的"罗斯·乌尔布里奇案"，此案涉及臭名昭著的贩卖毒品等非法物品的"丝绸之路"网站。该网站除了采用具有匿名特性的比特币进行非法买卖外，还采用了一种名为"洋葱路由"（TOR）的技术，让警方的追踪调查工作变得异常困难。FBI 调查人员甚至认为"丝绸之路"是迄今为止互联网上最先进、涉及面最广泛的犯罪市场。在刑事调查过程中，FBI探员使用传统调查技巧并结合高科技网络侦查手段以侦破"丝绸之路"网站所涉及的犯罪案件。FBI找到了该网站位于美国境外的服务器，并通过执行一个司法协助条约取得了服务器副本，而且从其中取得了万宗交易记录和电子邮件。该案是网络犯罪证据调查与国际合作的典型案例。当然，本案存在诸多法律争议，比如FBI在没有拘捕令的前提下入侵该网站、无法证明采取了合法手段找到了服务器副本，这些都影响了本案电子证据的效力。本案中所遇见的一系列问题，以及由此得出的宝贵经验和教训，都可能是《网络犯罪公约》所需要修订的内容。

网络技术和网络思维变革与网络犯罪罪情的发展是相伴而生的，从全球范围来看，面对不断泛滥的网络犯罪，各国均从立法、教育、行动计划等方面加强对网络犯罪的治理。美国、俄罗斯等大国纷纷制定网络战略，完善国内法规，试图主导网络空间国际规则的制定；欧盟委员会近期披露了其2015年至2020年安全计划，以强化对网络恐怖犯罪的监控、阻止极端思想的网络传播；肯尼亚基西大学则宣布将开设专门的反恐课程，以应对可能针对高校的恐怖袭击威胁；英国公布网络安全学徒计划，将网络安全课程列为公务员必修课；法国则规定重要企业必须安装入侵检测系统，以保证网络安全；美国国防部将推出网络安全新战略，提升网络威慑能力；澳大利亚则通过了《加强儿童网络安全法案2014》，以提升儿童上网安全性；中国出台《关于维护互联网安全的决议》等13个"国家决定"、《关于办理网络犯罪案件适用刑事诉讼程序若干问题的意见》等数十个司法解释。

但是，上述都是各国国内的治理措施，没有针对网络犯罪全球化的特性。近年来，中国的互联网得到飞速发展，在互联网用户逐年增加的同时，网络犯罪率也逐年攀升，网络犯罪所带来的影响与损失更是难以估量。根据中国互联网络信息中心《第35次中国互联网发展状况统计报告》，截至2014年12月，中国网民数量达6.49

亿，手机网民数量达 5.57 亿。全体网民的 46.3% 遇到过网络安全问题，以电脑或手机中毒或木马、账号或密码被盗情况最为严重。对此中国已然探索出了不少行之有效的应对措施，需要总结反思和交流推广。美国从《塔林手册》到《网络空间联合作战条令》，拟定了网络军事行动的基本准则；俄国在巴西召开的联合国网络犯罪会议上提出"合作打击信息犯罪的联合国公约草案"（*Drafted united nations convention on cooperation in combating information crimes*）；金砖四国也达成打击网络犯罪的国际合作决议，提交给了联合国犯罪预防与刑事司法委员会，但至今尚未得到通过。所以，《网络犯罪公约》作为一项极具专业性、针对性的国际文件，不应该只适用于欧盟及美国、加拿大、日本等国，而应当成为联合国框架下国际性公约，促成人类共同打击网络犯罪行为；在这一过程中，中国在走向真正的"政治大国"之路上必须"发声"，并且有实质性影响。总而言之，《公约》必须做出相应的修订。

《网络犯罪公约的修正思路》，一方面是基于十几年来网络犯罪的发展变化，另一方面也是为了使其他国家特别是中国能够加入《公约》，共同打击网络犯罪行为而进行修正。本书并非完全意义上的学术专著，而是在引用课题报告、学者灼见、师友指导（以上引用部分通过楷体段落缩进突出，约达正文篇幅的 6%）以及翻译《公约》本身的解释性报告的基础上进行的综合述评，兼顾了学术思考，侧重了立法建议。

本书分为七章，第一章为序言，第二章为术语的使用，第三章为刑事实体法，第四章为刑事程序法，第五章为管辖权协调机制，第六章为国际合作，第七章为补充协定，主要是从术语概念、实体法、程序法和国际合作等方面对《公约》进行修正。首先，术语概念方面主要考虑到近年来互联网技术的发展，对计算机系统、计算机数据、网络等概念进行了修正或补充。其次，实体法方面主要考虑到近年来中国刑法关于网络犯罪方面理论的发展，以及司法实践中出现的新型案例，而对《公约》所规定的网络犯罪罪行及类型进行修订或补充，比如计算机伪造、计算机诈骗、儿童色情犯罪、数据和系统干扰等罪行的重新定义，垃圾信息犯罪、信息传播犯罪、网络平台犯罪等罪行的补充。再次，程序法方面主要考虑到网络犯罪发展的新特性及侦查技术的进步，同时考虑到近年来中国《刑事诉讼法》做出了重大修改并且出台了诸多关于办理网络犯罪案件的程序法规定，而对《公约》程序法部分进行修订。《公约》程序法部分的修改内容主要包括电子证据概念的厘定、程序法部分基本原则的补充、调查过程中保密义务的补充及调查措施权限的重新设置等。最后，国际合作方面主要是考虑到《公约》国际化适用的需要，以及从中国与他国签订的引渡条约或司法协助条约中借鉴合理的规定，对《公约》进行适时修订。国际合作部分修订的内容主要包括为执行刑罚而予以引渡的条件的补充、相互协助在整个刑事诉讼程序中的实现、拒绝引渡或拒绝协助范围的限制以及域外取证方式的补充等。

需要说明的是，《网络犯罪公约》并无官方的中文版，所以在翻译过程中难免出现一些不当之处。同时，《公约》内容本身与一些国家立法相比仍有诸多超前之处，而程序法部分需要修订的地方很少，对于一些可能存在不足的地方，《公约》都规定各缔约国采取立法或其他必要的措施或者依赖于各缔约国之间已经签订的条约来设定权力与程序。比如，《公约》第14条、第15条确定的人权保护原则、比例原则是对其他证据调查措施条款的规制，再去细化各个条款的内容，恐怕存在画蛇添足之嫌。

本书研究的中心问题是，正视《网络犯罪公约》法律规则在整体上的不足之处，完善网络犯罪的国际应对体系，特别重视网络空间的中国国家安全与利益的保护，深刻理解网络所带来的安全问题，更新公共安全和国家安全等传统安全观念，在国内法律和国际策略上及时进行调整，在网络空间国际规则的制定和完善中提供"中国样本"，最终达到打击世界网络犯罪、保护中国网络安全的目的。因此本书亦可视为"中国网络法律规则完善思路丛书"的国际法卷部分，丛书目前已经纳入了民商法卷、行政法卷、刑法卷、刑事诉讼法卷和国际法卷五本，以后视情况将会续加其他类别。本套丛书系教育部哲学社会科学重大课题攻关项目"信息时代网络法律体系的整体建构研究"的阶段性成果，同时亦是中国政法大学网络法研究中心文库的一部分。本书的出版，受到中国法制出版社的大力支持，尤其是刘峰、靳晓婷两位编辑从中做了大量细致的工作。在此谨致谢忱！

目 录

第一章 公约序言与中国的选择 …………………………（1）

一、公约序言中的功能和目标介绍 …………………………（1）

二、公约序言中的功能和目标评价 …………………………（5）

三、公约序言中的功能和目标修正 …………………………（13）

四、公约的中国选择：加入后推动修正 ……………………（15）

第二章 公约术语完善的中国思路 …………………………（17）

一、公约术语定义的修正辨析："人、机、数"的搭配 …（18）

二、公约术语定义的补充探析："网络"概念的明确与
独立 ……………………………………………………（33）

三、公约术语定义的关系定位："五位一体" ……………（38）

第三章 刑事实体法修订的中国思路 ………………………（40）

一、罪行类别的关系明确：三个阶段与三种类型 ………（40）

二、具体罪行的修正补充之一：网络作为犯罪对象的
考察 ……………………………………………………（45）

三、具体罪行的修正补充之二：网络作为犯罪工具的
考察 ……………………………………………………（68）

四、具体罪行的修正补充之三：网络作为犯罪空间的
考察 ……………………………………………………（87）

五、共犯行为与预备行为的直接提前打击 ………………（97）

六、犯罪总则的修改完善……………………………（108）

第四章　刑事程序法修订的中国思路………………………（116）

　　一、证据调查的程序规范……………………………（117）

　　二、有关电子证据调查的特殊程序法制度…………（121）

第五章　管辖权协调机制完善的中国思路…………………（167）

　　一、公约管辖权规定的评价…………………………（167）

　　二、管辖权问题中国研究的述评……………………（172）

　　三、以属地为基础的普遍管辖权修订………………（177）

第六章　国际合作体制机制完善的中国思路………………（181）

　　一、国际合作的一般原则……………………………（183）

　　二、关于相互协助的特殊机制………………………（199）

第七章　公约补充协定的中国思路…………………………（208）

　　一、关于网络种族主义和排外性质行为的补充协定的
　　　　整体介绍……………………………………………（208）

　　二、关于网络种族主义和排外性质行为的补充协定的
　　　　具体修正……………………………………………（211）

　　三、关于网络恐怖活动犯罪的补充协定的实证与中国
　　　　论证…………………………………………………（216）

　　四、关于网络恐怖活动犯罪的补充协定的起草与中国
　　　　说明…………………………………………………（228）

第一章 公约序言与中国的选择

《网络犯罪公约》(Convention on Cybercrime, 以下简称《公约》)于2001年11月23日,由欧盟15个成员国在布达佩斯签订,除欧盟成员国外,美国、加拿大、日本及南非,也以非成员国身份签订了公约。事实上,该《公约》在被签订的四年前就开始草拟,但在美国发生了"9·11"恐怖袭击后,西方国家加大决心打击网络犯罪,此公约可谓西方国家就共同打击网上犯罪达成的共识。该《公约》是全球第一部有关网上犯罪的国际公约。[1]众所周知,2001年欧洲委员会由43个国家组成,《公约》在2001年11月8日被制定时已被部长委员会采纳,而11月23日的大会中只要有5个国家(包括至少3个欧洲委员会成员国)批准,《公约》就会生效。而美国、日本和加拿大等在欧洲委员会拥有观察员身份的国家也被邀请在这一条约上签字。[2]美国已经批准该公约,该公约成为介于欧盟地区公约和国家公约之间的文本。2014年12月,加拿大通过法律允许该国批准这一公约。

一、公约序言中的功能和目标介绍

事实上,《公约》最终于2001年11月由欧洲理事会的26个欧盟

---

[1] 参见胡惠生:"全球首条网络犯罪公约",载http://www.gamez.com.tw/forum.php?mod=viewthread&tid=74710&tid=74710,2014年6月14日访问。

[2] 参见佚名:"欧洲委员会制定第一个网络犯罪公约",载http://www.yesky.com/20011109/1424100.shtml,2014年6月14日访问。

成员国以及美国、加拿大、日本和南非等30个国家的政府官员在布达佩斯共同签署。2003年1月28日欧洲理事会又通过了公约的附加协议,将通过计算机系统实施的种族主义和仇外性质的行为犯罪化。《公约》于2004年7月开始生效,是目前唯一具有法律效力的专门解决与计算机相关的犯罪行为的多边文件。网络虚拟空间的趋同性必然要求不同国家的法律不能差异过大,其无国界性更需要国家之间携手合作,因此各国在力推自有理论与规则的同时,又必须与他国沟通、与国际接轨。作为第一部针对网络犯罪所制定的国际公约,《公约》不仅对国际社会合作打击网络犯罪起到了积极的推动作用,也对许多后发展国家的网络犯罪立法起到了重要的指导作用。[①] 所以,对《公约》的功能和目标的探索是值得肯定的,这在其序言中也有详细的说明:

欧洲理事会成员国和其他国,考虑到构造理事会的目标是寻求成员国之间更大的统一性;

认识到与《公约》签署方以外的其他国家开展国际合作的价值;

确信需要优先追求打击网络犯罪、保护社会的共同刑事政策,通过采取合适的立法和培育国际合作;

意识到数字化、统一化、持续的计算机网络全球化所带来的深刻变化;

担忧计算机网络和电子信息也会被用于实施犯罪,与这些犯罪有关的证据可能通过这些网络被存储和转移;

承认国家和私有产业之间合作打击网络犯罪和保护在信息技术使用和发展中的合法利益的必要;

认定有效地打击网络犯罪需要在犯罪事务中有更多、迅速、运行良好的国际合作;

确信现在的《公约》是威慑针对计算机系统、网络和计算机数据

[①] 参见于志刚:"2012年教育部哲学社会科学研究重大课题攻关项目开题报告会首席专家汇报材料"(内部资料),第13页。

的机密性、完整性和可用性以及滥用这些系统、网络和数据的行为所必要的，通过提供这些行为的犯罪化，如《公约》所规定，和采纳为有效打击这些犯罪行为所必须的权力，便利它们在国内和国际上的侦探、调查和起诉，提供快速和可靠的国际合作的安排；

注意到有必要保证执法利益和对1950年欧洲理事会《保护人权和基本自由公约》、1966年联合国《公民权利和政治权利国际公约》和其他适用的国际人权条约规定的基本人权的尊重之间的平衡，这些条约再次确认了每个人不受干扰、持有观点的权利，自由表达的权利，包括无论国界寻求、获得、传播各种信息和思想的自由，尊重隐私的权利；

还注意到例如1981年欧洲理事会《个人数据自动化处理之个人保护公约》所认定的保护个人数据的权利；

考虑到1989年联合国《儿童权利的公约》和1999年《最恶劣形式童工劳动公约》；

考虑到既有的欧洲理事会关于在刑法领域合作的公约，在欧洲理事会成员国和其他国家之间存在的类似条约，强调现在的《公约》是要支持这些公约，以使与计算机系统和数据相关的犯罪行为的刑事调查和程序更为有效，能搜集犯罪行为电子形式的证据；

欢迎在打击网络犯罪上进一步推进国际理解和合作的最近发展，包括联合国、石油输出国组织、欧洲联盟和八国集团联盟所采取的行动；

回顾部长委员第85号备忘录《关于欧洲为侦查通讯而查询信件刑事事务互助公约》的第10条，第88号《关于版权和相邻权中的隐私》的第2条，第87号《规制在警察部门使用个人数据》的第15条，第95号《关于通讯服务中个人数据保护》的第4条，特别提到电话服务，以及第89号《关于计算机相关犯罪》的第9条，给国家立法机关提供关于某些计算机犯罪的定义，和第95号《关于与信息技术相关的刑事程序法问题》的第13条；

注意到欧洲司法部长在其第21次会议（布拉格，1997年6月10

日和 11 日）采纳的第 1 号决议，建议部长会议支持欧洲犯罪问题委员会（CDPC）进行的关于网络犯罪的工作，以使国内刑法条款彼此接近，并使对这些犯罪的调查有效的手段得以使用，以及欧洲司法部长在其第 23 次会议（伦敦，2000 年 6 月 8 日和 9 日）采纳的第 3 号决议，鼓励协商方为寻找合适的方案，以使最多可能数目的国家成为《公约》成员国而努力，承认需要灵活和有效的国际合作机制，合理考虑打击网络犯罪具体需求；

也注意到欧洲理事会国家和政府首脑在其第二届峰会（斯特拉斯堡，1997 年 10 月 10 日和 11 日）采取的行动计划，以寻求对新信息技术发展的共同应对，基于欧洲理事会的标准和价值。

《公约》解释性报告（Explanatory Report）[①] 并不构成对《公约》提供权威解释的工具，但它具备便利《公约》所含条款适用的性质。其明确指出，《公约》的目标在于：第一，使网络犯罪领域的国内的刑事实体法罪行要素和相关条款趋同；第二，赋予国内刑事程序法权力，如果为调查和起诉这些罪行和其他通过计算机系统或者以电子形式存在的证据实施的罪行所必要；第三，设立快速和有效的国际合作机制。

总之，《公约》可以总结为：第一个关于打击通过互联网和其他计算机网络实施犯罪的国际条约，重点打击版权侵权、计算机相关欺诈、儿童色情和危害网络安全等行为。它也包括一系列权利和程序规定，如计算机搜查和截取。它的主要目标，在序言中已经设定，是追求一个旨在打击网络犯罪、保护社会的共同的刑事政策，特别是通过采取合适的立法和培育国际合作。[②]

[①] 全文参见欧洲理事会网站：http://conventions.coe.int/Treaty/EN/Reports/Html/189.htm，2014 年 6 月 14 日访问。

[②] 参见维基百科："网络犯罪公约"，载 http://en.wikipedia.org/wiki/Convention_on_Cybercrime，2014 年 6 月 14 日访问。

二、公约序言中的功能和目标评价

但是,《公约》功能和目标随着时代的发展、技术的进步、国际格局的变化,也出现了与现实脱节的情形。首先,在形式上,序言中引用的国际条约、备忘录、决议都随着时代的变化而变迁,所以《公约》现在是否仍然能够与它们协调相容,值得商榷。其次,实际上,《公约》制定于20世纪初,当时互联网仍处于网络工具时代,而未进入网络空间时代,这造成了《公约》目前面临的最大问题:时代性脱节。

意大利学者劳伦佐·彼高狄从法益的角度出发,将网络犯罪分为两类:一类是侵害全新的法益;另一类是以新的行为手段或方式侵害传统法益。如前文所述,《公约》规定了两类共9种犯罪,非法入侵、非法拦截、数据干扰、系统干扰、设备滥用这5种属于第一类,即纯技术性的网络犯罪;而《公约》所规定的利用计算机进行伪造、诈骗、儿童色情、侵犯著作权等4种犯罪属于第二类网络犯罪,即通过网络实施刑法规定的传统犯罪。应当说,《公约》的重心与亮点在于纯技术性的网络犯罪,而其他4种犯罪在一定程度上处于配角状态,其导言中"直接损害计算机系统、网络和计算机数据的保密性、完整性和可用性以及滥用此系统、网络和数据的行为"的表述也表明了这一态度。这与当时网络犯罪的时代特征有关,《公约》成文、定稿的时间在2000年前后,一方面,该时期的网络犯罪处于初始的发展阶段,网络犯罪的主体主要是计算机专业人员,"黑客"们的犯罪行为意在技术炫耀以及向强大政治或经济集团进行示威,并不带有其他复杂的犯罪目的,因此第一类网络犯罪在当时占据主要地位;另一方面,世界各国对于网络犯罪并没有一个系统、深入的认识,导致对于网络犯罪的打击普遍滞后。因此,《公约》将非法入侵、非法拦截、数据干扰、系统干扰、设备滥用这5种行为加以定义并入罪化,在那个时代具有开创性与现实迫切性。即使到现在,我国学者也通过与《公约》的对比来提出对刑法的计算机犯罪罪名设置的批判与完善意见。

但是,《公约》毕竟制定于十几年前,而这期间,网络技术发展迅猛,网络环境变化巨大,网络犯罪的案件数量、形态与特征与当时不可同日而语。一方面,网络犯罪案件的数量发生了爆炸式增长——网络用户数量由2000年的3.61亿跃升至2010年的近20亿,而65%的网民遭遇过网络犯罪;另一方面,网络犯罪的性质发生了显著的变化,计算机网络由犯罪对象演变为犯罪平台,犯罪主体从专业技术人员演变为任何计算机使用者,犯罪目的也从单纯的技术展示演变为以谋取利益为主的多种目的,犯罪性质从个人行为演变为团伙作案甚至形成了犯罪产业链。正如迈克菲实验室(McAfee Labs)安全研究总监所言:"网络犯罪是我们这个时代增长最快的一个行业。从2000年的'I Love You'蠕虫到如今社交媒体网站中不断演化的各类威胁,我们已经看到,网络犯罪分子及其采用的犯罪伎俩正变得日益狡猾。那些为了纯粹炫耀技术而实施破坏的犯罪时代已经一去不复返了。如今,谋财而又不被抓获才是网络犯罪分子关心的头等大事。"

总而言之,第二类网络犯罪的数量在急速增长,成为危害社会的最大因素,而第一类网络犯罪的数量在不断减少,在当前网络犯罪中的比例已经微乎其微,而且各国都已经将此类犯罪写入刑法予以打击,因此《公约》所着重强调的内容已经不再是目前人们所关注的问题。[①]

可见,网络由犯罪对象,演变至犯罪工具,再成为现阶段的犯罪空间,给《公约》的适用带来了极大的挑战,这是世界各国都要面临的问题。网络成为犯罪空间意味着网络本身成为一个再造新生法益的空间。如果说网络作为犯罪对象的第一阶段,网络本身成为新生法益,而网络作为犯罪工具的第二阶段,网络被利用去侵害传统法益,那么,在网络作为犯罪空间的第三阶段,网络实现了新的飞跃和突

[①] 参见于志刚:"2012年教育部哲学社会科学研究重大课题攻关项目开题报告会首席专家汇报材料"(内部资料),第14页。

破：其本身固然是新生的法益，但其本身又成为一个平台，承载着日新月异的新生法益，再造了一个法益空间。

在信息时代，网络空间成为与现实社会衔接、互动和并列的另一"场域"。早有学者指出，网络空间已经成为人类活动的"第二空间"，几乎和现实空间一样给人们提供了相同条件的活动场所，人们在网络空间中足不出户便可以实现几乎所有在现实空间想要做的事情，网络不仅仅是社会信息交流和传播的媒介，更逐渐成为了普通公众生活必不可少的一部分，极大地拓展了公众的认知范围和活动领域。因此，网络空间不仅现实地成为人类活动的"第二空间"，也成为供公众从事社会生活的重要场所。① 这就是当今"双层社会"的背景，社会由传统的单一物理空间，过渡到两个空间交叉融合又并行不悖的阶段。在此现实社会意义上，网络空间是人们进行社会活动的"场域"。由此，网络空间是"场域"的属性得到一般性的确认。承认网络活动的公共性，而不承认网络的现实空间性，② 这种观点是有自相矛盾之嫌。同样，认识到网络本身是一种法律应当保护的利益，而没有与时俱进地保护网络空间当众不断产生的法律利益，则是滞后的、片面的。

客观地讲，伴随着"双层社会"的悄然形成，网络在犯罪中的地位几乎是伴随着网络的代际演变经历了同步演变，经历了从"犯罪对象"到"犯罪工具"、再发展到"犯罪空间"的三个阶段，而网络犯罪也当然地划分为三种类型：网络作为"犯罪对象"的网络犯罪、网络作为"犯罪工具"的网络犯罪和网络作为"犯罪空间"的网络犯罪。网络作为"犯罪空间"的网络犯罪是现阶段网络犯罪的基本类型，但是，这三种类型的网络犯罪属于共存而案发比例各不相同的状态。

---

① 参见于志刚："'双层社会'的形成与传统刑法的适用空间——以两高《网络诽谤解释》的颁行为背景的思索"，载《法学》2013 年第 10 期。

② 参见孙万怀、卢恒飞："刑法应当理性应对网络谣言——对网络造谣司法解释的实证评估"，载《法学》2013 年第 11 期。

网络作为犯罪空间是指，网络的迅速发展和网络社会的快速形成，让人类社会的方方面面都刻上了网络的烙印，人类社会快速进入了网络社会和现实社会并存的"双层社会"阶段，网络空间成为一个犯罪的空间，成为了一个全新的犯罪场域。在这一全新的"犯罪空间"之中，犯罪开始出现一些完全不同于传统的表现形式和犯罪现象，网络空间成为一些变异后的犯罪行为的独有温床，一些犯罪行为离开了网络，要么根本就无法生存，要么根本不可能爆发出令人关注的危害性，网络谣言行为就是典型的例子之一。此类犯罪行为本质上仍然是传统犯罪，但是，它属于传统犯罪的网络异化，虽然有可能套用传统的罪名体系，但是，必须进行较大强度的扩张解释，才能用传统的罪名体系去制裁滋生在网络空间中的此类犯罪行为。①

表1：中国互联网发展阶段与特征②

阶段	史前阶段	第一阶段	第二阶段	第三阶段	第四阶段
阶段名称		互联网1.0	互联网2.0	互联网3.0	网络空间时代
大致时间	1994年之前	1994~2001	2001~2008	2009~2014	2015~2024
阶段特性	科研阶段	商业化阶段	社会化阶段	即时化阶段	网络空间阶段
突出属性	学术属性	媒体属性	社交属性	即时属性	网络空间属性
中国网民临界点	无	3%(3370万，2001年)	22%(3亿，2008年)	50%(7亿，2015年)	70%(10亿，2024年)
全球网民临界点	0.4%(1600万，1995年)	8.6%(5.73亿，2002年)	23.9%(15.87亿，2008年)	40%(30亿，2015年)	65%(50亿，2024年)

---

① 参见于志刚、郭旨龙："'双层社会'与'公共场所秩序严重混乱'的认定"，载《华东政法大学学报》2014年第3期。

② 参见方兴东等："中国互联网20年：三次浪潮和三大创新"，载《新闻记者》2014年第4期。

续表

阶段	史前阶段	第一阶段	第二阶段	第三阶段	第四阶段
商业创新	邮件	门户、B2C	博客、视频、SNS	微博、微信	变革各行各业
制度创新	科研机构	产业部门	九龙治水	意识形态主导	网络空间治理
文化创新	国际交流	网络媒体	个人媒体		
中国领军企业或应用	邮件	新浪、搜狐、网易、8848等	百度、阿里、腾讯等	新浪微博、腾讯微信、余额宝等	腾讯、阿里、百度等
全球领军企业	AOL、Compuserve等	Netscape、Yahoo、Amazon等	Google、Yahoo、eBay等	Facebook、Youtube、Twitter等	Google、Apple、Facebook等
全球基本格局	美国绝对主导	美国主导	中国开始崛起	中国崛起	中美两强博弈

上表"中国互联网发展阶段与特征"（表1）所展现的不仅仅是中国互联网的发展阶段，也是当今主要国家正处于或者以前曾经经历过的阶段，《公约》显然已经不能适应当前网络阶段和网络犯罪的最新趋势。这成为《公约》获得强大生命力和发挥巨大影响力的最大障碍。对于中国而言，《公约》存在的最大问题就是公平性问题。这是由《公约》签署时中国的综合国力和网络发展水平所决定的，中国并未在《公约》的起草和签署中发挥实质性的作用。这成为中国加入公约的最大障碍。

除了落后于时代发展，《公约》的另一个局限在于其公平性。《公约》是由欧盟发达国家所制定的，因此必然会带有其利益主张与价值追求，比如《公约》中规定的儿童色情犯罪、侵犯版权犯罪、种族犯罪都是西方国家历来最强烈关注的。其中，最为突出的例子是侵犯版权犯罪。诚然，在网络犯罪侵害的诸多权益中，版权首当其冲。但是，与《公约》所规定的诈骗、儿童色情等自然犯不同，侵犯版权犯罪是由社会经济发展所决定、国家出于政策考量而规定的行政犯。其在近几十年内才被广泛纳入刑事制裁的范围，而各个国家关于侵犯版权犯罪的定义与打击力度千差万别，非常明显地体现出了发达国家与发展中国家的利益对立。《公约》将侵犯版权犯罪置于如此重要之地位，毫无疑问代表了西方技术先进国家的利益，这对于包括我国在内的发展中国家显然是不利的。正如有联合国官员所指出的，《公约》在强化版权的国际刑事保护的同时，忽略了不同发展状况国家间的差异，有可能剥夺发展中国家合理发展的机会。即便在欧洲内部，亦有学者质疑《公约》的公平性："以欧洲法和国际条约为表现形式的国际法层面的约束，相较于国内规范——一直存在的风险在于，获取优势地位的往往是个别集团和地方部门的特殊利益，而不是更具普遍意义或及于欧洲整体的共同利益——保证了更为广泛的利益平衡。"

基于以上两个方面，在整体缺乏可以接受的公约规范的情况下，跨国网络犯罪缺乏司法协助的依据，同时，犯罪的无国界化又成为一种浪潮，此时，思考国际公约的重新起草，尤其是中国牵头完成公约的起草任务，可以提上议事日程。①

在现阶段，中国的网络发展水平要求中国表达出自己的网络利益诉求，修正西方国家十余年前的网络利益框架，"讨价还价"在所难免。这是中国互联网作为全球第一大网（网民人数最多，联网区域最广）的网络格局的发展阶段和水平的必然要求。而修正和重新起草网络犯罪国际公约的首要任务必然是在序言中明确其功能和目标，这才能最大限度地维护中国为代表的发展中国家的网络利益，为国际网络利益格局的调整规划好"蓝图"。

中国工程院院士、国务院物联网领导小组组长邬贺铨曾这样概括20年来中国互联网的发展：我们走过了以计算机为中心、以图形作为

---

① 参见于志刚："2012年教育部哲学社会科学研究重大课题攻关项目开题报告会首席专家汇报材料"（内部资料），第15页。

主要界面的 PC 时代，走过了以软件为中心的网络时代，走到了以数据为中心的云计算时代，走到了一个以应用为中心、以互联网为基础的物联网时代。科学技术的发展创新永无止境，互联网领域的新业态、新形势不一而足。①

换句话说，网络安全的核心内容是一个随着网络技术发展与网络犯罪演变而不断扩容和升级的过程和体系：

（1）1997 年《刑法》规定的非法侵入计算机信息系统罪、破坏计算机信息系统罪，对应的是正是"互联网 1.0 时代"网络中的计算机信息系统成为犯罪对象的阶段，此时信息系统的安全成为新生的法益。2009 年《刑法修正案（七）》增加的非法获取计算机信息系统数据罪，则对应了数据成为犯罪对象的阶段，此时数据成为新生的法益。这都是网络空间中承载的新增法益。

（2）《刑法》第 287 条规定，利用计算机实施金融诈骗、盗窃、贪污、挪用公款、窃取国家秘密或者其他犯罪的，依照该法有关规定定罪处罚。这一预备性条款的生命力得以重新焕发，实际上是源于"互联网 2.0 时代"网络中计算机成为犯罪工具的阶段，此时计算机犯罪所侵害的传统法益开始得到重视。

（3）在当前的云计算时代和物联网时代，在网络成为犯罪空间的阶段，刑法等法律尚且没有对于网络安全进行再一次的认识和升级。

表 2：网络核心安全的内容层次

网络安全时代	安全类型	主要内容
第一代	系统安全	黑客入侵、破坏
	信息安全	合法、有用信息侵害
	应用安全	程序、软件安全

---

① 参见任贤良："推动网络新媒体形成客观理性的网络生态"，载《红旗文稿》2014 年第 11 期。

续表

网络安全时代	安全类型	主要内容
第二代	使用安全	利用网络侵犯传统法益
	内容安全	违法、有害信息传播
第三代	空间安全	与国家安全、公共安全交叉融合

需要说明的是：（1）之所以用"信息安全"而非"数据安全"，是因为在以数据为核心的云计算时代，存在着非"数据"的信息安全；（2）之所以用"内容安全"而非"意识形态安全"，是因为存在着非"意识形态"的"内容"安全（如诽谤信息）；（3）网络作为犯罪空间，如果从与网络作为犯罪对象、犯罪工具相区别的角度看，可能只限于网络空间中的秩序类、传播类犯罪（如传播各种虚假、有害信息）。但是，从网络安全问题整体发展进程来看，"空间安全"是指网络在各个层面融入和渗透进入了各行各业（如进行各种网络不正当竞争行为），成为了与传统空间并列和互动的"第二空间"，其中的各个元素、各种关系都面临着安全问题。

由此可见，网络犯罪的发展阶段和基本类型，乃至网络安全内容体系的更新和升级，都对传统的《公约》产生了极大的冲击和挑战。不管是在基本犯罪类型的规制上，还是在规制方式乃至协助模式上，都有必要进行调整。而且，各国已经在积极立法应对网络犯罪，可以说很多国家的立法甚至走在了《公约》的前列，在此背景下，吸收各国的立法经验，推广至其他国家，固然是必要的，但其凸显的另一个甚至更为重要的主题是，切实有效地重塑网络犯罪管辖权规则体系，这是网络犯罪实体规定得以落实的"第一关"，然后才是司法协助。否则，网络网络实体规定和程序规定设计得无论多么完美，都只是一定程度上增加了网络犯罪受到各国打击和预防的可能性，但却不能保证各国因为管辖权冲突（无论是积极的，还是消极的），而实质上影响了《公约》规定的实践效果。

三、公约序言中的功能和目标修正

所以,《公约》在序言中应当明确的功能和目标应当是:打击侵害和威胁网络空间中计算机、计算机网络、计算机数据的安全运行、正当使用以及网络空间值得法律保护的利益的犯罪,首先在刑事政策上统一规定为犯罪,其次在刑事程序上规定有效的证据调查制度,最后在司法上建立国际协作机制,同时注意与国际条约、国内法律规定的公民权利和自由相协调。

对于《公约》而言,当时争议较大的三个问题是:隐私权、数据保护、服务提供商的责任和承担。隐私权问题主要是《公约》缺乏对隐私权和相关权利进行保护的原则性规定,这将造成隐私权国际保护标准的缺乏,进而给缔约国执法机关滥用被赋予的权力留下机会。数据保护问题主要是执法机关可以在一定条件下获得用户数据和密码。网络服务提供商(ISP)的责任和承担问题主要是网络服务提供商应当对其所提供的服务中的非法信息负责的问题,以及快速保存数据、协助搜集或截获的责任承担。[1] 可以发现,这三个争议焦点都集中在《公约》中的刑事程序上,而不涉及刑事实体法以及国际协助部分。但是,该部分内容的争议同样对网络犯罪的打击起着至关重要的作用,应当给予足够的重视,并在序言中明示相关原则。

这些程序问题其实是有深刻的国际法理论背景的。国际社会的治理方式有三种,即主权国家治理、国际治理和全球治理。与国际治理不同,基于威斯特伐利亚体系的国家治理形式在全球治理中不再是唯一的形式,全球治理的主体是多元的,既包括主权国家,也包括国际组织,还包括非正式的全球公民社会组织。多元主体通过协商互动,达成一定的共识,进而形成多元多层合作治理体系。[2] 上述服务提供

---

[1] 参见周文:"欧洲委员会控制网络犯罪公约与国际刑法的新发展",载《法学评论》2002年第3期。

[2] 参见宋玉萍:"全球化与全球治理——以欧洲委员会《网络犯罪公约》为例",载《新疆社会科学》2013年第1期。

商的责任和承担问题的解决，就需要服务提供商在《公约》起草过程中和实施中，乃至修改中，都需要发出自己的声音，并得到合理对待。同样，公民隐私以及数据保护问题也是如此，需要相关的公民社会组织合理有效地参与到规则的制定当中。

《公约》设立了专门委员会即网络犯罪公约实施委员会，对《公约》进行管理，该委员会每年至少开一次会，回答缔约国关于《公约》的各类咨询。为了使更多的国家批准和加入《公约》，以及缔约国能更为有效地实施《公约》，欧洲委员会开展了分阶段实施项目、专项技术合作项目以及区域合作项目。[①] 就实施项目而言，也是《公约》在2001年之后探索出的良好机制，应当在序言中予以确认和总结。这应当说是国际合作的新领域，能够帮助《公约》在缔约国之间有效实施。

综合以上论述和问题，未来起草或者说修正的《公约》，序言中的功能和目标应当包括以下几个方面：

第一，打击的网络犯罪的类型。网络犯罪随着网络技术犯罪的发展变化而不断变异升级，为此，《公约》首先要跟上十余年来网络整体成为一个犯罪空间的罪情变化，并且预留出未来缔约国根据罪情变化开始国内立法和国际协助的空间。

第二，刑事程序法上，要倡导全球治理理论下的证据搜集制度设计，充分征求和吸收公民组织和行业组织的意见和建议，突出《公约》的合意性质，为公约的实际执行奠定良好的基础。换言之，不仅应当在实体上突出执法机关权力与公民权利自由的平衡要求，而且要在程序机制上予以明确提示。

第三，国际协助上，必须高度重视公约实施委员会的作用，广泛开展缔约国之间，缔约国和非缔约国之间的各种实施项目合作，逐步推进公约的实施范围。

---

① 参见宋玉萍："全球化与全球治理——以欧洲委员会《网络犯罪公约》为例"，载《新疆社会科学》2013年第1期。

《公约》中的序言部分，应当对其功能、目标等宗旨之类的"要义"进行明示，这对《公约》未来的适用、实施和修正、发展有很大的指导意义。此外，《公约》的定位应当是面向世界的，而不是面向某个地区的，所以类似欧盟内部文件之类的条约，不应当在《公约》序言阐释其功能和目标时予以列举，否则有将部分国家的意志推广至其他国家的之嫌，最终将在不同程度上影响《公约》的推广。

四、公约的中国选择：加入后推动修正

面对《公约》，中国有两种选择，一种是加入，然后推动较大规模的修改；另一种是"另起炉灶"，自己牵头起草"升级版"。

在可行性上，加入《公约》时被接受问题不大，只要国内法做相应的修改。而加入了之后再推动较大规模的修改，则难度较大，有成功的可能性，也有行不通的可能性，主要看修改的内容。相比之下，牵头起草新的网络犯罪公约的生效本身不难（当时规定只要有5个国家批准，旧《公约》就将生效），难在大国参与。已有的网络犯罪公约主要为欧盟国家，它们很难说一看新的公约好，就纷纷加入，根据《维也纳条约法公约》形成两套体系（新公约缔约国之间适用新公约，没有加入新公约的旧公约缔约国之间适用旧公约），或者已有公约的成员国一致废止旧公约，这都是没有国际法上的相关实践先例的，很难发生。虽然欧盟国家纷纷加入亚洲基础设施投资银行，表明了中国实力和影响力的上升，但是既有的世界金融体系欧盟国家不占主导地位，而且亚投行与既有金融体系并非全然替代而是有补充关系，都是重要的因素。而美国、加拿大、日本及南非，也以非成员国身份签订了现有公约，他们既然难以全然接受现有公约，也很难保证他们可以接受中国起草的新公约。而如果中国加入之后再推动修改，则可以提出自己的修改蓝本，与这些缔约国和非成员国进行协商，稳步推进，逐步获得认同。若"另起炉灶"的方式取得成功则固然可喜，但难点在于国际公约的签署过程一般耗时日久，甚至无果而终，特别是结合中国在现阶段的国际公约实践经验来说这是个较大的压力，而加入后

作为缔约国推动同为缔约国的国家一起修正则较为容易获得认同。但是有两个局限性：一是刚加入后到修正前都要受到旧公约的约束，中国作为转型中的发展中国家会有一定的压力，如著作权保护方面，中国已经签署了其他众多的著作权保护公约，随着网络时代的来临和中国的发展，这是必然的趋势，而且这也是牵头起草新公约时会碰到的共同问题；二是加入后推动修正的幅度不可能太大，而且难以得到非缔约国的直接声援，牵头起草新公约固然可以大幅度"升级"旧公约，但难以为欧盟国家甚至美国、加拿大、日本及南非这些旧公约非成员国所接受。相比之下，还是和现有主流国家一起获得对话的同等、"亲密"身份，再一起推动逐步修正较为妥当、可行。正如欧盟国家在现有世界金融体系中不占主导地位，纷纷加入亚投行，避免在未来的金融体系中被边缘化，甚至美国智库也批评总统奥巴马的消极态度将致使美国失去未来的金融主动权。只有加入后才会取得改变和规则制定的话语权。欧洲理事会秘书长提出加入该公约保证有签署国身份，因此可参与该公约进一步的发展，而且发起全新的全球公约的一大问题是悬置已经进行的立法改革的落实。[①]

总而言之，本书将主要针对公约现行规定的总体框架和具体规定，结合网络犯罪罪情的演变和中国的实际情况，提出有针对性的修改建议和论证。改变的幅度不会太大，这样才能合理平衡公约缔约国的既有立场、时代变化与中国特点。

---

① Brian Harley, "A Global Convention on Cybercrime?", 载 http://stlr.org/2010/03/23/a-global-convention-on-cybercrime/, 2014 年 6 月 14 日访问。

第二章 公约术语完善的中国思路

对于术语的定义，中国与其他国家都重视其使用。但相比而言，他们尤其重视明确法律概念，几乎每部法律都是如此，而中国法律使用的一大困难便是经常在一部法律中找不到重要法律概念的明确含义。此外，在形式上，中国法律一般是在文本末尾进行法律概念的界定，在文本开头都是明确立法的目的、宗旨、原则之类的宏观、抽象问题。而国外法律乃至外文公约，很多是在开篇就明确通篇文本反复出现的重要法律概念，以便使用者能立即对法律概念重视和熟悉起来，在接下来的阅读过程中不断加深理解。《公约》就是该种法律文本的典型代表。《公约》对计算机系统（computer system）、计算机数据（computer data）、服务提供者（service provider）与通信数据（traffic data）等都有明确定义。《公约》第一条规定了"定义"（Definitions）：

在本《公约》中，"计算机系统"是指任何根据程序进行数据的自动处理的设备，或者一组互相连接或者相关的设备，至少其一根据程序进行数据的自动处理。

"计算机数据"是指任何以适合在计算机系统中处理的形式存在的事实、信息或者概念的表现，包括适合引发计算机系统执行功能的程序。

"服务提供者"是指：

（1）任何共有或者私有的实体，如果它使服务的使用者能够通过计算机系统实现通信；

（2）任何其他实体，如果它代表以上通信服务或者该服务使用者处理或者存储计算机数据。

"通信数据"是指任何与通过计算机系统的通信有关的计算机数据，它由作为通信链条一部分的计算机系统产生，表明通信的来源、目的地、路线、时间、日期、大小、持续时间或者基础服务的类型。

《公约》解释性报告（Explanatory Report）对此提出："起草者认识到，根据《公约》，缔约方不被强制要求逐字逐句地将第一条规定的四个定义规定在国内法中，如果这些国内法以符合《公约》原则的方式包括这些概念，提供了可以执行《公约》的同等有效框架。"

这四个定义构成了《公约》的基本范畴，成为《公约》适用的基石。对于这四个定义，中国需要审视以下几个方面：其一，各个定义是否需要随着信息技术和网络犯罪的发展变化而修正、删除；其二，是否需要补充其他基础性定义；其三，确立了基础性定义之后，它们之间的关系如何处理，如计算机数据和通信数据的关系如何处理。

一、公约术语定义的修正辨析："人、机、数"的搭配

1. 计算机系统

计算机系统的定义是《网络犯罪公约》和与计算机有关的法律的重要范畴，甚至是起点。对此，中国国内法律体系也有所行动。首先，在网络"国家规定"[①]中，1994年颁布的《中华人民共和国计算机信息系统安全保护条例》第2条规定："本条例所称的计算机信息系统，是指由计算机及其相关的和配套的设备、设施（含网络）构成的，按照一定的应用目标和规则对信息进行采集、加工、存储、传输、检索等处理的人机系统。"其次，于2011年出台的司法解释《最

---

① 《刑法》第96条规定了"违反国家规定之含义"："本法所称违反国家规定，是指违反全国人民代表大会及其常务委员会制定的法律和决定，国务院制定的行政法规、规定的行政措施、发布的决定和命令。"

高人民法院、最高人民检察院关于办理危害计算机信息系统安全刑事案件应用法律若干问题的解释》第 11 条规定："本解释所称'计算机信息系统'和'计算机系统',是指具备自动处理数据功能的系统,包括计算机、网络设备、通信设备、自动化控制设备等。"

由此可见,以上两个法律文件不仅在出台背景、出台形式、表述方式上都存在不同,而且更为重要的是,二者关于"计算机系统"的定义的外延不同。前者要求特定的构成、运行方式,而后者不要求特定的构成,运行方式只用"自动"一词予以限定。

《最高人民法院、最高人民检察院关于办理危害计算机信息系统安全刑事案件应用法律若干问题的解释》第 11 条第 1 款对"计算机信息系统"和"计算机系统"的内涵和外延进行了界定。

《刑法》第 285 条、第 286 条使用了"计算机信息系统"和"计算机系统"两种表述,其中《刑法》第 286 条第 3 款中使用的是"计算机系统",其他条款使用的则是"计算机信息系统"。本条对这两种表述作了统一界定,原因如下:一是从技术角度看,这两种表述已无法区分。《刑法》第 285 条、第 286 条立法区分这两者的原意是考虑侵入计算机信息系统、破坏计算机信息系统功能、数据或者应用程序的对象应当是数据库、网站等提供信息服务的系统,而传播计算机病毒如果只影响计算机操作系统(计算机系统)本身,即使不对系统的信息服务造成影响也应当受到处罚。但随着计算机技术的发展,计算机操作系统与提供信息服务的系统已密不可分。例如,很多操作系统自身也提供 WFB(互联网)服务、FTP(文件传输协议)服务,而侵入操作系统即可实现对操作系统上提供信息服务的系统实施控制,破坏操作系统的数据或者功能即可破坏操作系统上提供信息服务的系统的数据或者功能,从技术角度无法准确划分出提供信息服务的系统和操作系统。二是从保护计算机信息系统安全这一立法目的出发,对这两种表述进行区分没有必要。不论危害的是计算机操作系统还是提供信息服务的系统,只要情节严重或者造成严重后果的,都应当追究刑事责任。三是经过对美国、德国等国的网络犯罪立法进行研究可以看出,这些国家均在立法中使用单一的"计算机系统"或"计算机"等术语,而未对"计算机信息系统"和"计算机系统"进行区分。

本款将"计算机信息系统"和"计算机系统"统一界定为"具备自动处理数据功能的系统",原因如下:一是具备自动处理数据功能的系统都可能成为被攻击的对象,有必要将其纳入刑法保护范畴。随着信息技术的发展,各类内置有可以编程、安装程序的操作系统的数字化设备被广泛应用于各个领域,其本质与传统的计算机系统已没有任何差别。这些设备都可能受到攻击和破坏:互联网上销售的专门用于控制手机的木马程序,可以通过无线网络获取手机中的信息;通过蓝牙、wifi(将个人电脑、手持设备等终端以无线方式互相连接的技术)等无线网络传播病毒的案件也呈现快速增长态势;在工业控制设备中可能植入破坏性程序,使得工业控制设备在特定条件下运行不正常;在打印机、传真机等设备中可以内置程序非法获取相关数据。总之,任何内置有操作系统的智能化设备都可能成为入侵、破坏和传播计算机病毒的对象,因此应当将这些设备的安全纳入刑法保护范畴。二是本定义借鉴了多个国家有关法律的相关定义。例如,美国将"计算机"定义为"具备自动处理数据的功能的一个或者一组设备",《公约》将"计算机"定义为"由软件和硬件构成的用于自动处理数据的设备",其出发点都是将保护计算机信息系统安全的法律适用于所有具有自动处理数据功能的设备。

为使相关界定更加明确,方便司法实践适用,本款采用了概括加列举的解释方法,即在对"计算机信息系统""计算机系统"进行归纳定义的同时,还列举"计算机""网络设备""通信设备""自动化控制设备"等具体情形。其中,"网络设备"是指由路由器、交换机等组成的用于连接网络的设备;"通信设备"包括手机、通信基站等用于提供通信服务的设备;"自动化控制设备"是指在工业中用于实施自动化控制的设备,如电力系统中的监测设备、制造业中的流水线控制设备等。①

由此可见，两个定义的最大区别在于，前者只对计算机系统进行解释，而后者则统一对计算机系统和计算机信息系统进行同等解释。后者的做法意味着计算机系统的概念至少延伸至原有的计算机信息系统的范畴。其实，计算机系统这一概念的外延随着信息技术的发展远远超出了原有的计算机系统和计算机信息系统的外延的简单相加，而是一个更为全面、周延的概念。应当说，后者的概念是符合时代实际的，其理解和适用上提到了参照《公约》，与公约的精神相一致。那么，《公约》对计算机系统的解释应当如何理解和适用呢？《公约》解释性报告（Explanatory Report）对此提出：

根据《公约》，计算机系统是开发出来自动处理数字化数据的软件和硬件组成的设备。它可包括输入、输出和储存设备。它可单独存在，或者与其他类似设备连接在网络中。"自动"意味着没有直接的人类干预，"处理数据"意味着计算机系统中的数据通过执行计算机程序而运行。"计算机程序"是一系列可通过计算机执行达到预定结果的指令。计算机可以运行不同的程序。计算机系统通常由不同的设备组成，区别为处理器或者中央处理器和外部设备。"外部设备"是处理单元，如打印机、视屏屏幕、CD 阅读器、光盘刻录机或者其他储存设备，互动时执行某些具体功能的设备。

前述司法解释对计算机系统的概括定义等同于《公约》的直接定义。换言之，《公约》对于"计算机系统"的定义迄今还是可以直接适用的，不用扩张解释，也不用实质修正。但是，笔者以为，二者还是需要互相借鉴以形成更为周延的概念。首先，司法解释的诠释中的中性词仍然是"系统"，有循环解释之嫌，而《公约》则换成"设备"这一表述，能够在读者意识上形成更为具体的理解，这是值得称赞的。其次，《公约》使用了概括的方式，但又分为两种情况："计算

---

① 参见陈国庆、韩耀元、吴峤滨：《〈关于办理危害计算机信息系统安全刑事案件应用法律若干问题的解释〉理解与适用》，载《人民检察》2011 年第 20 期。

机系统"是指任何根据程序进行数据的自动处理的设备，或者一组互相连接或者相关的设备，至少其一根据程序进行数据的自动处理。而《最高人民法院、最高人民检察院关于办理危害计算机信息系统安全刑事案件应用法律若干问题的解释》使用的是概括加列举的方式，有利于读者把握其典型例子和最新例子。最后，不必要的限制条件或者自明的条件予以删除或者简化。综上，笔者建议计算机系统的概念修改为：

计算机系统是指具备自动处理数据功能的设备，包括计算机、网络设备、通信设备、自动化控制设备等。

2. 计算机数据

《公约》对计算机数据进行了解释，《公约》解释性报告也对此进行了诠释：

计算机数据的定义是基于 ISO（国际标准化组织）确定的。该定义包括"适合处理"的用语。这是指该数据以能直接被计算机系统处理的形式而存在。为了清楚地表明本公约中的数据应当被理解是以电子或者其他直接可处理的形式存在的数据，"计算机数据"一语得以引出。自动处理的计算机数据可以是本公约定义的犯罪行为的目标之一，也可以是本公约定义的调查措施之一适用的目标。

对此，笔者以为，"直接处理"的确概括了计算机数据的本质特征。但是，这里还必须明确两个问题。第一个是老问题，即数据和程序之间的关系，这影响到"数据"概念的外延。第二个是新问题，即大数据时代的来临给"数据"的定义带来的冲击，换言之，此"数据"是否可以包括大数据时代的彼"数据"？

对于第一个问题，《公约》在正文中明确："计算机数据"是指任何以适合在计算机系统中处理的形式存在的事实、信息或者概念的表现，包括适合引发计算机系统执行功能的程序。也就是说，此"数据"包括一定范围的程序。对此，中国法律并无具体诠释，唯在《刑法》中对二者进行了并列规定：《刑法》第286条规定了"破坏计算机信息系统罪"，即"违反国家规定，对计算机信息系统中存储、处理或者传输的数据和应用程序进行删除、修改、增加的操作，后果严重的，依照前款的规定处罚。"从文理表述上来看，这里的"数据"并不包括应用程序，二者是并列对待的排斥关系，并非包含关系或者交叉关系。但是，根据维基百科的解释，"应用程序指为完成某项或多项特定工作的计算机程序。应用程序与应用软件的概念不同。应用软件指使用的目的分类，可以是单一程序或其他从属组件的集合，如 Microsoft Office、OpenOffice。应用程序指单一可执行文件或单一程序，如 Word、Photoshop。"据此，这里的应用程序属于上述"适合引发计算机系统执行功能的程序"，即包括在《公约》中规定的"数据"范围之内。例如，百度百科对"应用程序"的解释是：一个游戏软件包括程序（比如 windows 平台的 *.exe，mac osx 平台的 *.app 等）和其他图片（*.bmp 等）、音效（*.wav 等）等附件，那么这个程序称作"应用程序"，而它与其他文件（图片、音效等）在一起合称"软件"。这是应用程序的例子，同时也都属于《公约》规定的"数据"。可见，国内规定与国际公约的现有规定有所出入。当然，国内规定与国际公约的具体表述有出入是很正常的事情，也是为《公约》所允许的缔约国变通现象。但是，允许的条件是：国内规定的表述不影响《公约》的国内适用范围。

　　回到这一具体问题，具体考察国内规定表述的不同是否影响到《公约》的适用，假如中国要加入该《公约》，或者要提出对《公约》的修改意见，或者要牵头起草类似公约。对此，《最高人民法院、最高人民检察院关于办理危害计算机信息系统安全刑事案件应用法律若干问题的解释》第1条规定，非法获取计算机信息系统数据或者非法控制计算机信息系统，具有下列情形之一的，应当认定为刑法第285条规定的"情节严重"：（1）获取支付结算、证券交易、期货交易等网络金融服务的身份认证信息10组以上的；（2）获取第（1）项以外的身份认证信息500组以上的。这就表明，该司法解释回避了对"计算机数据"的界定，而是通过列举一部分常见多发安全中的"数据"表现形式，解决部分案件的法律适用问题。"根据数据的重要性程度不同,对非法获取计算机信息系统数据罪的入罪标准予以合理区分:非法获取支付结算、证券交易、期货交易等网络金融服务的身份认证信息10组以上的构成犯罪,而非法获取其他身份认证信息500组以上的构成犯罪。"① 但是,"身份认证信息"仅仅是"数据"的部分内容,对于"数据"定义的提出,仅仅是提供一个较为典型的经验事实。类似的,《最高人民法院、最高人民检察院关于办理危害计算机信息系统安全刑事案件应用法律若干问题的解释》第4条规定:"破坏计算机信息系统功能、数据或者应用程序,具有下列情形之一的,应当认定为刑法第二百八十六条第一款和第二款规定的'后果严重':(一)造成十台以上计算机信息系统的主要软件或者硬件不能正常运行的;(二)对二十台以上计算机信息系统中存储、处理或者传输的数据进行删除、修改、增加操作的;(三)违法所得五千元以上或者造成经济损失一万元以上的;(四)造成为一百台以上计算机信息系统提供域名解析、身份认证、计费等基础服务或者为一万以上用户提供服务的计算机信息系统不能正常运行累计一小时以上的;(五)造成其他严重后果的。"在此,司法解释仅仅对系统功能、数据作为犯罪对象时的情形进行了入罪标准的列举,而未对应用程序作为犯罪对象的情形进行列举,我们依然不知数据和应用程序之间是何关系。

  笔者以为,虽然中国的国内法将数据和应用程序并列规定,但是二者还是有相通之处的。需要注意的是,《最高人民法院、最高人民检察院关于办理危害计算机信息系统安全刑事案件应用法律若干问题的解释》第4条只是明确了破坏计算机信息系统功能、数据或者应用程序行为的"后果严重"或"后果特别严重"的具体情形,是否构成犯罪,还需要结合《刑法》规定的其他要件判断。而根据《刑法》第286条第1款、第2款的规定,破坏计算机信息系统功能和破坏计算机信息系统数据、应用程序行为的入罪要件并不相同,前者要求

---

① 参见陈国庆、韩耀元、吴峤滨:"《关于办理危害计算机信息系统安全刑事案件应用法律若干问题的解释》理解与适用",载《人民检察》2011年第20期。

"造成计算机信息系统不能正常运行",而后者不需要这一要件。① 由此可见,数据和应用程序对于计算机系统的影响力有相同之处。更为重要的是,虽然国内法在书面表述上将数据和应用程序并列规定,但却在司法实践实务中对后者视而不见。造成这样的事实,可能的原因要么是"应用程序"所涉及的问题太复杂,不好界定;要么是"应用程序"问题太稀少,没必要界定。但是,回到国际公约上来看,这些都不是不进行界定的理由,因为公约要适用的范围更广,必须要精益求精,力求避免概念的不周延问题;而且从发展的观点来看,数据已经成为信息社会、网络时代的核心范畴,必须全面而准确地把握。应当说,《公约》已经在很大程度上解决了这个问题。但是,《公约》现有定义的最大问题在于,"适合引发计算机系统执行功能的程序"与国内法上"应用程序"的表述之间到底是何关系?笔者以为,前者包含后者,所以该表述应当变通为"应用程序等适合引发计算机系统执行功能的程序",然后在解释性报告中参考笔者以上论述。如此一来,数据的定义就变成:

"计算机数据"是指任何以适合在计算机系统中处理的形式存在的事实、信息或者概念的表现,包括应用程序等适合引发计算机系统执行功能的程序。

对于第二个问题,国内已有专家学者指出:

《刑法》第 285 条第 2 款、第 286 条第 2 款用于保护大数据的尴尬:"此数据"非"彼数据"。

《刑法》第 285 条第 2 款和第 286 条第 2 款意在保护"数据"安全,构成了目前关于"计算机信息系统数据"的保护体系。前者规定了"非法获取计算机信息系统数据罪",后者则属于"破坏计算机信息系统罪"中的一类犯罪行为。非法获取计算机信息系统数据罪,制裁的是侵入计算机信息系统或者采用其他技术手段,获取该计算机信

---

① 参见陈国庆、韩耀元、吴峤滨:"《关于办理危害计算机信息系统安全刑事案件应用法律若干问题的解释》理解与适用",载《人民检察》2011 年第 20 期。

息系统中存储、处理或者传输的数据的行为,"非法获取计算机信息系统数据罪"是2009年2月28日发布的《刑法修正案(七)》新增设的罪名,该罪名的产生与互联网产业的持续健康发展密切相关,反映了司法实践中侵害计算机信息系统数据行为的严峻性。这一罪名的增设,有助于实现对计算机信息系统数据的保护,可以将大部分的非法获取计算机信息系统数据的犯罪行为纳入其打击半径;第286条规定了三类破坏计算机信息系统的犯罪行为,它的第2款制裁的是对计算机信息系统中存储、处理或者传输的数据和应用程序进行删除、修改、增加的操作,后果严重的行为,因此对于破坏计算机信息系统存储数据的行为,可以适用"破坏计算机信息系统罪"这一罪名予以规制。

《刑法》第285条第2款和第286条第2款的目标指向,是对于计算机信息系统内的数据予以保护。什么是"计算机信息系统数据",根据欧洲理事会《网络犯罪公约》第1章对有关术语的定义,"计算机数据"是指"任何有关事实、信息或概念以能在计算机信息系统中进行处理的表现形式,包括能确保计算机执行某项功能的程序。"也就是说,《刑法》第285条第2款和第286条第2款的立法动因源于随着网络的普及,网络犯罪开始针对普通计算机信息系统展开攻击,获取其中存储、处理、传输的数据,但是,诸如网页浏览痕迹、下载记录、关键词搜索记录等信息数据,在本质上无法归属于计算机信息系统数据的范畴之内,然而,恰恰是这些数据才是"大数据"的重要甚至将来可能是最核心的组成部分,因此,它应成为法律所保护的对象。[①]

以上表述可能乍一看无法理解:为什么就"无法归属于计算机信息系统数据的范畴之内"呢?对此,作者于志刚教授在给笔者的一封邮件中有更为详细的诠释:

[①] 参见于志刚:"大数据时代计算机数据的财产化与刑法保护",载《青海社会科学》2013年第3期。

问题的第一个侧面：

《刑法》第285条第2款和第286条第2款意在保护"数据"安全，构成了目前关于"计算机信息系统数据"的保护体系。前者规定了"非法获取计算机信息系统数据罪"，后者则属于"破坏计算机信息系统罪"中的一类犯罪行为，两者共同的目标指向是对于计算机信息系统内的数据予以保护；前者制裁的是非法"获取"数据的行为，后者制裁的是"删除、修改、增加"数据的行为，两者共同指向的目标都是计算机信息系统中"存储、处理或者传输的数据"。那么，什么是"计算机信息系统数据"？根据欧洲理事会《网络犯罪公约》第1章对有关术语的定义，"计算机数据"是指"任何有关事实、信息或概念以能在计算机信息系统中进行处理的表现形式，包括能确保计算机执行某项功能的程序。"那么，需要回答的问题就成为，计算机信息系统中"存储、处理或者传输的数据"，究竟指的仅仅是系统中从外部采集而输入系统的身份信息等"数据"，还是包括系统运行过程中自行产生的痕迹、记录等"数据"？站在《网络犯罪公约》的角度，似乎也只包括前一类数据，其他的"数据"，可能指的是程序的组成部分。结合现行刑法两个条款中"存储、处理或者传输"的限制要求，似乎更多的是从外部采集后输入系统的数据。这一理解站在网络犯罪第一阶段（计算机网络作为犯罪对象的阶段，笔者注）的侧面来看，完全没有问题。

但是（其一），这一问题现实中是有不同认识的。

但是（其二），站在今天的角度来看，在解释上就过于狭窄，甚至出现了以上两类数据都根本无法涵盖的"第三类数据"：诸如网页浏览痕迹、下载记录、关键词搜索记录等信息数据，虽然在本质上无法归属于计算机信息系统数据的范畴之内，但是，恰恰是这些数据才是"大数据"的重要甚至将来可能是最核心的组成部分，因此，它应成为法律所保护的对象。

问题的第二个侧面：

数据存在于单个系统之中，是数据；存在于云端，或者存在于网络之中或者说网站之上，帖子，等等，（是不是数据？）是过去（和现在）的理解差异重点。

在此，于志刚教授从刑法文理表述和立法时代背景出发，认为刑法上的"计算机信息系统数据"基本上是从外部采集后输入系统的数据。这是第一类数据。第二类数据是系统运行过程中自行产生的痕迹、记录等"数据"。第三类数据是诸如网页浏览痕迹、下载记录、关键词搜索记录等（人机互动）信息数据。对此，笔者的校友、国家公派英国格拉斯哥大学计算机博士研究生原发杰认为："这种数据分法个人认为是可以，采用计算机信息数据的生命周期的开始、过程、变化的方式。计算机数据是可以从不同的角度、尺度进行分类的，个人认为只要尊重原始的文献，结合刑法是可以提出刑法中计算机数据概念的，只要能够自圆其说就可以，没法评价是对还是错。个人认为第二类数据与第三类数据其实本质上是一类数据，都是原始数据随时间所产生的痕迹数据，不管是自行产生还是人机交互而产生，当然分成两种数据也是可以的。"

笔者以为，通过扩张解释，《公约》和国内法上的数据可以包括第二类数据。《公约》对"计算机数据"的要求一是在内容上必须是事实、信息或者概念的表现，二是在形式上必须能为计算机系统所"处理"（processing），系统运行过程中自行产生的痕迹、记录等"数据"符合这两个要求，因为该数据不仅仅是在计算机系统中存储或者传输，而且可以在该系统中被"处理"。国内法要求的是计算机信息系统中"存储、处理或者传输的数据"，第二类数据也符合这一要求。

对于第三类数据，如果从计算机系统和计算机信息系统二者融为一体来看，应当认为，网页浏览痕迹、下载记录、关键词搜索记录等（人机互动）信息数据，也属于"以适合在计算机系统中处理的形式存在的事实、信息或者概念的表现"，可以归为计算机数据。在未来成熟的大数据时代，这些数据才是计算机主要"处理"的数据类型。

而对于于志刚教授提出的"问题的第二个侧面"，笔者以为，"数据存在于单个系统之中，是数据"，这是数据存在的传统方式，也就是计算机使用者能够切实地掌控该数据的存在方式，而在云端时代，"存在于云端，或者存在于网络之中或者说网站之上，帖子，等等"，就是数据的新型存在方式，虽然计算机使用者不能够随心所欲地支配该数据，但是，从整个计算机网络的角度来看，该数据仍然是存在于计算机内，也就是云端服务器内，仍然为计算机所"存储"乃至"传输"，且可以、适合为计算机所"处理"，人依然能够对其进行支配。

以上论述充分表明了国内、国外对于计算机（信息系统）数据的界定差异。前述部分已经解决了计算机系统和计算机信息系统的差异问题，也就是说，计算机数据就是通用的表述，这是国内立法需要跟上的。而数据的范围仍需随着信息技术的发展而不断扩张。这是国际公约需要借鉴国内立法的方面。具体而言，《公约》仅仅使用了"处理"一词，虽然可以说是准确地把握了"计算机"数据的关键特征，但是，在形式上未免过于狭窄，可能引发的误解是：未被实际"处理"的数据不属于这里的"计算机数据"。但实际上，这里的"处理"仅仅是一种可能性，也就是特定数据具有这种适合在计算机内处理的特性即可，而不要求实际上被"处理"。相比之下，国内立法更为全面，"存储、处理或者传输"的表述应当理解为三者择一即可，这样一来，即使理解为实在性，而非可能性，也能在很大范围上理解数据的外延。所以，笔者建议，数据的定义修改为：

"计算机数据"是指任何以适合在计算机系统中存储、处理或者传输的形式存在的事实、信息或者概念的表现，包括应用程序等适合引发计算机系统执行功能的程序。

3. 服务提供商

服务提供商的定义对于后续责任主体和权利主体的确认起着基础性的作用，也是网络犯罪公约刑事程序法上不可回避的问题。对此，《公约》解释性报告提出：

服务提供商包括广泛的人员种类，他们对计算机系统上的数据交换或者处理起着重要作用。第一项定义明确表明，使用户能彼此交流的公有和私有实体都被包括在内。因此，用户是否形成封闭的团体或者提供者是否向公众提供服务，是免费还是收费，都在所不论。封闭的团体可以是一家私有企业的员工，其服务由公司网络提供。第二项定义明确表明，"服务提供商"也延伸至代表第一项提到的服务使用者存储或者处理数据的实体。例如，根据该定义，服务提供商既包括主机服务又包括缓存服务，以及提供至网络的连接的服务。但是，如果该内容的提供者不能同时提供通信或者相关的数据处理服务，而仅仅是内容的提供者（例如与网站开办公司签约以主持自己网站的人），则其不在该定义所想包括的范围之内。

由此可见，服务的受众范围不限，也就是服务的网络不要求是互联网。而中国的相关定义则限定在互联网领域。中国国内法律并未对服务提供商有明确统一的定义。"国家规定"中，2000年颁布的《互联网信息服务管理办法》第2条规定："在中华人民共和国境内从事互联网信息服务活动，必须遵守本办法。本办法所称互联网信息服务，是指通过互联网向上网用户提供信息的服务活动。"由此可以界定信息服务提供商的定义。2010年颁布的《通信网络安全防护管理办法》（工业和信息化部令第11号）第2条第2款规定："本办法所称互联网域名服务，是指设置域名数据库或者域名解析服务器，为域名持有者提供域名注册或者权威解析服务的行为。"由此亦可以界定互联网域名服务提供商的定义。

相比之下，《公约》对服务提供商的定义更为周延，一是提供计算机通信能力，二是代表他人进行数据处理或者存储，范围十分广泛，可以包括中国国内法上的信息服务提供商和互联网域名服务提供商，如果这些服务商同时能使用户通过计算机进行通信，或者提供数据处理或者存储服务。所以，笔者以为，对于《公约》的规定在现阶段应当予以维持。需要注意的是，这里的"entity"是指法律实体，也就是在法律上具有独立的主体地位的组织和个人，只要缔约国承认即可。所以，笔者建议未来公约容纳中国法上的概念，但又进行适当扩张，不限于互联网这一网络领域：

"服务提供者"是指:

(1) 任何共有或者私有的实体,如信息服务提供商,如果它使服务的使用者能够通过计算机系统通信;

(2) 任何其他实体,如互联网域名服务提供商,如果它代表以上通信服务或者该服务使用者处理或者存储计算机数据。

4. 通信数据

通信数据的定义在计算机数据的定义明确之后进行界定,适用特别的法律制度。对此,《公约》解释性报告指出:

在本公约中,通信数据正如在第1条第4款中所定义的那样,是一种适用特别法律制度的计算机数据。该数据由处于通信链条中的计算机系统产生,以将通信从其起点发送至终点。因此它附加于该通信自身。

在调查其实施与计算机系统有关的犯罪行为时,需要通信数据以追踪通信的来源,作为进一步搜集证据的起点或者作为罪行部分证据。通信数据可能仅仅持续短暂的时间,这使得有必要强令快速有效的保存。因此,它的快速公开也是有必要的,以辨别该通信的线路,在被删除之前搜集进一步的证据或者认出犯罪嫌疑人。通信数据搜集和公开的一般程序因此可能是不够有效的。而且,该数据的搜集原则上被认为是更少打扰人的,因为它并不揭示该通信的内容,而这才被认为是更为敏感的。该定义穷尽列举了适用本公约中的特殊制度的通信数据的种类:通信的起源、它的目的地、路线、时间(格林尼治标准时间)、日期、大小、持续时间和基础服务的种类。并不是所有的这些信息的获取在技术上都是可行的,能够被服务提供商产生,或者为特定犯罪调查所必要。"起源"是指电话号码,互联网协议(IP)地址,或者接受服务提供商提供服务的通信设施的类似身份。"目的地"是指通信传输到的通信设施的相当标示。"基础服务的类型"是指在网络内使用的服务的类型,如文件传输、电子邮件或者即时信息。

该定义为国家立法机关根据通信数据的敏感性进行法律保护时进行区别留出了空间。在此背景下,第15条规定足以使缔约方保护人权和自由。除此之外，这意味着实质标准和应用调查权力的程序可能会根据数据的敏感性而变化。

由此可见，通信数据就是在计算机通信中产生的数据，为了特殊的网络犯罪刑事程序而设定，范围也较为广泛。中国国内"国家规定"中，于2000年颁布的《中华人民共和国电信条例》第2条规定："在中华人民共和国境内从事电信活动或者与电信有关的活动，必须遵守本条例。本条例所称电信，是指利用有线、无线的电磁系统或者光电系统，传送、发射或者接收语音、文字、数据、图像以及其他任何形式信息的活动。"由此可以总结出"中国版"的"通信数据"的定义：利用有线、无线的电磁系统或者光电系统，传送、发射或者接收的语音、文字、数据、图像以及其他任何形式的相关信息的表现。二者表述上的区别在于：其一，《公约》要求通过计算机系统产生，《电信条例》则放宽到有线、无线的电磁系统或者光电系统；其二，《公约》要求的是计算机数据形式，而《电信条例》则放宽到语音、文字、数据、图像以及其他任何形式信息。客观地讲，在当代"三网融合"的阶段，这两个区别都将逐渐消失。"电信网、广播电视网、互联网在向宽带通信网、数字电视网、下一代互联网演进过程中，三大网络通过技术改造，其技术功能趋于一致，业务范围趋于相同，网络互联互通、资源共享，能为用户提供语音、数据和广播电视等多种服务。"[①] 也就是说，《公约》规定的计算机系统在下一代互联网中可以扩张至其他系统，《公约》规定的数据形式也在扩张。

具体而言，虽然计算机系统不能直接扩张至所有的"有线、无线的电磁系统或者光电系统"，但是，在三网融合的背景下，所有"传送、发射或者接收语音、文字、数据、图像以及其他任何形式信息"的系统都将被"一网打尽"，成为"一网之鱼"。所以，公约的定义在表述上有必要进行修正，以适应未来的"通信"发展趋势，为未来

---

① 参见百度百科："三网融合"，载 http://baike.baidu.com/view/21572.htm? fr = aladdin, 2014年6月14日访问。

相关犯罪的侦破提供法律上的支持。也就是根据计算机系统控制的趋势和接下来论及的网络扩张的趋势，将"通过计算机系统的通信"修改为"通过信息网络的通信"，由此，通信数据的含义表述如下：

"通信数据"是指任何与通过计算机系统的通信有关的计算机数据，它由作为通信链条一部分的计算机系统产生，表明通信的来源、目的地、路线、时间、日期、大小、持续时间或者基础服务的类型。

二、公约术语定义的补充探析："网络"概念的明确与独立

网络的定义并没有被《公约》明确。但是在《公约》解释性报告中对此有所涉及。具体而言，报告在对"计算机系统"的概念进行诠释之后，紧接着又对"网络"进行了诠释：

网络是两个以上计算机系统的互相连接。连接可以是固着于土地上的（如电线或电缆），无线的（如无线电，红外线或者卫星），或者二者结合。网络可在地理上限于小块地区（局域网）或者跨越大范围地区（广域网），并且这些网络自身也可互相连接。互联网是全球网络，由许多互相连接的网络组成，都使用同样的协议。其他类型的网络也存在，能够在计算机系统之间传递计算机数据，不管是否连接至互联网。计算机系统可作为终点或者作为帮助网络上通信的手段而连接至互联网。必要的是该数据在网络上得以交换。

应当说，在当时的信息技术背景下，这段话本身对于网络的诠释还是比较全面、准确的。但是，这一段话存在的问题是，《公约》解释性报告为何在对"计算机系统"进行诠释后，又对"网络"进行诠释？换言之，这两段话的关系是什么？"计算机系统"与"网络"的关系是什么？

对此，国内有学者提出要对计算机系统进行包括信息网络的扩大

解释。① 或许这就是《公约》解释性报告将这两段话放在一起的原因：既然《公约》只提到了"计算机系统"的定义，而没有提到"网络"的定义，而且"计算机系统"的定义中包括"一组互相连接的或者相关的设备"，那么干脆在解释该定义时将"计算机系统"扩大到包括"两个以上计算机系统的互相连接"，也就是"网络"。

但是，笔者以为这一处理模式并不妥当。首先，既然《公约》并没有对"网络"进行明确定义，其解释性报告也不宜强行规定，否则很可能扰乱对"计算机系统"定义本身的理解。其次，就中国目前的实际而言，"计算机系统""计算机数据"和"计算机网络"都是法律上经常并列使用的概念。既然是中国发起甚至主导公约的再起草或者修正，就应当从中国法律实际出发，适当予以考虑。当然，《公约》解释性报告在"计算机系统"后单独对"网络"进行同等话语的论述，表明了在当时的信息技术条件和法律规定背景下，"网络"就已然在很大程度上具有了独立性，对其进行单独解释的必要性是存在的。这一点应当予以肯定。在现在的国际法律背景和信息技术条件下，《公约》解释性报告中"网络"的诠释显然不能被照搬，那么，应当如何予以确定呢？

关于"网络"的定义，中国法律体系已经有所探索。1997 年实施的《中华人民共和国计算机信息网络国际联网管理暂行规定》第 3 条规定："本规定下列用语的含义是：（一）计算机信息网络国际联网（以下简称国际联网），是指中华人民共和国境内的计算机信息网络为实现信息的国际交流，同外国的计算机信息网络相联接。（二）互联网络，是指直接进行国际联网的计算机信息网络；互联单位，是指负责互联网络运行的单位。（三）接入网络，是指通过接入互联网络进行国际联网的计算机信息网络；接入单位，是指负责接入网络运行的单位。"2013 年实施的《最高人民法院、最高人民检察院关于办理利

---

① 参见郭玉军主编：《网络社会的国际法律问题研究》，武汉大学出版社 2010 年版，第 58 页。

用信息网络实施诽谤等刑事案件适用法律若干问题的解释》第 10 条规定："本解释所称信息网络，包括以计算机、电视机、固定电话机、移动电话机等电子设备为终端的计算机互联网、广播电视网、固定通信网、移动通信网等信息网络，以及向公众开放的局域网络。"

可见，中国法律体系对于"网络"的定义认识经历了一个逐步发展的过程。其一，从具体"网络"定义到统一的"网络"定义。1996 年的规定分别针对国际联"网"和互联"网络"，以及接入"网络"，进行了定义，而十几年后实施的司法解释则统一对"信息网络"进行了定义。其二，从周延式定义到不周延式定义。1996 年规定中的定义使用的是"是指"一语，A"是指"B，表明 A 等于 B，A 不包括 B 之外的 C 或者 D，而 2013 年的司法解释中的用语是"包括"，A"包括"B，表明 A 不等于 B，A 可以包括 B 之外的 C 和 D。由此可见，之前规定的是封闭式概念，而后的规定是开放式概念，可以随着信息技术的发展而在实践中不断补充完善。最近的法律规定充分认识到了信息技术领域的概念具有动态性，需要给法律实践留有能动补充的余地。其三，从同义反复定义到"真抓实干"型定义。1996 年的规定虽然针对国际联网和互联网络以及接入"网络"，进行了定义，但其实际的逻辑和效果却是，从"网络"这一上位概念本身出发，对国际联网和互联网络以及接入"网络"这三个下位概念进行界定，对"网络"本身界定并无实质性努力。相反，2013 年的司法解释则是从所"包括""列举"的各种网络中总结出网络的各种类型，是一种从具体到抽象的解释逻辑，实践效果可以期待。

因此，《公约》解释性报告的要义在于，将"网络"限定为计算机系统的互相连接，能进行数据传递和数据交换。据此，结合中国国内的司法解释，可以对网络作出如下定义：

网络是指以计算机、电视机、固定电话机、移动电话机等电子设备为终端的互相连接、广播电视网、固定通信网、移动通信网等信息网络，以及向其上能够交换数据的局域网络。

这里的网络不限于"向公众开放"，但仍然限于信息领域。显然，在网络由人人相连向物物相连、人物相连的物联网时代进发的背景下，固守网络于"信息"领域，将使法律越来越"力不从心"。所以，有必要结合物联网的背景，对网络作出进一步的诠释。此时，《公约》解释性报告使用"网络"的表述而不使用"信息网络"一语，就体现出了其前瞻性或者说无心插柳之效果。当然，中国近年国内用"信息网络"也体现出网络不限于信息领域，需要在成熟时对其他网络进行界定，或者统一对网络进行界定。

网络的升级：从人人相连到物物相连、人物相连。从计算机时代到网络时代，我们实现了人机相连，从网络1.0时代到网络2.0时代，我们实现了人人相连。而现在，物联网的出现和发展意味着我们发展到物物相连、人物相连。物联网（The Internet of things）的观念是在1999年提出的。所谓物联网，就是把感到器嵌入和装备到电网、铁路、桥梁、地道、公路、建筑、供水系统、大坝、油气管道等各类物体中，然后将"物联网"与现有的互联网整合起来，实现人类社会与物理系统的整合。① 例如，快速发展的车联网，虽然它与智能电网、安防等领域相比，车联网并不是最成熟、最接近实际应用的物联网应用，但它凭借其战略高度和庞大的消费市场，成为物联网的一个重要领域及突破口，获得广泛关注。②

但是，物物相连以后再进行人物相连，不仅意味着现有的互联网将受到来自物联网的安全威胁，而且意味着物联网本身也将受到来自互联网的安全威胁，甚至物联网内部的物物相连的过程也是一个安全威胁不断产生的过程。"在这个整合的网络旁边，存在能力超强的中心计算机群，能够对整合网络内的人员、机器、设备和根本设施实施实时的打点和控制，在此基础上，人类可以以越发精细和动态的方法打点出产和生活，到达'智慧'状态，提高资源操作率和生产力程

---

① 参见佚名："物联网"，http://news.xinhuanet.com/info/2013-03/07/c_132216281.htm，2014年6月14日访问。

② 参见佚名："车联网"，http://news.xinhuanet.com/info/2013-04/24/c_132335293.htm，2014年6月14日访问。

度，改进人与自然之间的关系。"① 要实现该种理想状态，必须确保物联网内部的物物相连没有安全问题，再次要确保整合网络内的人员不会对物联网产生安全威胁。例如，车联网就存在着安全和隐私问题：车联网系统收集的大量数据，包括整个车辆的零部件、运行状态及线路等信息，需要妥善处理。在车联网技术中，可感知疲劳驾驶的车载视觉系统和传感器、车道偏离警示系统等，对于防止司机疲劳驾驶、超速逆道行驶效果明显；车距监控、车道偏移预警、前碰撞预警、后追尾预警等安全系统同样可以降低事故发生率；还有实用的导航终端，能确保行车一路安全。② 然而，一旦车联网本身的数据搜集程序存在缺陷而导致所搜集的信息不准确，或者虽然无缺陷但却被他人篡改，则难以达到车联网所应当发挥的安全应用效果。此外，"把所有物品都植入识别芯片，通过射频识别等信息传感设备与互联网连接起来，实现智能化识别和打点"，意味着网络本身之外的安全威胁。第一，隐私权威胁。如果"物联网"时代来临，人们的日常生活将产生排山倒海的变革。③ 这不仅仅是生活便利度的上升，而且是终将逝去的人类隐私。每个人的一举一动都将通过物联网所搜集的数据得以呈现。第二，辐射问题。虽然不能具体确定物联网对于人体辐射的具体危害，但是，明确辐射等级标准，保障用户的知情权和选择权问题必然随之而来。

以上论述概括介绍了物联网的发展情况及其对网络法律体系的冲击和挑战。如果不能对网络作出与时俱进的解释，未来网络法律体系很难达到和谐统一的状态。为此，需要在借鉴物联网专家的意见上，根据法律体系的要求，提出物联网时代的"网络"定义。

物联网的定义关键词是"物物相连""人物相连""约定的协议"

---

① 参见佚名："物联网"，http：//news.xinhuanet.com/info/2013-03/07/c_132216281.htm，2014年6月14日访问。

② 参见佚名："车联网"，http：//news.xinhuanet.com/info/2013-04/24/c_132335293.htm，2014年6月14日访问。

③ 参见佚名："物联网"，http：//news.xinhuanet.com/info/2013-03/07/c_132216281.htm，2014年6月14日访问。

"智能自动"。如此,可以将网络的概念扩张:

网络是指计算机网、广播电视网、固定通信网、移动通信网等信息网络,以及物理信息能够依照约定的协议自动处理或者交换的物物连接。

之所以与前述网络定义相比而言,表述大大简化,是因为根据2013年实施的《最高人民法院、最高人民检察院关于办理利用信息网络实施诽谤等刑事案件适用法律若干问题的解释》,计算机、电视机、固定电话机、移动电话机都可以被统称为计算机系统。而"计算机互联网、广播电视网、固定通信网、移动通信网等信息网络"的表述则表明:其一,"三网融合"仍未完成,三者的差别仍然存在,其共性是"信息"网络;其二,计算机系统之外的连接,也就是物物相连,也可构成依照约定的协议自动处理或者交换信息数据的网络。

需要说明的是,其他的定义也可能需要增补,如果是后续刑事实体法所反复提到的,如果一次涉及,则可以在各国法律中进行解释或者在公约解释性报告中附带诠释。例如,2001年发布、2013年修订的《计算机软件保护条例》第2条规定:"本条例所称计算机软件(以下简称软件),是指计算机程序及其有关文档。"《最高人民法院、最高人民检察院关于办理危害计算机信息系统安全刑事案件应用法律若干问题的解释》也指出:"专门用于侵入、非法控制计算机信息系统的程序、工具"和"计算机病毒等破坏性程序"等,其含义需进一步明确。所以,后续条文应当根据刑事实体法的规定,对必要的名词,如软件、程序等,进行解释。

三、公约术语定义的关系定位:"五位一体"

从逻辑上说,以上《公约》的基本定义中,计算机数据和计算机系统和网络,是一个从微观到宏观的不断扩张过程。没有数据及其自动处理,设备就不能成其为计算机系统,而没有计算机系统的互相连接或其连接的连接,也就没有网络的产生和延伸扩展。网络固然可以像《公约》定义那样,本身作为一种计算机"系统",因为其在本质上不过就是互相连接的、根据程序自动处理数据的一个设备群组。但是，网络本身也是在不断扩张的，计算机系统的范畴已然扩张到所有具备自动处理数据功能的设备。也就是说，所有这些设备之间的互相连接，都可形成网络，由此，传统的计算机网络、广播电视网络、通信网络都可以被纳入信息网络的范畴。此外，这些设备又可以是传统空间中的各种物品，如果其物理信息能够依照约定的协议自动处理或者交换。这是整个网络公约中的定义之间的关系。

而在具体的定义中，计算机数据包括通信数据，通信数据是在特殊情况下产生的、适用特别法律制度的计算机数据。而服务提供商则是指通过上述各种系统及其网络提供通信服务的实体。当然，这里的"信"的范围也随着物的相连这一情形的出现而有所拓展。

第三章 刑事实体法修订的中国思路

《公约》在第二章第一节中规定了实质刑法，也就是刑事实体法部分，共五小节，共计十一条，其中前九条规定了实体罪行，而后三条规定了犯罪未遂、帮助或者教唆、法人责任、处罚和措施。前九条分为四小节：第一，侵犯计算机数据和系统机密性、完整性和可用性的罪行，这可谓是纯正的计算机犯罪；第二，与计算机相关的罪行，这可谓是以计算机及其网络为工具的犯罪；第三，内容相关的罪行，这可谓是以网络为犯罪场所的犯罪；第四，与侵犯版权与相关权利相关的罪行，这仍然是第二类工具犯罪，单列只不过凸显了西方网络强国的强烈利益诉求而已。

总体而言，《公约》的刑事实体法部分需要进行修正：其一，划分的几个类别总体可以延续，但是彼此的关系需要进一步明确，而且每个类别内部的具体罪行需要细化或者提炼；其二，犯罪总则问题需要进一步严密法网，且增强可操作性，充分考虑到各国法律体系层次的不同。

一、罪行类别的关系明确：三个阶段与三种类型

对于实质刑法部分，《公约》解释性报告指出：

《公约》第一节（第2条、第3条）的目的是改善预防和压制计算机或者计算机相关犯罪，通过建立认定构成相关犯罪共同的最低标准。这种和谐统一缓解了国内和国际层面在这些犯罪的打击标准上的

矛盾。国内法的一致可以防止用以前的低标准被滥用转移到缔约方。可以促进在实际案件操作中的有益的共同经验的交流。国际合作（特别是引渡和法律互助）得以促进（如双重犯罪要求方面）。

所含的罪行清单代表最低的同意，不排除国内法的扩张。在很大程度上，它是基于联系欧洲理事会关于计算机相关犯罪和其他公私国际组织（经合组织、联合国、国际刑法协会）工作的第 89 号备忘录第 9 条，联系更现代化的滥用扩张的电信网络经验，而发展的准则。

该节分成五个小节。首先，第一小节包括计算机相关罪行的核心，侵犯计算机数据和系统机密性、完整性和可用性的罪行，代表着基本的威胁，正如在关于电子数据处理和传输系统所暴露的计算机和数据安全的讨论中的认知。该标题描述了覆盖的最新的种类，那就是未经授权进入和非法篡改系统、程序或者数据。其次，第二小节到第四小节包括其他类型的"计算机相关罪行"，这部分内容的重要性集中体现在实践中，计算机和电信系统被用来作为攻击某些法益（大部分已被规制使用传统手段的攻击的刑法所保护）的手段时。第二小节罪行（计算机相关欺诈和伪造）通过在欧洲理事会第 89 号备忘录第 9 条准则的建议得以被加上。第三小节包括"通过计算机系统作为在最近最为危险的做法之一非法制作、传播儿童色情的内容相关罪行"。公约起草委员会讨论了包括其他内容相关罪行的可能，例如通过计算机系统传播种族主义者宣传。但是，委员会各成员不能在该行为的犯罪化上达成一致。尽管对认定该行为是一种罪行表示大力支持，一些代表基于言论自由对包括该条款表达了强烈的担忧。因为注意到了该问题的复杂性，委员会决定将起草现行公约附加协议的问题求助于欧洲犯罪问题委员会（CDPC）。第四小节规定了"与侵犯版权和相关权利的相关罪行"。之所以将其规定在公约中，是因为版权侵害是最为常见的计算机或者计算机类罪行之一，并且其扩大的态势正引起国际社会的广泛担忧。最后，第五小节包括关于未遂、帮助和教唆，处罚和措施，和与最近的国际法律文件一致的公司责任的附加条款。

尽管实质刑法条款描述了适用新型技术的罪行，《公约》使用技术中立语言，以便实质刑法罪行可以适用于现在与未来的相关技术。

公约起草者认识到缔约方可以从《公约》第二条至第十条确定的罪行的实施中排除微小或者不重大的不当行为。

这些罪行的一个特殊之处在于明确要求该行为的实施"没有理由"。它反映的观点是该行为本身并不总是可惩罚的，而可能是合法的，不仅在经典的法律抗辩，如同意、自卫或者紧急，适用的案件中是如此，而且在其他原则或者利益导致排除刑事责任时也是如此。"没有理由"的用语可从其所在的语境中导出其含义。因此，没有限制缔约方如何实施该概念于国内法，它可以指未经授权（无论是立法的、执行的、管理的、司法的、合同的还是合意的）实施的行为，或者根据国内法既有法律抗辩、辩解、根据或者相关原则不能涵摄的行为。《公约》因此放任根据合法政府授权（例如，缔约方政府维持公共之后续，保护国家安全或者调查刑事犯罪）实施的行为不受影响。而且，网络设计中固有的合理和普遍的活动，或者合理和普遍运营或商业活动，不应被犯罪化。这些犯罪化例外的具体例子规定在下面具体罪行的相应解释性备忘录文本中。留待缔约方确定如何在国内法律体系（在刑法或者其他法律）中实施这些例外。

《公约》包括的所有罪行必须是"蓄意"实施的，才能适用刑事责任。在某些案件中额外的具体主观要素构成罪行的要件。例如，在关于计算机类关欺诈的第 8 条中，获得经济利益的目的是该罪行的一个构成要素。公约起草者同意"蓄意"的确切含义应当留待国内有关机关予以解释。

该小节的部分条款允许在《公约》适用于国内法时增加适格情境。甚至在其他情况中保留的可能也是准许的（见第 40 条和第 42 条）。在犯罪化中的这些更为严格的态度的不同方法，反映了相应行为危险性或者使用刑法作为反制措施必要性的不同评估。该态度给了政府和议会在该领域确定其刑事政策时的灵活性。

确立这些罪行的法律应当尽可能地明确和具体，以提供将导致刑事惩罚的行为类型的足够预见性。

在起草的过程中，起草者考虑了第 2 条至第 11 条的行为之外的行为犯罪化的合理性，包括所谓的网络占用，即登记与已经存在且众所周知的某一实体名字，或者商品名称或某一产品或公司的商标相同的域名。网络占用者无意积极利用该域名，而寻求通过强迫相关实体，即使是间接地，付费以转移该域名的所有权，来获得经济利益。现在该行为被认为是与商标相关的问题。因为商标侵权不是本公约所规范的问题，起草者并不认为处理该行为的犯罪化问题是合适的。

对于网络的三个阶段和三种类别，中国已有学者做出过精辟的论述。在现阶段起草或者修正网络犯罪国际公约时，无视这三个阶段和三种类别，就不能准确地把握网络犯罪的实际情况，也不能在一定时期内预见性地应对网络犯罪的变化犯罪情况。

网络犯罪本身从犯罪对象开始，而犯罪对象不断扩大，从计算机信息系统到计算机网络。从计算机网络犯罪的分类来看，网络犯罪不是一个具体罪名，而是某一类犯罪的总称，其基本类型有两种：针对网络的犯罪和利用网络进行的犯罪。针对网络的、纯正的计算机网络犯罪是在计算机、网络时代出现之后才出现的全新的犯罪，是为了保护网络空间中的全新的法益而已经设立或应当设立的犯罪，是以网络、系统、数据为犯罪对象的犯罪，例如制作、传播网络病毒。网络病毒是人为制造的干扰破坏网络安全正常运行的一组程序代码。再如采用高技术手段实施侵害的黑客攻击行为。这种犯罪是一种旨在使整个计算机网络陷入瘫痪，以造成最大破坏程度为目的的攻击行为。[①]以网络为犯罪对象是指以网络的运行安全为犯罪对象的犯罪行为。而以系统为犯罪对象的行为主要是非法控制计算机信息系统行为。以数据为犯罪对象的行为主要是非法获取行为。纯粹的计算机网络犯罪在中国刑法中最初的表现形式是于 1997 年颁布的《刑法》第 285 条所规定的非法侵入计算机信息系统罪，以及第 286 条所规定的破坏计算机信息系统罪。这是为保护在网络时代全新的犯罪对象代表的全新法

---

① 参见姜慧丽、王建华："遏制网络犯罪刻不容缓"，载《青岛日报》2007 年 5 月 29 日。

益而出现的立法,是随着社会发展、人们生活利益扩张而出现的。

不纯正的计算机网络犯罪是指在网络空间中表现的传统犯罪形式,一般是犯罪的性质未发生根本变化,而因为借用了网络时代的网络这一犯罪工具,导致定性可能出现争议,定量需要有新的标准,可称为传统犯罪的网络变异。信息时代的罪情发生了深刻的变化。一般而言,信息时代利用系统和网络作为犯罪工具、犯罪平台的新型犯罪的表现形式主要有以下两种:一是网络窃密,利用网络窃取科技、军事和商业情报是网络犯罪最常见的一类,表现为通过使用具有支付功能的电子货币、账单、银行账目结算单、清单等来达到窃取公私财产的目的;二是高技术污染,就是利用信息网络传播有害数据、发布虚假信息、滥发商业广告、侮辱诽谤他人的犯罪行为,由于网络信息传播面广、速度快,如果没有进行有效控制,造成的损失将不堪设想。此外,利用网络进行的犯罪主要包括网上盗窃、网上诈骗、网上色情、网上赌博、网上洗钱、网上教唆或传播犯罪方法等。①

在信息时代,所有犯罪都可以在网络空间交叉融合,而且它们还可以实现线上线下互动、现实空间和网络空间过渡。网络空间的存在,使得传统犯罪由"现实空间"一个发生平台增加为"现实空间"和"网络空间"两个平台,一个犯罪行为的全部犯罪过程既可以都发生于网络空间,也可以同时跨越网络空间和现实社会两个平台。②

以上是网络犯罪的三个阶段和三种类型的基本概况,构成了网络犯罪公约重新起草或者修正的基本背景。事实上,这三个阶段、三种类型之间的基本关系,才是基本背景的关键之处,也是具体罪名修正补充的参照和依据。

过去10余年间,互联网不仅完成了从1.0到2.0的代际转型,而且快速进入移动互联网和三网融合的阶段;以此为背景,网络在犯罪

---

① 参见姜慧丽、王建华:"遏制网络犯罪刻不容缓",载《青岛日报》2007年5月29日。
② 参见于志刚、郭旨龙:《信息时代犯罪定量标准的体系化构建》,中国法制出版社2013年版,第21~28页。

中的地位几乎是同步演变,经历了从"犯罪对象"到"犯罪工具",再到"犯罪空间"的三个阶段。既往的涉及网络犯罪的司法解释没有充分考虑到网络犯罪的演变背景,在司法解释资源的投放方向上思路不清,定位略显不准。未来在制定司法解释时,应当充分关注网络在网络犯罪中的地位,充分思索信息技术与法律、信息技术与犯罪结合的规律,有的放矢地制定司法解释。

基于以上分析,未来在司法解释资源的投放方向上,要思考的首先是"顶层设计"问题,也就是说,必须要解决投放的司法解释究竟解决的是哪一类问题或者说面对的是哪一类网络犯罪,是"网络作为犯罪对象"的网络犯罪、"网络作为犯罪工具"的网络犯罪,还是"网络作为犯罪空间"的网络犯罪,这是司法解释的自身定位问题。定位不清,则指向不明,在实践中效果就会大打折扣,甚至会是南辕北辙。尤其是在制定司法解释规划之时,必须清晰地建立解决类型性网络犯罪定罪量刑等问题的有效规划路径。①

由上可见,在现阶段,网络犯罪的三个阶段的属性逐渐"退居二线",而网络犯罪的三种基本类型的属性逐渐凸显,成为当前和未来一定时期内网络犯罪的基本格局。所以,网络犯罪国际公约的修正或者重新起草,在刑事实体法部分,必须首先分清楚其基本类型归属,绝对不能"东一榔头,西一棒子";然后区别对待,对每一种基本类型,进行网络发展阶段的分析,跟上其最新的网络犯罪罪情演变趋势。当然,这只是一个从总到分的逻辑过程,实际操作过程也可变换。

二、具体罪行的修正补充之一:网络作为犯罪对象的考察

《公约》解释性报告指出:

根据第 2 条至第 6 条确定的刑事犯罪是为了保护计算机系统或者

---

① 参见于志刚:"网络、网络犯罪的演变与司法解释的投放方向",载《法律适用》2013 年第 11 期。

数据的机密性、完整性和可用性，并不会将网络设计固有的合理且普遍的活动，或者合理且普遍的运营或商业活动都予以入罪。

1. 非法侵入罪行的修正

《网络犯罪公约》第 2 条规定了第一个罪名"非法进入"（Illegal access）：当针对整个计算机系统或其任何部分的访问是未经授权而故意进行时，每一签约方应采取本国法律下认定犯罪行为必要的立法的和其他的手段。签约方可以规定此犯罪应当具有获得计算机数据的意图或其他不诚实意图，或涉及与另一个计算机系统相连接的计算机系统，或者通过侵害安全措施。① 应当说，这是最为原始的网络犯罪。对此，《公约》解释性报告指出了该种行为入罪的必要性和构成要件要素：

"非法进入"包括对计算机系统和数据安全（即机密性、完整性和可用性）危险威胁和攻击的基本罪行。保护的必要性反映了组织和个人不受干扰和不受限制地管理、运行和控制其系统的利益。对于仅仅非授权的侵入，即"黑客""破裂""计算机侵入"，原则上应认定其本身是非法的。它可以导致对系统和数据合法使用者的妨害，引发改变或者毁坏，重构需要高成本。这些入侵可导致活动机密数据（包括密码、目标系统的信息）和秘密的泄漏，免费使用系统甚至鼓励黑客实施更为危险的计算机相关罪行，如计算机相关欺诈或者伪造。

预防非授权侵入的最有效方法当然是引入和发展有效的安全措施。但是，全面的应对不得不包括刑法措施的威胁和使用。在刑法上禁止未经授权入侵的行为，能够在早期给系统和数据本身提供额外的保护，免于上述危险的出现。

"入侵"包括进入某一计算机系统（硬件、零件、安装的系统存储的数据、目录、通信量和内容相关数据）。但是，不包括仅仅发送电子邮件或者文件给该系统的行为。"入侵"包括进入另一计算机系

---

① 参见百度百科："网络犯罪公约"，载 http://baike.baidu.com/view/1854675.htm，2014 年 6 月 15 日访问。

统,该系统经由公共电信网络而连接,或者在同一网络,如局域网或者组织内部互联网,连接至某一计算机系统。通信的方法(如从远方,包括通过无线连接或者在近处)在所不论。

该行为还必须"蓄意"实施。除了上述关于该用语的解释,它还意味着计算机系统或其部分所有者或者其他权利持有者经授权的进入(如为了授权的测试或者保护相关计算机系统)行为不构成犯罪。而且,进入允许公众自由和开放进入的计算机系统的进入行为同样也不构成犯罪,因为该进入"有理由"。

具体技术工具的适用可能导致第2条下的进入,例如进入网页,直接或者通过超文本链接,包括深度链接或者代表通信适用"网络跟踪器"或者"自动程序"定位和检索信息。这些工具适用本身不是"没有理由"。公共网站的维护表明网站拥有者统一该网站能被任何网络使用者进入。使用通用通信系统和程序规定的标准工具,本身并不是"没有理由",特别是在被进入的系统的权利人能被认定依据接受它的使用时,如在"网络跟踪器"的情况下通过不反对最初的安装或者不移除它而接受。

许多国家立法已经规定"黑客"罪行条款,但是其范围和构成要素区别很大。第2条中第一段的普遍犯罪化态度并不是没有争议的。反对来自于仅仅进入而未产生危险或者甚至黑客行为已经导致探出系统安全漏洞和弱点的情形。这已经导致更多的国家采取更严格的犯罪化态度,要求额外的适格情境,这也是第89号备忘录第9条和经合组织行动组于1985年提出的建议所采取的立场。

缔约方可以采取宽泛的态度,与第2条第一段一致,仅仅将黑客的行为予以犯罪的处理。或者,包括其可以附加任何或者所有第二段列举的适格要素:侵犯安全措施、获得计算机数据的特殊目的、其他正当化刑事谴责性的不诚实意图,或者要求该罪行实施是关于与另一计算机系统遥远连接的某一计算机系统。该最后选择允许缔约方排除行为人不使用其他计算机系统而物理上进入一个单独的计算机的情形。他们可以限制该罪行于非法进入网络化的计算机系统(包括电信服务和私有网络如内联网和外联网提供的公共网络）。

由上可见，《公约》在第 2 条通过两段文字确定了非法进入的罪行框架：其一，第一段确定了入罪的最低要求，客观进入和主观蓄意，再加上推定非法；其二，第二段确定了可选择的"套餐"，客观行为方式，客观行为对象，主观目的，单选或者多选，供缔约国在实施国内法时进行选择。

那么，其规定方式在现阶段是否合理呢？这有必要结合我国现阶段立法和未来立法方向进行判断。我国《刑法》第 285 条第 1 款规定了"非法侵入计算机信息系统罪"："违反国家规定，侵入国家事务、国防建设、尖端科学技术领域的计算机信息系统的，处三年以下有期徒刑或者拘役。"相比《公约》，二者之间有以下不同之处。其一，《刑法》要求特定对象，这一要求是必备的，不是可选择的，而且该对象必须为三大领域之一的计算机系统；而《公约》要求特定对象是可供选择的，当然一旦选定，就是必需的，但《公约》要求的特定对象是互联的计算机系统，而不是孤立存在的计算机系统。其二，《刑法》不要求主观上"蓄意"，"任意"也可以；而《公约》要求必须是"蓄意"。蓄意在英美法上是指自觉希望实施某种行为或者发生某种结果。[①] 虽然《公约》解释性报告说，对"蓄意"的确切含义可以由缔约方确定，但是在中国，由于其刑法上独有的"二类四层"主观心理状态结构，不可能限定某行为主观方面只能是直接故意，而排除适用间接故意的可能。所以，中国即使同意了"蓄意"的英文文本，也应当将其解释为其刑法上的"故意"。

显而易见，中国刑法上的"非法进入"犯罪打击面过窄。当然，此时不能忽略的问题是，中国二元制法律制裁体系的问题，那就是区分违法和犯罪的法律体系。西方国家违法行为和犯罪行为的制裁基本是可以统称为针对罪行（offence），但在中国，二者是泾渭分明的。在违法行为制裁法体系中，对非法进入行为进行制裁的明确规定是

---

① 参见储槐植、江溯：《美国刑法》，北京大学出版社 2012 年版，第 47 页。

《治安管理处罚法》第 29 条第 1 款第 1 项："有下列行为之一的，处五日以下拘留；情节较重的，处五日以上十日以下拘留：（一）违反国家规定，侵入计算机信息系统，造成危害的……"。该条规定与上述刑法规定相比，在行为类型上的差别在于取消了客观行为对象的种类要求，但是，却增加了客观危害的要素，相比《公约》，仍然显得打击面过窄。但是，这也凸显一些国家在实害要求上的"执着"。所以，《公约》在必要要件的规定上，是有其合理性的。但在选择要件的规定上，笔者以为，应当考虑增加中国法律体系中的危害要素，以供缔约方选择。

《公约》选择项中有客观行为对象必须是与其他计算机系统相连接，也就是非法进入的对象必须是在网络中的计算机。当然，《公约》要求的连接，也就是与网络相连接，结合前述的"计算机系统"的定义，其实仍然属于"计算机系统"的范畴。但是，二者的区别在于，"计算机系统"定义中的"网络"是选择性的，也就是"计算机系统"不一定为"网络"，但是如果缔约方一旦要求与网络相连接，则是不可选择的，非法进入的计算机系统必须为"网络"。那么其与中国法上的"计算机信息系统"又有何区别呢？中国学者曾对此进行过相关对比：

> 两者的差别主要在于：前者的犯罪对象是国家事务、国防建设、尖端科学技术领域的计算机信息系统，而且它不限于单独的计算机系统，还包括相关的和配套的网络设备。① 行为人侵入以上三类领域的计算机网络而没有侵入计算机系统的，也可以构成非法侵入计算机信息系统罪。因此，前者强调保护特定计算机系统及其区域系统的完整性。后者的犯罪对象不受以上三类领域的计算机系统的限制，侵入任何性质的计算机系统（国家的、企业的或者个人的计算机系统）都可

---

① 《中华人民共和国计算机信息系统安全保护条例》第 2 条规定："本条例所称的计算机信息系统，是指由计算机及其相关的和配套的设备、设施（含网络）构成的，按照一定的应用目标和规则对信息进行采集、加工、存储、传输、检索等处理的人机系统。"

能构成非法侵入计算机系统罪，即后者强调保护各种计算机系统的安全。

从保护信息社会发展的角度来看，前者保护的对象过于狭窄，许多重要领域的计算机信息系统，如航空、交通、医院等领域的计算机信息系统，都没有得到刑法应有的保护；后者则体现了刑法对信息社会基础单元的关注，能起到更好地维护信息社会正常秩序的作用。[①]

可见，如果根据行政法规来解释"计算机信息系统"的含义，则这里的系统回到了公约对于"计算机系统"的定义范围，可以"选择性"地包括网络。但是，根据2011年颁布的《最高人民法院、最高人民检察院关于办理危害计算机信息系统安全刑事案件应用法律若干问题的解释》的规定，"计算机信息系统"也成为"计算机系统"，不包括网络，此时非法进入的计算机系统没必要为"网络"中的计算机系统。所以，最新动向是去掉该选择项，这也与前述笔者提出要单独定义"网络"相呼应。

还应当注意到，网络攻击行为是指利用信息科学技术，基于网络环境实施的侵入计算机信息系统或对计算机信息系统进行外部攻击，危害计算机信息系统安全的违法行为，刑法过于关注侵入型行为和破坏型行为，但对于外部攻击行为在认识上存在不足。建议设计非法攻击计算机信息系统罪，吞并非法侵入计算机信息系统罪和非法获取计算机信息系统数据罪，同时又和非法控制计算机信息系统罪、破坏计算机信息系统罪这两种犯罪的行为方式形成了法条竞合。[②] 如此一来，就能对网络攻击行为进行更为全面的覆盖。综上所述，未来关于非法进入的罪行界定应当是：

当针对整个计算机系统或其任何部分的访问或外部技术攻击是未经授权而故意进行时，每一签约方应采取本国法律下认定犯罪行为必

[①] 参见皮勇：《我国网络犯罪刑法立法研究——兼论我国刑法修正案（七）中的网络犯罪立法》，载《河北法学》2009年第6期。

[②] 参见于志刚：《传统犯罪的网络异化研究》，中国检察出版社2010年版，第74、104、111页。

要的立法的和其他手段。签约方可以规定此犯罪应当具有获得计算机数据的意图或其他不诚实意图，或造成危害，或者通过侵害安全措施。

2. 非法截取罪行的修正

（1）非法截获行为的微观补正。

《网络犯罪公约》第 3 条规定了非法截取（Illegal interception）：当通过技术手段从或者在计算机系统截取计算机数据的非公开传输，包括传输该计算机数据的计算机系统的电磁辐射，是未经授权而故意进行时，每一签约方应采取本国法律下认定犯罪行为必要的立法的和其他手段。签约方可以规定此犯罪应当具有不诚实意图，或涉及与另一个计算机系统相连接的计算机系统。此类行为包括非法截取计算机传送的"非公开性质"的计算机数据，此项规定是用以保障计算机数据的机密性。根据欧洲理事会说明，如果电脑资料在传送时，没有意图将资讯公开时，即使电脑资料是利用公众网络进行传送的，也属于"非公开性质"的资料。① 对此，《公约》解释性报告详细分析了该罪行的目的、渊源和构成要件要素：

该条款目的在于保护数据传输的私密权利。该罪行代表了与传统的人们之间口头电话交谈监听和录音一样的隐私侵害。通信秘密权明文昭示于《欧洲人权公约》第 8 条。根据第 3 条的规定，该原则适用于所有电子数据转移的形式，不管是通过电话、传真、电子邮件还是文件转移。

该条款的文本主要来源于第 89 号备忘录第 9 条包括的"未经授权截获"罪行。在现行《公约》中，明确相关通信关系到如下解释的情况下的"计算机数据传输"和电磁发射：

通过"技术手段"截获描述的是监听、追踪或监视通信的内容，以获取数据的内容，要么是直接通过进入和使用计算机系统，要么是

---

① 参见百度百科："网络犯罪公约"，载 http://baike.baidu.com/view/1854675.htm，2015 年 6 月 15 日访问。

间接地通过电子监听或者监听设备。截获的内容也可以包括录音。技术手段包括固定于传输线路的技术设备,和收集与记录无线通信的设备。它们可以包括软件、密码和编码的使用。要求使用技术手段是个严格的限制,以避免过度犯罪化。

该罪行适用于"非公开"的计算机数据传输。"非公开"一语给传输(通信)过程而非传输的数据定性。传输的数据可以是公开可获得的信息,但是当事人想秘密传输。或者数据可能为了商业目的而被秘密化直到该服务得到付费,如付费电视。因此,"非公开"一语本身不排除通过公共网络的通信。构成"计算机数据非公开传输"的员工间的通信,不管是否为了商业目的,也根据第3条得到保护,无正当理由不得截获(参见欧洲人权法院于1997年6月25日在Halford诉UK一案中的判决,案号20605/92)。

计算机数据传输形式的通信可以发生在单一计算机系统内部(例如从中央处理器流到屏幕或者打印机),同属一人的两台计算机系统之间,互相通信的两台计算机之间,一台计算机和一个人之间(例如通过键盘)。但是,缔约方可以要求通信传输于遥远连接的计算机系统,作为附加要素。

应当注意到,"计算机系统"的用户也可以包括无线电连接的事实,并不意味着任何相对公开、能被轻易获取,因此能被如无线电外行获取的"非公开"的无线电传输的截获都应视为犯罪。

制定关于"电磁辐射"的罪名将确保更全面的覆盖。电磁辐射可以在计算机运行时被发射。这些辐射根据第1条规定的定义并不被认定为"数据"。但是,从这些辐射中能够重构数据。因此,从来自计算机系统的电磁辐射中截获数据被包括为本条之下的一种罪行。

若要科以刑事责任,则要求非法截获必须是"蓄意"实施的,并且"没有正当理由"。该行为是正当的,例如,如果截获行为人有权这样做,如果他根据指令行动或者该传播参与人的授权行动(包括获得授权的测试或者参与人同意的保护活动),或者如果监控是根据国家安全的利益得到合法授权或者监控是调查机关侦查罪行所采取的必要的侦察手段。同样得到理解的是，适用通常的商业惯例，如使用"网络跟踪器"，本身并不是想要犯罪化的，因为它并不是"没有正当理由"的截获。关于根据第3条得到保护的非公开员工通信（见上述段落），国内法可以规定合理截获该通信的理由。根据第3条，在该情形下的结果将被认定为"有正当理由"而实施。

在一些国家，截获行为可被紧密联系于未经授权进入计算机系统。为了确保该禁令和法律适用的一致性，要求不诚实意图或者根据第2条要求该罪行实施于与其他计算机系统连接的计算机系统的国家，可能也要求类似的定性要素，以在本条中科处刑罚。这些要素应当结合"蓄意"和"没有正当理由"来理解和适用。

由此可见，公约对该罪行规定的罪行框架是：其一，客观行为对象是计算机数据的非公开传输；其二，客观行为手段是通过技术手段；其三，主观心理状态要求是"蓄意"。这是其必须具备的要素。然后规定了各缔约方可以供选择添加的要素：其一，不诚实目的；其二，计算机系统必须是和其他计算机系统相连接。当然，《公约》解释性报告还对其他可以添加的要素进行了讨论和讲解。那么，未来"非法截获"罪行应当如何设计呢？

我国《刑法》第285条第2款规定了非法获取计算机信息系统数据、非法控制计算机信息系统罪："违反国家规定，侵入前款规定以外的计算机信息系统或者采用其他技术手段，获取该计算机信息系统中存储、处理或者传输的数据，或者对该计算机信息系统实施非法控制，情节严重的，处三年以下有期徒刑或者拘役，并处或者单处罚金；情节特别严重的，处三年以上七年以下有期徒刑，并处罚金。"

可见，我国刑法上的非法获取罪行要素如下：其一，特定的行为对象，必须是计算机信息系统中存储、处理或者传输的数据，而且该计算机系统必须不是前述三大类特定领域的系统；其二，特定的客观行为方式，要求使用侵入手段或者采用其他技术手段。第二点与《公约》相一致。如此一来，问题就出在第一点上：除了名词使用的定义一章中对公约"可被传输"和中国法上"存储、处理或者传输的"

进行统一解释的问题之外，问题在于中国刑法的行为对象要求非特定领域的计算机系统，其实也就是将这里的计算机系统特定化了。可以发现，这一规定的后果是，针对特定领域的计算机的犯罪，只能打击其侵入行为，而可能不能打击其数据的非法获取行为。因为，根据上述《公约》解释性报告，技术手段不限于"进入"，而且根据中国刑法上的条文表述，技术手段也不限于"侵入"。这就意味着，如果不采用侵入的技术手段获取特定领域的计算机系统的数据，如果不能根据相关的侵犯秘密犯罪加以规制，将是无罪的。特别是行政法上的《治安管理处罚法》竟然对非法获取计算机数据的行为"无动于衷"。所以，这反衬出了《公约》在这一点上的全面之处，也就是说，《公约》在这一点上的表述应当予以维持。但是，中国法上的"侵入或者采用其他技术手段"的表述明确列举了侵入这一技术手段，明确表明侵入属于技术手段，值得借鉴到新的公约表述当中。而且，上述统一解释的问题也表明，在这里，仅仅表述为"传输"是不够周全的，应当和前述"数据"的新定义相统一。关于"连接"的要求，如"非法进入"罪行的新定义一样，不提倡缔约国增加此项要素，而且上述解释性报告提到，计算机数据传输形式的通信可以发生在单一计算机系统内部，所以解释性报告最后提到缔约国可以规定要求"连接"，应当理解为不提倡，同时在公约正文表述中予以删掉。

关于"非公开"传输，笔者以为，应当明确该要求。首先，正如上述公约解释性报告指出的那样，该条款保护的是通信秘密权，如果该通信是公开的，则不受该条款保护。其次，从"没有正当理由"的违法性要素来看，该条款的适用必须存在值得法律保护的利益，如果是公开的存储、处理或者传输，则意味着不存在不允许获取的理由，因为这本身就是人人可以轻易获得的。如此一来，关于非法截获的行为应当表述为：

当通过侵入或者采用其他技术手段，从或者在计算机系统截取计算机数据的非公开存储、处理或者传输，包括传输该计算机数据的计算机系统的电磁辐射，是未经授权而故意进行时，每一签约方应采取本国法律下认定犯罪行为必要的立法的和其他手段。签约方可以规定此犯罪应当具有不诚实意图。

（2）非法截获行为的宏观突破。

第一，在行为对象上，从"数据"扩展到整个网络资源，以包括运算盗用。随着大数据时代的来临，"计算机数据"不仅可以包括从外部采集后输入系统的数据，即第一类数据，而且可以包括第二类数据，即系统运行过程中自行产生的痕迹、记录等"数据"，以及第三类数据，诸如网页浏览痕迹、下载记录、关键词搜索记录等（人机互动）信息数据。但是，无论对"计算机数据"作何种解释，也无法包括运算等其他网络资源。网络空间中的利益承载体早已经从计算机数据扩展到丰富多彩的各种网络资源。如果保护范围仅限于计算机数据，那么其他重要的网络资源必然得不到有效的刑法保护。对此，有学者指出了网络资源的当代框架和保护思路：

> 信息时代网络资源的使用权化和虚拟化，推高了"使用盗窃"行为的案发频率。传统上"使用盗窃"针对的是有形物品的使用权，而在网络时代"使用盗窃"针对的是网络空间中虚拟财产乃至非虚拟的数字化财产的使用权。信息时代的技术特点和经济发展特点，导致财产权各项权能的关系和重要性次序发生了重大变化，使用权越来越重要，甚至成为所有权的核心要素。在网络作为"犯罪工具"的网络犯罪时期，趋利动机成为了绝大多数网络犯罪的案发因素，因此，刑事立法的关注重点也应当从抽象的社会秩序转向公民具体的财产权利，[①]而对于财产权利的关注方向和内容，也应当从关注财产所有权转向关注财产的使用权，"非法占有"型的犯罪在网络时代的数量有所增加，然而，"非法使用"但是不侵犯所有权的财产犯罪的数量可以说迅速增加，这是这一时期的犯罪特点之一。信息时代的财产在表现形式上日渐数字化是一个趋势，以最为典型的软件为例，在第一代互联网时

---

① 参见于志刚："网络空间中帮助使用盗窃行为的实行化"，载《贵州民族学院学报》2009 年第 6 期。

期,尚且附着于光盘等载体予以发售,但是在今天,只需要一个序列号就可以在网络空间中下载正版软件和享受后期免费服务,等等。包括最高法院案例指导委员会委员接到一个案例,此案的核心问题是解释条形码、序列码本身是不是财产。如果不是财产,它后面拿到一个序列码就可以下载一个程序,比如 Windows 程序,也可以享受这些服务,那么盗取这些序列码的行为在法律上应该如何评价?等等。因此,刑法的关注视角和制裁重点在信息时代应当从"财产所有""特定占有"快速扩张至普遍性的"财产使用权",从单一强调"所有权"的刑法保护,快速过渡到同样重视"所有权"和"使用权"刑法保护的双轨制。在具体的解决思路上,可以考虑在刑法上将"网络资源(包括所有权和使用权)"直接认定为"财产"的一种类型,或者通过立法解释,将刑法的"其他财产"解释为包括"网络资源"。同时,在理论上、立法上都避免过度强调侵犯财产犯罪、经济犯罪中的"以非法占有为目的"的前置条件。[1]

由此可见,在网络作为犯罪对象时,其犯罪对象范围必然要求随着罪情的变化而不断发展,从原有的计算机系统、计算机数据等狭窄的对象扩张到其他网络资源,否则,就将导致司法实践中的扩张解释,将侵害其他网络资源的行为认定为财产犯罪。这固然是一条可行之道。但是,要知道这些犯罪行为不仅仅侵害的是财产法益,而且侵害了网络秩序。如果用认定为财产犯罪的途径来保护网络秩序,无疑是一种"隔靴搔痒"的做法,并不能有效明示网络秩序的重要性。所以,应当将非法截获行为的对象扩张到其他网络资源。当然,也可以说紧接着非法截获的行为另行规定针对网络资源的犯罪,如非法获取、使用网络资源罪。之所以在实在法上对二者采用"紧密联系"的处理方式,是因为在现实罪情上,二者常常是密切联系的:通过非法获取计算机数据来非法获取、使用网络资源。

---

[1] 参见于志刚:"网络犯罪的代际演变与刑事立法理论之回应",载《青海社会科学》2014 年第 2 期。

第二，在行为方式上，从"截取"上升为"获取"，以包括盗窃和截取两种行为方式。① 这也是在上述网络资源成为犯罪对象的背景下的必然要求：其他网络资源不能用"截取"一词，而应当用其上位概念"获取"一词，此时，就不限于技术手段。也就是在行为方式上没有限定了。对同等的法益侵害而言，行为方式的不同一般不对定性起重要作用。

第三，行为流程上，扩张到事先控制，然后获取。"互联网上销售的专门用于控制手机的木马程序，可以通过无线网络获取手机中的信息"。② 换言之，《公约》忽视了控制计算机系统这一罪行，而恰恰是这一罪行成为非法截获计算机数据的现行行为。相比之下，中国《刑法》的规定较为严密。中国《刑法》第285条第2款规定了非法获取计算机信息系统数据、非法控制计算机信息系统罪："违反国家规定，侵入前款规定以外的计算机信息系统或者采用其他技术手段，获取该计算机信息系统中存储、处理或者传输的数据，或者对该计算机信息系统实施非法控制，情节严重的，处三年以下有期徒刑或者拘役，并处或者单处罚金；情节特别严重的，处三年以上七年以下有期徒刑，并处罚金。"这显然是将二者作为密切相连的两个罪行看待的，有利于完善对计算机数据的全程保护。

此外，应当扩张到数据的收集、发布上。2006年，法国国家信息与自由委员会制定了《互联网个人信息保护指南》，引导加强对企业和个人信息的保护，例如求职网站、社交网站和个人博客等，在发布涉及个人信息前都必须取得权利人同意，若发布未成年人信息，必须取得监护人的许可。③ 这就是罪行表述中的义务来源。对此，可以借

---

① Wall, D. S. (2003), "Mapping out cybercrimes in a cyberspatial surveillant assemblage", In F. Webster & K. Ball (Eds.), The intensification of surveillance: Crime, terrorism, and warfare in the information age, pp. 112~136.

② 参见张军主编：《解读最高人民法院司法解释之刑事卷（下）》，人民法院出版社2011年版，第591页。

③ 参见陈婧："谋求网络安全，法国一马当先"，载 http://newspaper.jfdaily.com/xwcb/html/2014-07/23/content_51344.htm，2014年6月15日访问。

鉴为：发布涉及个人信息的数据行为若之前未取得权利人同意，或发布未成年人信息，未取得监护人的许可，则此发布行为应当被认定为犯罪。而且，在不同互联网产品中混合使用用户数据，如使用数据生成用户概况，未明确地告知用户这一混合使用将用于商业目的并获得用户许可，以及在未经用户许可的情况下将数据披露给他人的，应当认定为犯罪。

第四，系统安全体制不善导致数据安全漏洞的处理。如 eBay 被曝网购记录漏洞，用户隐私安全面临挑战：美国电子商务平台 eBay 被爆出系统存在漏洞。两名来自纽约大学的研究人员称，该漏洞使得 eBay 的访问者可查看他人的购物记录，其中就包括了一些如个人远程体检信息等敏感信息，而这也意味着在 eBay 上，个人隐私的底线正在面临挑战。① 在信息时代，信息安全体制不善导致的信息泄露问题此起彼伏，成为一个不得不重视的问题。不要说这是信息安全体制必然经历的过程，就可以免于承担刑事责任等法律责任。如果刑法不对信息安全体制给予足够的重视，这种状态还将持续多久？刑法的干预首先要求法益的重大性或者公共性，在这一点上系统安全体制不善完全可以满足；其次要求符合罪行表述上的明确性和责任上的可谴责性；最后要求相当的刑罚。而且，各国处罚体制不同，中国行政法上的处罚在西方国家也可能是对于犯罪的反应。所以，将系统安全体制不善的问题作为刑法的发动原因，是可以理解的。具体而言，如果服务提供者明知计算机系统存在漏洞等安全体制问题而未合理地处理，导致计算机数据被他人获取的，应当认定为犯罪。

谷歌因使用用户数据在美国面临隐私诉讼：一名美国联邦法官在周一驳回了谷歌（594.74，5.27，0.89%）的动议，裁定该公司必须因为在不同互联网产品中混合使用用户数据，以及在未经用户许可的情况下将数据披露给广告主，而面临隐私诉讼。美国圣何塞地区法官

---

① 参见佚名："eBay 被曝网购记录漏洞 用户隐私安全面临挑战"，载 http://finance.chinanews.com/it/2014/07-24/6422274.shtml，2014 年 6 月 15 日访问。

保罗·格雷沃尔（Paul Grewal）表示，谷歌必须面临 Android 用户的违约和欺诈指控，而该案的原告方则是至少在 Google Play 中下载过一款应用的 Android 设备用户。谷歌尚未立刻对此置评，原告律师也未发表评论。谷歌于 2012 年 3 月 1 日宣布废弃不同产品的独立隐私政策，通过统一的政策将 Gmail、谷歌地图和 YouTube 等不同平台的数据整合到一起。此事也成了这一诉讼的导火索。用户认为，谷歌这一改变没有征求他们的意见，而且不提供任何退出方案。事实上，谷歌的目标是为了更好地与 Facebook（69.27，-0.13，-0.19%）和其他社交媒体公司争夺广告营收，后者的所有用户数据都存储在同一个网站上。原告认为，谷歌此举暴露了他们的姓名、电子邮箱和地理位置，因而威胁到他们的隐私，增加了第三方骚扰或身份盗窃的风险。[1]

意大利限谷歌在 18 个月内修订用户数据使用策略：当地时间周一，意大利数据保护监管机构向谷歌下达通知，限期 18 个月，要求该公司自查，确定必要措施已经付诸实践。如果未获得用户许可，谷歌将不能使用数据生成用户概况。同时，谷歌必须明确地告知用户，这一概况将用于商业目的。另外，用户请求删除 Google 账户内的个人数据的请求，最长应于两个月内满足。据知情人士透露，如果谷歌未如约遵守规定，将面临最高 100 万欧元的罚款。去年，谷歌将其 60 项隐私策略整合为 1 项，通过 YouTube、Gmail、社交网络 Google+ 等服务收集个人用户数据。[2]

可见，增加规范数据的获取、使用、披露的规定极为必要。而这里也提示要保护"被遗忘的权利"，但前提是该国内法承认该权利，或者其参加或缔结的条约承认该权利，这是网络犯罪公约修正时必须考虑的问题，不能一蹴而就。若服务提供商经要求而不采取必要措施导致计算机数据可以被轻易获取，每一签约方应采取本国法律下认定

---

[1] 参见佚名："谷歌因使用用户数据 在美国面临隐私诉讼"，载 http：//www.cctime.com/html/2014-7-23/20147231034474155.htm，2014 年 6 月 15 日访问。

[2] 参见佚名："意大利限谷歌 18 个月内修订用户数据使用策略？"，载 http：//tech.ifeng.com/google/detail_2014_07/22/37449043_0.shtml，2014 年 6 月 15 日访问。

犯罪行为必要的立法的和其他手段。我们可以拟规定在本部分最后统一规定：签约方可以规定此犯罪应当侵害了国内法承认的权利。其他罪行参照适用。

第五，行为流程上，从获取扩张到后续的转让、使用。如身份盗用、非法出售公民个人手机定位等信息，以及出租、倒卖僵尸网络。其实上述非法获取、使用网络资源一罪就体现了这种打击视角后移的实践是可行的。对于身份盗用而言，其中的大部分情形首先要求非法获取他人的身份信息，而身份信息在网络时代又在大部分情况下体现为计算机数据，所以应当在打击非法获取身份数据后，接着规制使用身份数据的行为。对于非法出售公民个人手机定位等信息的行为，也是如此。对于出租、倒卖僵尸网络的行为，应当增加非法提供、使用网络资源罪来打击，是极为必要的。① 例如，对于网络犯罪，法国制定了专门的法律进行打击。2011年3月生效的法案，对窃取他人网络信息、盗用网络身份的犯罪行为，可处以最少1年有期徒刑和1.5万欧元的罚款。为防止黑客盗用个人信息，法国政府还制定具体措施，以确保网民在使用包含重要个人信息的服务，如银行账户、积分卡、税单时的安全。② 所以，有必要规定：获取公民个人信息数据后非法转让、使用的，非法提供、使用僵尸网络等网络资源的，应当认定为犯罪。

综上所述，在非法截获数据的罪行上，我们有必要在未来的公约中增加和细化相关规定，形成以下草案：

非法获取、披露、转让、使用数据

当获取计算机系统中非公开存储、处理或者传输的计算机数据或者其他网络资源，包括传输该计算机数据的计算机系统的电磁辐射，或者控制计算机系统，是未经授权而故意进行时，每一签约方应采取本国法律下认定犯罪行为必要的立法的和其他手段。签约方可以规定

---

① 参见于志刚：《传统犯罪的网络异化研究》，中国检察出版社2010年版，第187页。
② 参见陈婧："谋求网络安全，法国一马当先"，载 http://newspaper.jfdaily.com/xwcb/html/2014-07/23/content_51344.htm，2014年6月15日访问。

此犯罪应当具有不诚实意图。

当服务提供者明知计算机系统存在漏洞等安全体制问题而未合理地处理，导致计算机数据或其他网络资源被他人获取时，或者经要求而不采取必要措施导致计算机数据进行可得时，如上处理。签约方可以规定此犯罪应当侵害了国内法承认的权利。

当在不同互联网产品中混合使用用户数据，例如使用数据生成用户概况，是未明确地告知用户这一混合使用将用于商业目的并获得用户许可时，或者当将数据披露给他人，是未经用户许可时，如上处理。

当获取公民个人信息数据后非法转让、使用时，例如在发布涉及个人信息的数据前未取得权利人同意，或当发布未成年人信息，未取得监护人的许可时，或者非法提供、使用僵尸网络等网络资源时，如上处理。

3. 数据干扰罪行的修正

《网络犯罪公约》第4条规定了数据干扰（Data interference）罪行：当损坏、删除、改变或者恶化、隐藏计算机数据的行为，是没有正当理由而故意进行时，每一签约方应采取本国法律下认定犯罪行为必要的立法的和其他手段。签约方可以规定此犯罪应当导致严重危害。该罪行包含任何故意毁损、删除、破坏、修改或隐藏电脑资料的行为，此项规定乃是为了确保计算机数据的真确性和计算机程式的可用性。①公约解释性报告指出了该罪行的立法目的、构成要件要素、正当事由：

本条款的目的是给计算机数据和计算机程序提供类似于物质物体享有的免于故意导致损害的保护。此处被保护的法益是存储的计算机数据或者计算机程序的完整性和合理运行或使用。

在第一段中，"损坏"和"恶化"作为交叠的行为，特别指的是

---

① 参见百度百科："网络犯罪公约"，载 http://baike.baidu.com/view/1854675.htm，2014年6月16日访问。

数据和程序的信息内容和完整性的消极改变。数据的"删除"等于销毁物质事物。它销毁了它们，使它们不能被认知。隐藏计算机数据意味着阻止或中止有权进入该计算机或存储数据的载体的人获得该数据。"改变"一语意味着既存数据的改变。因此，输入恶意编码，例如病毒和特洛伊木马，被本段涵摄，正如导致的数据的变化。

以上行为仅在"没有正当理由"时实施才是可受刑事处罚的。网络设计固有的普遍活动或者普遍的运营或商业惯例，例如为了测试或者所有人或运营者授权的计算机系统安全保护，或者在系统运营者要求新软件（例如使类似的、以前的安装程序失效的，允许进入互联网的软件）时发生的计算机允许系统的重新配置，都是有正当理由的，因此并不为本条所犯罪化。为了便利匿名通信（如匿名重邮器系统的活动），应当原则上被认为是合理的隐私保护，因此被认定为有正当理由而实施。但是，缔约方可能想犯罪化某些与匿名通信有关的滥用，例如包头信息被改变，以隐藏实施犯罪的行为人的身份。

此外，行为人必须是"蓄意"行为。

第二段允许缔约方保留关于认定何为该行为导致严重危害的权力。什么情况属于构成该严重危害留待国内法去处理，但是缔约方应当通知欧洲理事会秘书长关于他们所作的解释，如果利用该保留可能。

由上可见，《公约》对数据干扰罪行规定的构成要件要素是：其一，客观上的损坏、删除、改变或者恶化、隐藏计算机数据的行为；其二，没有正当理由排除行为的违法性；其三，主观上的"蓄意"实施。这是其必备的要件要素。而可供缔约国选择的要素是导致严重危害的客观结果。那么，《公约》的这一规定在未来应当如何修正呢？

中国《刑法》第286条规定了破坏计算机信息系统罪，第二种情形是："违反国家规定，对计算机信息系统中存储、处理或者传输的数据和应用程序进行删除、修改、增加的操作，后果严重的，依照前款的规定处罚。"可见，中国刑法上的数据干扰罪行的构成要素是：其一，客观上的对计算机信息系统中存储、处理或者传输的数据和应用程序进行删除、修改、增加的操作；其二，客观上的严重后果。与公约相比,似乎客观上的严重危害成为了实然要素。但是中国行政法上的《治安管理处罚法》第 29 条规定:"有下列行为之一的,处五日以下拘留;情节较重的,处五日以上十日以下拘留:……(三)违反国家规定,对计算机信息系统中存储、处理、传输的数据和应用程序进行删除、修改、增加的;……"如此一来,在与西方国家处罚体系相对应的语境下,中国法上的数据干扰罪行也不再需要客观上的严重危害了。当然,这也表明《公约》将该客观要素作为选择项,是符合各国法律规定的实际情况的,应当予以保留。这里需要注意的是,中国法上的表述是"数据和应用程序",似乎比《公约》中的"数据"表述,多出了"应用程序"。但是,结合前述《公约》的定义,我们知道,《公约》中的"数据""包括应用程序等适合引发计算机系统执行功能的程序"。所以,《公约》的规定反而更为周延,应当保留。同样的,《公约》的行为方式有"损坏、删除、改变或者恶化、隐藏"5 种,即使"损坏"与"恶化"作同一解释,也存在 4 种,比起中国法上的"删除、修改、增加",也显得更为全面,应当保留。

那么,《公约》对于数据干扰规定是否就万无一失了呢?我们先看看流氓软件类不正当竞争案件"搜狗诉 360:不正当竞争案在西安开庭"[①]:7 月 18 日,搜狗诉 360 不正当竞争案在西安市中级人民法院开庭。庭审中,原告诉称,被告在未经网络用户许可下,自动将用户原有搜狗浏览器的默认设置篡改为 360 安全浏览器。违反了《反不正当竞争法》第 2 条的规定,构成对原告的不正当竞争。被告辩称,第一,原告的指控依据不足;第二,本案存在重复诉讼,按照一事不再理的原则,辩方认为本案不应涉及这部分内容(原告曾在北京二中院起诉被告不正当竞争行为)。双方均表示有调解的意愿,但并未拿出一个成形方案。本案中,在法院看来凸显的问题只是非刑事问题。在笔者看来,被告的行为已经涉嫌犯罪。已有学者指出,随着互联网

---

① 参见沏玮、冀浩凡:"搜狗诉 360 不正当竞争案在西安开庭",载 http://www.chinanews.com/fz/2014/07-18/6403037.shtml, 2014 年 6 月 16 日访问。

行业中商业竞争的日趋激烈和白热化，诸如广告推广软件、强制安装软件、浏览器劫持软件以及恶意卸载、恶意捆绑等流氓软件更是层出不穷，再一次表明了完善互联网法律规制体系的必要性。纳入刑法打击半径的必要性是流氓软件的巨大危害性，而刑法评价的具体思路是计算机病毒程序的扩张解释。实际上，浏览器劫持软件如果对计算机信息系统的功能进行删除、修改或者增加，构成破坏计算机信息系统罪，对于此类行为以《刑法》第286条定罪没有问题。① 这里需要注意的问题是，计算机病毒仅仅是刑法要求的"破坏性程序"的典型，这意味着其他的破坏性程序也可构成该罪。2011年出台的《最高人民法院、最高人民检察院关于办理危害计算机信息系统安全刑事案件应用法律若干问题的解释》第5条规定："具有下列情形之一的程序，应当认定为刑法第二百八十六条第三款规定的'计算机病毒等破坏性程序'：（一）能够通过网络、存储介质、文件等媒介，将自身的部分、全部或者变种进行复制、传播，并破坏计算机系统功能、数据或者应用程序的；（二）能够在预先设定条件下自动触发，并破坏计算机系统功能、数据或者应用程序的；（三）其他专门设计用于破坏计算机系统功能、数据或者应用程序的程序。"可见，以上各种流氓软件完全可以评价为"专门设计用于破坏计算机系统功能、数据或者应用程序的程序"，也就是计算机病毒等破坏性程序。

百度Q2移动安全报告恶意扣费类软件占比高达72.4%②：随着全球移动产业的发展，手机在人们生活中越来越不可或缺，相应的，用户面临的移动威胁也与日俱增，高危恶意软件层出不穷，其中尤以窃取用户隐私及支付密码类的恶意软件最为突出。百度安全实验室正式发布的《2014年第二季度移动安全报告》显示，截至2014年第二季度末，Android（安卓）平台上的恶意软件和高危软件累计已达182

---

① 参见于志刚、于冲：《网络犯罪的罪名体系与发展思路》，中国法制出版社2013年版，第267~272页。
② 参见佚名："百度Q2移动安全报告：恶意扣费类软件占比高达72.4%"，载http：//www.cctime.com/html/2014-7-22/20147221210362056.htm，2014年6月16日访问。

万款,其中恶意软件有 64 万款,是去年同期数量的 3 倍,隐私窃取类恶意软件呈大规模爆发趋势(图1)。与此同时,网银漏洞、手机系统漏洞也频频爆出,总体来看,用户手机安全形势依然严峻,移动支付安全问题不容忽视。①

图1 恶意软件类型分布
(2014年第二季度)

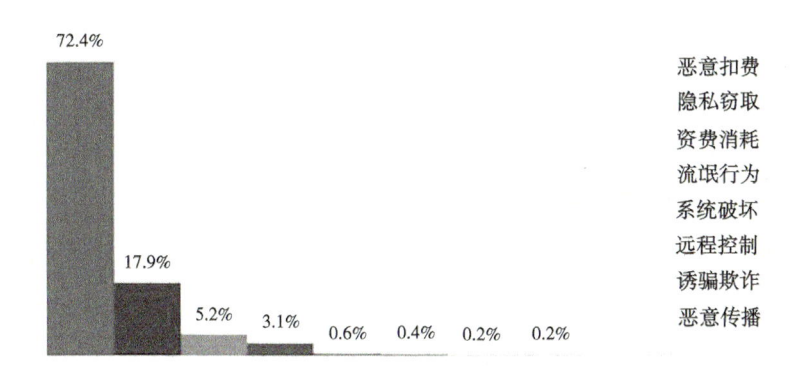

类型	比例
恶意扣费	72.4%
隐私窃取	17.9%
资费消耗	5.2%
流氓行为	3.1%
系统破坏	0.6%
远程控制	0.4%
诱骗欺诈	0.2%
恶意传播	0.2%

此时,流氓软件乃至所有恶意软件案件都可以同时符合中国刑法上的"违反国家规定,对计算机信息系统中存储、处理或者传输的数据和应用程序进行删除、修改、增加的操作,后果严重"的要求,和"故意制作、传播计算机病毒等破坏性程序,影响计算机系统正常运行,后果严重"的要求。换言之,此时,流氓软件案件同时符合数据干扰和系统干扰的评价。幸好在中国法上,二者是同一罪名,最重要的是其法定刑一致,没有竞合犯的处理问题。但是,在《公约》中,数据干扰和系统干扰是两种不同的罪行,所以,建议在修正时将二者一并规定。

4. 系统干扰罪行的修正

《网络犯罪公约》第 5 条规定了系统干扰(System interference)的罪行:当通过输入、传输、损坏、删除、恶化、改变或隐藏计算机

---

① 参见包沉浮:"2014 年第二季度移动安全报告",载 http://safe.baidu.com/2014-07/q2_mobile_security_report.html,2014 年 6 月 16 日访问。

数据严重妨碍计算机系统的运行,是没有正当理由而故意进行时,每一签约方应采取本国法律下认定犯罪行为必要的立法的和其他的手段。此项规定与第 4 条的"资料干扰"不同,此项规定乃是针对妨碍电脑系统合法使用的行为。根据欧洲理事会的说明,任何电脑资料的传送,只要其传送方法足以对他人电脑系统构成"重大不良影响"时,将会被视为"严重妨碍"电脑系统合法使用。所以在此原则下,利用电脑系统传送电脑病毒、蠕虫、特洛伊木马程式或滥发垃圾电子邮件,都符合"严重妨碍"电脑系统,即构成"系统干扰"的行为。[①]《公约》解释性报告指出了该罪行的源流和构成要件要素的认定:

本罪行在第 89 号备忘录第 9 条中提到为计算机破坏。该条款目的在于将通过使用或者影响计算机数据蓄意妨碍包括电信实施的计算机系统合法使用的行为犯罪化。保护的法益是计算机或者电信系统能够适当运行的运行者和使用者的利益。文本表述是中性的,以便所有种类的运行都能被它保护。

"妨碍"一语指的是干扰计算机系统适当运行的行为。这些妨碍必须通过输入、传输、损害、删除、改变或者隐藏计算机数据而发生。

该妨碍必须也是"严重的",以产生刑事处罚的必要性。每个缔约方应当自己决定什么标准应当被符合,以使妨碍被认为是"严重的"。例如,缔约方可要求引起的损害的最少数量,以便损害被认定为严重。起草者认为以对所有者或运营者使用系统或者与其他系统通信的能力有重大不利影响的形式、规模或频率向某一特定系统发送数据(如通过产生"拒绝服务"攻击的程序,如阻止或显著放慢系统运行程序的病毒等恶意代码,或者发送大量电子邮件给接收者以阻碍该系统通信功能的程序),是"严重的"。

该妨碍必须是"没有正当理由"。网络设计固有的普遍活动,或

---

① 参见百度百科:"网络犯罪公约",载 http://baike.baidu.com/view/1854675.htm,2014 年 6 月 16 日访问。

者普遍的运营或商业惯例都是有正当理由的。例如，所有者或运营者授权的计算机系统安全的测试或者包含，或者在系统运营者要求新软件（例如使类似的、以前的安装程序失效的，允许进入互联网的软件）时发生的计算机允许系统的重新配置。由此，该行为不为本条所犯罪化，即使它引起严重妨碍。

为了商业的或者其他的目的，未经请求的电子邮件的发送，可能导致对其接收者的妨害，特别是当这些信息是大规模发送的或高频率发送的（"垃圾邮件"）。在起草者看来，这些行为应当仅仅在该通信被蓄意和严重危害时被犯罪化。但是，缔约方可以根据他们的法律对妨碍行为持不同的态度，例如，将特定的干扰行为认定为行政上的恶行或以别的方式对其进行惩罚。该文本留待缔约方决定系统运行应当被妨碍的程度——部分或者完全地，暂时或者永久地——以达到其法律下的行政或刑事惩罚的正当化起点。

该罪行必须是"蓄意"实施的，也就是行为人必须有严重妨碍的意图。

由上可知，系统干扰行为的构成要件要素是：其一，客观上的行为手段必须是"输入、传输、损坏、删除、恶化、改变或隐藏计算机数据"；其二，客观上必须导致计算机系统运行的严重妨碍。但是，根据《公约》的上述解释性报告，严重的程度由各国决定，可以是"部分或者完全地，暂时或者永久地"，这可以统括中国《刑法》上"故意制作、传播计算机病毒等破坏性程序，影响计算机系统正常运行，后果严重的"表述，和《治安管理处罚法》中"故意制作、传播计算机病毒等破坏性程序，影响计算机信息系统正常运行的"的表述，的确是必要要素，而非各国选择性要素。所以该项规定值得保留。

但是，系统干扰的罪行有必要适当扩张。例如，美国国会通过法案允许用户自行解锁手机：7月25日，美国国会众议院通过一项法案，允许用户自行解锁被无线通讯运营商加锁的手机，以便改用其他运营商的服务。这一法案名为《释放消费者选择和无线竞争法案》，让用户可以选择自行解锁，或通过第三方解锁。奥巴马在一份声明中说，该法案让普通美国人有更多的灵活性和选择，使他们可以找到符合自己需要和预算的手机运营商。① 这就表明，如果无正当理由加锁用户手机而不允许用户解锁，应当认定为犯罪。也就是建议规定：当给具备自动处理数据功能的移动电话机等电子设备加锁而不允许用户解锁，是没有正当理由而故意进行时，应当认定为犯罪。

综合以上关于数据干扰和系统干扰统一规定的论述，应当在同一条款下规定数据和系统干扰罪行：

当损坏、删除、改变或者恶化、隐藏计算机数据的行为，或者通过输入、传输、损坏、删除、恶化、改变或隐藏计算机数据严重妨碍计算机系统运行的行为，或者给具备自动处理数据功能的移动电话机等电子设备加锁而不允许用户解锁的行为，是没有正当理由而故意进行时，每一签约方应采取本国法律下认定犯罪行为必要的立法的和其他手段。签约方可以规定数据干扰犯罪应当导致严重危害。

三、具体罪行的修正补充之二：网络作为犯罪工具的考察

1. 计算机伪造罪行的修正

《网络犯罪公约》第 7 条规定了伪造电脑资料（Computer‐related forgery）罪行：当输入、改变、删除或者隐藏计算机数据，导致不真实的数据，意图他人为了法律上的目的而认为它是真实的或基于此而行动，不管该数据是否是可以直接读取的或者智能的，是没有正当理由而故意进行时，每一签约方应采取本国法律下认定犯罪行为必要的立法的和其他手段。签约方可以规定此犯罪应当具有欺诈的意图或其他类似不诚实意图。该罪行包括任何虚伪资料的输入、更改、删改、隐藏电脑资料，导致相关资料丧失真确性。根据目前欧洲理事会各成员国的法律规定，伪造文件都是犯罪行为，需要接受刑事制裁，故此

---

① 参见佚名："美国会通过法案允许用户自行解锁手机"，载 http://www.taihainet.com/lifeid/science/201407/1288444.html，2014 年 6 月 16 日访问。

规定只是将无实体存在的电脑资料也纳入"伪造文书"的文书范围。① 对此，公约解释性报告指出了立法目的和具体适用要点：

本条的目的在于创设与有形文件伪造平行的罪行。它专注于弥补刑法中传统伪造的漏洞，传统上的伪造行为要求文件中的陈述或宣言具有可读性，且不适用于电子化存储的数据。利用这些具有证明力的数据可能和传统的伪造行为具有同样的严重后果，如果第三方被误导。计算机相关伪造涉及未经授权的创造或改变存储的数据，以获得在合法交易中的证明力，这有赖于该数据所害信息的真实性，意味着遭受了欺骗。受保护的法益是可能对法律关系有影响的电子数据的安全和可靠性。

应当注意到各国的伪造概念相差很大。有的是基于相对于文件作者的真实性，其他的是基于文件所包含的陈述的真实性。然而，起草者一致认为关于真实性的欺骗至少指数据的发行者，不管该数据内容的正确或真实。缔约方可以进一步在"真实"一语下包括该数据的真实性。

本条包括等同于具有法律效力的公私文件的数据。未经授权的正确或者不正确数据的"输入"导致等同于制作虚假文件的情形。后续的改变（修正、变动、部分变化），删除（从数据媒介移除数据）和隐藏（数据的控制和隐瞒）一般等同于真实文件的虚假化。

"为合法目的"也指合法交易和法律上相关的文件。

本条最后一句运行缔约方在国内法实施该罪行是额外要求其中的意图或类似的不诚实意图，先于刑事责任的科处。

可见本条给计算机相关伪造这一罪行规定的构成要件要素是：其一，客观上有输入、改变、删除或者隐藏计算机数据的行为，以及导致产生不真实的数据的后果；其二，主观上有意图他人为了法律上的目的而认为它是真实的或基于此而行动。其实，笔者乍一看《公约》

---

① 参见百度百科："网络犯罪公约"，载 http://baike.baidu.com/view/1854675.htm，2014 年 6 月 16 日访问。

英文文本，"输入"计算机数据，导致不真实的数据，以为其可以包括制造、传播网络谣言的行为，但是，受限于后续"为了法律上的目的"，这一想法得以告吹。原来这一罪名针对的是传统文书伪造在网络空间的异化形式，所以，笔者的设想是保留这一罪名，并且在网络作为犯罪空间的部分集中研讨网络谣言问题。

对于计算机相关伪造，中国也有学者进行了研究，集中于伪造证照行为。文本伪造之后的网络信息伪造行为取代了原本处于核心地位的文本伪造行为，成为整个证照犯罪的关键环节，给人一种假象，即其是整个犯罪的核心，最能代表整个犯罪的性质，但是它客观上很可能并未达到中国法律上危害计算机系统安全的意义程度，而且其行为人主观上并非为了破坏系统，如果认定为此罪行，则名不副实。[①] 所以，公约鉴于某些国家的传统伪造行为不能延伸适用于网络空间中的文本伪造行为的事实，单独提出计算机相关伪造这一罪行，是非常明智的，具有经济、可行的效果：提示各国立法者和司法者，计算机相关的伪造等传统罪名在网络空间中的异化形式，应当得到犯罪化，不管是根据国内的既有处罚条文能够进行扩容，还是"另起炉灶"，制定新法。

具体到中国，电子证照伪造行为，触犯了刑法上的证照伪造犯罪，或者行政法上的治安管理处罚法，但没有在危害计算机系统安全的意义上触犯刑法或者行政法。当然，我们应当注意到，前述数据干扰，不管是规定在公约中，还是在中国法律上，即使其要求"情节严重"，也没有限定说要危害计算机系统安全意义上的"情节严重"。所以，上述名不副实的理由其实是要"打折扣"的：由于中国立法文本和司法罪名二元并行，这本身就会导致出现名不副实的局面。但名不副实其实是罪刑相适应原则的要求，而中国司法机关判案首先应当遵循的是罪刑法定原则，也就是从刑法立法文本出发。此时，电子证照

[①] 参见于志刚、于冲：《网络犯罪的裁判经验与学理思辨》，中国法制出版社2013年版，第352、354、359页。

伪造的行为，即使未对计算机系统安全造成危害，但具有人次多的等情节，也可入罪处理。换言之，如果该行为不被司法上冠以"破坏计算机系统安全"，而是戴上"数据干扰"的名称，就在理解上和判决效果上毫无争议了。

回到《公约》，因为其已经明确提出了数据干扰罪行，现在又提出了计算机文本数据伪造的罪行，其实是应当将后者作为包容犯，也就是法条竞合中的"整体法"，优先于前者的适用，建议各缔约国参照此体例，这样才能够避免上述中国法上的司法困惑。

需要指出的是，《公约》这一规定，其实既包括了公文书的保护，又包括了私文书的保护，值得提倡。其一，从法律精神上讲，只要是合法利益，都应当受到法律的平等保护。公约中立性的一体保护的表述充分体现了这种法律精神。其二，从具体法律实践上看，中国只保护公文书，其他私文书并不受强制法保护，这导致了许多漏洞，法律实践十分混乱。所以，《公约》的这一规定应当保留，中国应当予以借鉴。建议公约文本对此予以强调。

整体而言，《公约》的这一规定应当保留。但笔者以为，对这一罪行各国可以要求主观上的不诚实意图，是不恰当的。其一，中国法上对伪造犯罪并无这一犯罪主观心理状态之外的主观要素。这是形式上的理由，如果增加了这一主观要素，必然对中国的法律实践造成冲击。其二，规定这一要素的目的是为了判处没有后续危害危险的行为。但是，即使认为没有后续危害的危险就没有作为罪行处罚必要，也应当认为有其他的方法能够有效地达到这一目的，而没有客观上导致难以证明的操作可能。比较《公约》的其他表述，"是没有正当理由"的表述普遍采纳。将此表述应用于该罪行，能够达到免于难以证明的效果：没有正当理由是控方没有证明责任证明的，而前述不诚实意图，则是需要控方证明的。

综上所述，公约的该种罪行的具体表述应当改良为：

当输入、改变、删除或者隐藏计算机数据，导致不真实的数据，意图他人为了法律上的目的而认为它是真实的或基于此而行动，不管该数据是否是可以直接读取的或者智能的,是否是官方数据,是没有正当理由而故意进行时,每一签约方应采取本国法律下认定犯罪行为必要的立法的和其他手段。

2. 计算机诈骗罪行的修正

《网络犯罪公约》第 8 条规定了计算机诈骗（Computer‐related fraud）的罪行:当通过计算机数据输入、改变或隐藏,或者计算机系统功能的干扰,导致他人的财产损失,意图欺诈地或者不诚实地为自己或他人获得经济利益,是没有正当理由而故意进行时,每一签约方应采取本国法律下认定犯罪行为必要的立法的和其他手段。该罪行包括任何有诈骗意图的资料输入、更改、删除或隐藏任何电脑资料,或干扰电脑系统的正常运作,为个人谋取不法利益而导致他人财产损失,这是需要予以刑事处罚的犯罪行为。① 公约解释性报告对该罪行的背景、适用做了较为详细的说明:

随着技术革新的到来,实施经济犯罪,如欺诈（包括信用卡欺诈）的机会已经暴增。在计算机系统中体现或惯例的资产（电子资金、存款）已经成为向传统财产形式的操作对象。这些犯罪主要由输入操作（在此不正确的数据被植入计算机）,或者通过程序操作和其他计算机数据处理进行干扰。本条的目的在于犯罪化任何意图导致非法转移财产的数据处理过程的不正当操作行为。

为了确保所有可能相关的操作都被覆盖,第 8 条第 1 项中的"输入""改变""删除"或"隐藏"的构成要素得到第 2 项中的"计算机程序或系统功能的干扰"的补足。"输入、改变、删除或隐藏"同在前条规定的用语有同样意思。第 2 项包括如硬件操作的行为,隐藏打印出来的资料的行为和影响数据流动记录或者程序运行的顺序的行为。

计算机系统操作将被犯罪化,如果他们产生了他人财产的直接的经济或占有损失并且行为人行为时的意图是自己或他人获得非法的经

---

① 参见百度百科:"网络犯罪公约",载 http://baike.baidu.com/view/1854675.htm,2014 年 6 月 16 日访问。

济利益。"财产损失"一词，含义广泛，包括金钱的丧失和有经济价值的有形物和无形物的丧失。

该罪行必须是"没有正当理由"而实施的，并且该经济利益必须是没有正当理由而获得。当然，合理的普遍的商业惯例，意图获得经济利益，并不为本条所确立的罪行所覆盖，因为它们是有正当理由而实施的。如根据当事人之间的有效合同进行的活动是有正当理由的（如根据合同条款授权使网站瘫痪的行为）。

该罪行必须是"故意"实施的。该通常的意图要素指的是引起他人财产损失的计算机操作或干扰。该罪行还要求使自己或他人获得经济或其他利益的特别的欺诈或不诚实意图。因此，例如，关于可能对他人引发经济损害、对他人带来经济利益的市场竞争的商业活动，如果并未意图欺诈或不诚实，则不是本条所确立的罪行想覆盖的。例如，互联网上为了比较商店而使用信息收集程序（"自动程序"），即使不为"自动程序"访问的网站所授权，也不被犯罪化。

由上可见，公约对计算机相关欺诈这一罪行规定的构成要件要素是：其一，客观上采取通过计算机数据输入、改变或隐藏，或者计算机系统功能的干扰的行为手段；其二，客观上导致他人的财产损失的行为结果；其三，主观上意图欺诈地或者不诚实地为自己或他人获得经济利益的要素。可见，计算机相关欺诈与中国刑法上的诈骗罪构造不完全一样。"诈骗罪（既遂）的基本构造为：行为人实施欺骗行为——对方（受骗者）产生（或继续维持）错误认识——对方基于错误认识处分财产——行为人或第三者取得财产——被害人遭受财产损害。"① 相比之下，《公约》的要件要素中并不要求行为人或第三者取得财产成为既成事实，而只要求行为人有此意图即可。这意味着犯罪圈的扩大，同时是对相关法益的更全面保护。换言之，《公约》中的计算机相关欺诈罪行，其既遂标准是被害人遭受财产损失，即使行为人或第三人未实际取得财产，但行为人行为是意图如此的，也应当作

---

① 参见张明楷：《刑法学》，法律出版社2011年版，第889页。

为犯罪既遂处理。那么，将客观要素主观化处理，是否会导致司法实践操作中的证明困难呢？因为公约划定的犯罪圈比起中国刑法上的犯罪圈要大，所以在中国刑法划定的犯罪小圈之内，既成事实自然可以反推主观意图。但是在小圈之外的部分案件，其主观意图则成为需要其他客观事实进行证明的要素，在操作上的确增加了证明困难。而即使在限定为基础设施的中国刑法上，小圈之外的部分案件，也是作为刑事案件处理的，虽然认定为犯罪未遂，但也要证明其主观上曾经有此意图。

中国刑法上"继续维持"错误的表述提示笔者，是否在计算机相关欺诈中可以引入这一逻辑？换言之，如果计算机存在网络程序缺陷，而"将错就错"，继续操作的，是否可以认定为欺诈？笔者以为可以。其一，计算机相关欺诈的来源是传统犯罪空间中的诈骗罪，既然诈骗罪可以采纳这一行为逻辑，那么计算机相关欺诈也可能采纳这一行为逻辑。其二，将可能变为现实的最大障碍在于，传统刑法理论要求被骗者具有独立的意志，能够基于错误的认识而产生错误的判断和处分行为。但是，既然是特别规定的计算机相关犯罪，就可以在这一点上"特别"：要么不要求这一完全独立的意志，要么根据计算机智能化程度与日俱增的趋势做出扩大解释，认为其在自动处理时具备欺诈所要求的认识和判断能力。这两种思路都是可行的。其三，中国的现实罪情已经表明了这一扩张的必要。前几年轰动一时的许霆案和"云南许霆"案，[①] 给司法机关和专家学者带来了无尽的争论和困境：到底如何辨别盗窃罪与诈骗罪的界限？但是，从传统的盗窃罪或者传统的诈骗罪构成要件要素出发，都不能有效地解决对"许某"们行为的定性问题，因为传统空间实体人物的案件事实总结在套用到网络空间中的计算机案件时无论如何都是存在一定的不适和困难的。如果能够在计算机相关欺诈中包括利用计算机处理数据的错误这一行为类

---

① 参见于志刚、于冲：《网络犯罪的裁判经验与学理思辨》，中国法制出版社2013年版，第314、321页。

型,则是可以有效地应对未来的类似许霆案中的侵财行为。事实上,从《公约》的文字表述上看,这一行为类型完全能够为现有的罪行所涵盖。可见,《公约》这一规定具有包容性和前瞻性。但笔者建议,为了明确这一行为类型,有必要在公约未来的表述中增加例示。

此外,为了自己和朋友能获取非法利益,利用修改计算机数据的方法,认为操作股票价格,造成上市公司巨大经济损失的行为,[①] 也应当考虑计算机相关欺诈这一罪行的适用。回顾公约,因为其已经明确提出了数据干扰罪行,现在又提出了操作计算机数据以欺诈的罪行,其实是应当将后者作为包容犯的,也就是法条竞合中的"整体法",优先于前者的适用,建议各缔约国参照此体例,能够避免仅仅认定为数据干扰或者操纵证券、期货市场的狭隘。操纵证券、期货市场,笔者以为,所要求的行为应当是在形式、规模或频率都比较突出的。但在不突出的情况下,就无法认定为该罪了。所以,为了使中国刑法更加严密,更为了使计算机相关欺诈这一罪行成为适用性强的"类型化行为",有必要在公约条文表述中增加这一例证。

综上所述,计算机相关欺诈这一罪行的具体表述应当被修正为:

当通过计算机数据的输入、改变或隐藏,包括利用计算机处理数据的错误,或者计算机系统功能的干扰,导致他人的财产损失,如证券、期货损失,意图欺诈地或者不诚实地为自己或他人获得经济利益,是没有正当理由而故意进行时,每一签约方应采取本国法律下认定犯罪行为必要的立法的和其他手段。

3. 发送计算机垃圾信息罪行的增设

计算机相关的罪行中需要增补的罪行事实上也是存在的。比如发送垃圾信息的问题。近几年来,各国纷纷立法,专门规制垃圾信息问题。2012年12月28日第十一届全国人民代表大会常务委员会第三十次会议通过的《全国人民代表大会常务委员会关于加强网络信息保护

[①] 参见于志刚、于冲:《网络犯罪的裁判经验与学理思辨》,中国法制出版社2013年版,第166页。

的决定》规定:"任何组织和个人未经电子信息接收者同意或者请求,或者电子信息接收者明确表示拒绝的,不得向其固定电话、移动电话或者个人电子邮箱发送商业性电子信息。"这表明中国也开始重视垃圾信息的规制问题。俄罗斯总统普京签署一项新法令,打击垃圾短信:[①] 现在群发短信只可能在对方同意后才能发送。2014 年 7 月 22 日,俄罗斯总统普京签署了一项打击垃圾短信的法令,该项文件允许手机运营商向自己的客户群发文字短信,但只能在本人同意的情况下才行。也就是说,发送方应该要与达成关于实现发送的协议。"该项法律旨在保护客户,防止在自己的设备上收到没经过同意的通过通讯网络发过来的短信,"在俄罗斯总统网站上报道。文件中还说,不仅要订购人应该确认同意接收短信,网络运营商也要确认,因为短信发送是他们发起的。除此之外,法令还规定如果用户拒绝接收,运营商要采取措施终止短信的发送。公约也应当适时反映各国对于发送垃圾信息进行规制的要求。

在打击垃圾邮件问题上,ICC(国际商会,笔者注)认为有必要将正常合理的商业需求和利益或商业电子通讯与垃圾邮件区分。如果垃圾邮件被认定是有害、假冒、恶意、误导或非法的通讯内容,而且一般是大批同时发送的,那么就可能将互联网上大批发送的其他通讯内容与垃圾邮件加以区分,对这两种通讯这样做有助于处理这一问题的相关机构集中应对垃圾邮件的有害信息。[②]

综上所述,发送垃圾信息行为的规制涉及几个问题:其一,垃圾信息的范围界定;其二,发送行为的界定;其三,发送行为的规制。对于第一个问题,笔者认为,可以区分垃圾信息的种类,以明确垃圾信息的范围。从信息目的来看,可以分为商业性电子信息和非商业性电子信息;从信息终端来看,可以分为固定电话信息、移动电话信

[①] 参见宋宇峰:"俄罗斯总统普京签署一项新法令 打击垃圾短信",载 http://news.china.com.cn/world/2014-07/24/content_33045279.htm,2014 年 6 月 16 日访问。

[②] 转引自郭玉军主编:《网络社会的国际法律问题研究》,武汉大学出版社 2010 年版,第 79 页。

息或者个人电子邮箱信息。这些分类都有其各自的作用。但是，法律规制的对象是违法有害的行为，具体到此处就是要求该信息是违法有害的。所以，笔者赞同上述 ICC 的观点，将发送垃圾信息的行为对象限定为有害、假冒、恶意、误导或非法的通讯内容，且结合计算机相关的要求，限定为向能够自动处理数据的移动电话机等计算机系统及其服务发送的有害、假冒、恶意、误导或非法的信息。但是，在明确表示拒绝而发送的情况下，正常的商业性电子信息也是违法有害的。对于第二个问题，发送行为应当界定为未经同意而大批群发，以及被拒绝接收而不终止发送。对于第三个问题，发送行为的规制应当表述为：

当向固定电话、移动电话或者个人电子邮箱等能自动处理数据的计算机系统及其服务大批群发有害、假冒、恶意、误导或非法的信息，或者电子信息接收者明确表示拒绝接收而不终止发送信息，是没有正当理由而故意进行时，每一签约方应采取本国法律下认定犯罪行为必要的立法的和其他手段。

如此一来，就根据信息的种类和行为的种类进行了区别对待，并且通过认定为犯罪避免了中国法上上述最新规定没有责任落实的问题。需要说明的是，之所以对前种信息的发送没有加上"未经电子信息接收者同意或者请求"，是因为这种情形在实践中很少见，很少有人会请求或同意接收上述违法、有害信息。即使有，也可以通过后面的"没有正当理由"条款得以恰当处理。

4. 儿童色情犯罪的修正

《网络犯罪公约》第 9 条规定了儿童色情的犯罪（Offences related to child pornography）：当为了通过计算机系统发行儿童色情而制作，通过计算机系统提议或提供儿童色情，通过计算机系统发行或传播儿童色情，为自己或他人通过计算机系统获得儿童色情，在计算机系统中或在计算机数据存储媒介上占有儿童色情，是没有正当理由而故意进行时，每一签约方应采取本国法律下认定犯罪行为必要的立法的和其他手段。为了上述第 1 款的实施，"儿童色情"一词应当包括形象地描绘进行露骨性行为的未成年人，进行露骨性行为的未成年人扮演者，或表现未成年人进行露骨性行为的真实影像的色情材料。为了上述第2款的实施，"未成年人"一词应当包括18岁以下的人。但是，缔约方可以要求更低的年龄限制，这应当不少于16周岁。各方有权整体或部分地保留不适用第1款第4项和第5项，和第2款第2项和第3项的权利。包括一切在计算机系统生产、提供、发行或传送、取得及持有儿童的色情资料，此项规定是泛指任何利用电脑系统进行的上述儿童色情犯罪行为。① 公约解释性报告对该罪行的立法目的、条文来源、适用情况进行了非常详细的说明：

关于儿童色情的第9条寻求强化对儿童的保护，包括保护他们不受性剥削，通过现代化刑法条款以更有效地限制性侵儿童中的计算机使用。

本条呼应的是欧洲理事会国家和政府首脑在其第二次峰会（斯特拉斯堡，1997年10月10日至11日）上在其行动计划（第3条第4款）中表达的当务之急，以及寻求禁止儿童色情的国际趋势，表现如联合国关于儿童权利、儿童贩卖、儿童卖淫和儿童色情的选择性协议的通过和追究欧洲理事会关于打击儿童性剥削和儿童色情的动议（理事会2000/854号）。

本条犯罪化儿童色情电子制作、持有和发行的各种行为。大多数国家已经犯罪化儿童色情的传统制作和实物发行行为，但是随着作为交易这些材料的主要工具的互联网的不断增长的使用，强烈认为在国际法律制度中的具体条款是打击这种儿童性剥削和危害所必要。普遍认为这些材料和网上活动，如恋童癖者之间思想、幻想和建议的交流，在支持、鼓励或便利儿童性侵中起到作用。

第1款第1项犯罪化为了通过计算机系统发行的儿童色情的制作。该条款被认为是在源头打击上述危险所必须。

---

① 参见百度百科："网络犯罪公约"，载 http://baike.baidu.com/view/1854675.htm，2014年6月16日访问。

第1款第2项犯罪化通过计算机系统"提议"儿童色情。"提议"是想包括唆使他人去获得儿童色情。它意味着提议该材料的人实际上提供了它。"提供"是想包括为了他人使用而放置儿童色情资料于网上的行为,例如,创建儿童色情网站。该项也想包括设立或汇编儿童色情网站的超链接,以便利儿童色情资料的获得。

第1款第3项犯罪化通过计算机系统发行或传播儿童色情。"发行"是材料的积极传播。通过计算机系统发送儿童色情给其他人将以"传播"儿童色情资料的罪行处理。

第1款第4项中的"为自己或为他人获得"意味着积极获得儿童色情资料,例如下载它。

第1款第5项犯罪化的是在计算机系统中或在数据载体,如磁盘或光盘上儿童色情资料的持有。儿童色情资料的持有刺激了该材料的需求。减少儿童色情资料制作的一个有效办法是给从制作到持有的每个参与人的行为附加刑事后果。

第2款中的"色情材料"由淫秽材料分类的各国标准所界定,与公众道德不符或类似地堕落。因此,有艺术、医学、科学或类似好处的处理可不被认为是色情。形象的描绘包括存储在计算机磁盘上或其他电子存储手段上的数据,它们能够被转换成视觉图像。

"露骨性行为"至少包括真的或模拟的性交,包括同性或异性的未成年人之间或成人与未成年人之间的生殖器对生殖器,口对生殖器,肛门对生殖器或口对生殖器性交;兽交;手淫;性活动中的虐待和施虐;未成年人生殖器或其他部位的猥亵展示。所描述的行为是真实的还是模拟的则在所不论。

为了上述第1款规定罪行,第2款定义的三种材料包括真实儿童性虐的描述(第1项),描述从事露骨性行为未成年人扮演者的色情图片(第2项),和最后的尽管"现实"但事实上在露骨性行为中不涉及真实儿童的图片(第3项)。该后一情景包括被改变的图片,例如变换的自然人的图像,或甚至完全通过计算机制作的图像。

第2款包括的三种情况中,被保护的法益有所不同。第一项更多直接地关注反对儿童虐待的保护。第 2 项和第 3 项的目的是提供反对可能被用来鼓励或已有儿童参与这些行为并因此形成部分赞同儿童虐待的亚文化的行为的保护，尽管并不必然引起对在材料中描述的"儿童"的伤害，因为可能并不存在真实的儿童。

"没有正当理由"一词并不排除在特定情形下减轻行为人责任的合法抗辩、辩解或类似相关原则。相应的，"没有正当理由"允许缔约方考虑基本权利，如思想、表达和隐私自由。此外，缔约方可以在与有艺术、医学、科学或类似好处的"色情材料"有关的行为上提供抗辩。

第 3 款中关于儿童色情的"未成年人"一词，原则上为所有 18 岁以下的人，与联合国关于儿童权利公约的"儿童"定义（第一条）相一致。设定统一的年龄有关国家标准被认为是重要的政策事务。应当注意到，该年龄指的是（真实的或想象的）儿童作为性对象的使用，与同意性关系的年龄相分离。但是，认识到某些国家在关于儿童色情的国内立法中要求更低的年龄限制，第 3 款最后一句允许缔约方要求不同的年龄限制，如果它不低于 16 岁。

本条列举了关于儿童色情的非法行为的不同种类，缔约方，如同在第 2 条至第 8 条，有义务犯罪故意实施。在此标准下，行为人无罪，处罚其故意实施的提议、提供、发行、传播、制作或持有儿童色情的行为。缔约方可采取更为具体的标准（例如参见可适用的欧洲关于服务提供者责任的社区法），在此该标准将起作用。例如，如果"明知而控制"传播或存储的信息，可定罪。例如，作为含有此类信息的网站或新闻编辑室渠道或主持的服务提供商，如果在特定案件中没有国内法所要求的意图，并不构成充足要件。而且，不要求服务提供商实施监控行为以避免其承担刑事责任。

第 4 款允许缔约方在第 1 款第 4 项和第 5 项，第 2 款第 2 项和第 3 项上保留。不适用本条这些款项的权利可以是整体的或部分的。任何此类保留都应当在根据第 42 条在签署或交存批准、接受、赞同或加入文书时通知欧洲理事会秘书长。

应当说，上述儿童色情罪行的规定和解释都是非常全面的。那么，其进一步改善的空间在哪里呢？中国《刑法》分则第6章第9节规定了"制作、贩卖、传播淫秽物品罪"，包括制作、复制、出版、贩卖、传播淫秽物品牟利罪，为他人提供书号出版淫秽书刊罪，传播淫秽物品罪，组织播放淫秽音像制品罪和组织淫秽表演罪这5个罪名。其中与儿童色情相关的罪行主要是传播、播放和表演这三类行为。应当说，《公约》规定的罪行涉及"色情材料"，显然是可以包括传播和播放所针对的上述材料的，但是，是否包括表演，则另当别论。如果认为材料仅仅包括可以在一定期限内存在并反复呈现的物质，则不包括表演；如果认为材料还包括即时存在、不能反复呈现的数据流，则可以涵盖表演。所以，笔者建议明确此处的"色情材料"包括表演。而且，应当注意到，治安管理处罚法将淫秽表演的犯罪行为从组织行为扩张到进行行为，如此也可涵摄于淫秽表演的传播行为。这也是应当为统一看待处罚体系的公约所借鉴的。这样，就能全面地打击剥削和侵害儿童的犯罪行为。否则，就是无视网络空间中的罪情变化发展的"短视"行径。当然，需要说明的是，这里的表演，其实更为真实地体现了网络作为犯罪空间的问题，但因为这是色情犯罪统一框架下的问题，所以也可放在此处论及。

《公约》在此处针对儿童色情的罪行，都允许缔约国在数个款项上予以整体或部分保留，虽然《公约》的解释性报告没有具体描绘起草过程中的激烈争论，但是我们可想而知，既然在儿童色情这一全球性国际公约都认同的罪行中尚且有如此不一致，如果此条规定要扩张到所有的色情犯罪，其难度会非常大。具体而言，儿童色情的罪行中涉及保留的都是关于"自害"犯罪是否应当犯罪化的问题。即使"持有"刺激了需求，该需求的满足也只是"自害"，而其对于犯罪链条的作用，应当是鼓励或者支持了上游犯罪如制作、发行行为。但这可被认定为偏远的危害（remote harm），这在一些刑法理论中是被认为不足以成为被犯罪化的理由的。回到扩张到所有色情的问题，限于各国价值观念的不同，对于思想、表达和隐私自由基本权利的规定、理解和信仰的不同，这几乎是难以实现的，强加规定的后果很可能是将许多国家拒之门外。先扩张到所有色情犯罪，然后规定可以保留，其实也是不必要的，因为如果是为了例示行为类型，在儿童色情犯罪罪行的完善上，已经可以达到这一目的。

综上所述，笔者建议儿童色情相关罪行条款具体修正如下：

当为了通过计算机系统发行儿童色情而制作，通过计算机系统提议或提供儿童色情，通过计算机系统发行或传播儿童色情，为自己或他人通过计算机系统获得儿童色情，在计算机系统中或在计算机数据存储媒介上占有儿童色情，是没有正当理由而故意进行时，每一签约方应采取本国法律下认定犯罪行为必要的立法的和其他手段。为了上述第1款的实施，"儿童色情"一词应当包括形象地描绘进行露骨性行为的未成年人，进行露骨性行为的未成年人扮演者，或表现未成年人进行露骨性行为的真实影像的色情材料，包括实时传播的材料。为了上述第2款的实施，"未成年人"一词应当包括18岁以下的人。但是，缔约方可以要求更低的年龄限制，这应当不少于16周岁。各方有权整体或部分地保留不适用第1款第4项和第5项，和第2款第2项和第3项的权利。

5. 侵犯知识产权犯罪的修正

《网络犯罪公约》第10条规定了侵犯著作权及相关权利的行为（Offences related to infringements of copyright and related rights）：当根据缔约方国内法，根据修改保护文学和艺术作品柏林公约，保护知识产权有关的贸易的协议和世界知识产权组织版权公约的1971年7月24日巴黎公约缔约方承担的义务，构成的侵犯版权行为，除非这些公约授予的道德权利，是通过计算机系统在商业规模上故意进行时，每一签约方应采取本国法律下认定犯罪行为必要的立法的和其他手段。当根据缔约方国内法，根据《保护表演者、音像制品制作者和广播组织国际公约》（《罗马公约》）、《与贸易有关的知识产权协议》和《世界知识产权组织表演和音像制品公约》缔约方承担的义务，构成的侵犯相邻权行为，除非这些公约授予的道德权利，是通过计算机系统在商业规模上故意进行时,每一签约方应采取本国法律下认定犯罪行为必要的立法的和其他手段。一方可以在有限情形中保留不根据前两款科处刑事责任的权利,如果其他有效的救济是可得的并且该保留不减损本条前两款提到的国际制度规定的国际义务。此项规定包括数条保障智慧财产权的国际公约列为侵犯著作权的行为,《网络犯罪公约》也规定,这些行为必须为故意、大规模进行,并使用电脑系统所达成的。①《公约》解释性报告对本条罪行的背景和适用情况进行了较为详细的介绍:

侵犯知识产权,特别是版权,是在互联网上最为常见的罪行之一,它导致了版权持有人和职业用计算机网络工作的人的担忧。未经版权持有人的同意,在互联网上复制和传播受保护的作品的行为,是极为频繁的。这些受保护的作品包括文字的、图片的、音频的、音视频和其他作品。由于数字技术带来的未经授权的复制行为的便捷,和在电子环境下复制和传播的规模之大,使得有必要在刑法中制定相应的处罚条款,并在该领域提高国际合作水平。

各方有义务犯罪化蓄意侵犯产生于本条列举的协议的版权和相关权利的行为,后者有时被称作相邻权,当这些侵权行为是通过计算机系统在商业规模上实施时。第1款对通过计算机系统侵犯版权的行为规定了刑罚。侵犯版权已经在几乎所有国家都是犯罪行为。第2款规定的是通过计算机系统侵犯相邻权的行为。

侵犯版权和相邻权的行为是根据各方国内法定义的,符合该方根据某些国际制度承担的义务。尽管各方被要求确立这些侵权为犯罪行为,根据国内法定义这些侵权的确切方式,各国可能会不尽相同。但是,根据公约的犯罪化义务不包括第10条明确规定的知识产权侵权之外的行为,因此排除专利或者商标相关的侵权行为。

关于第1款,提到的协议是保护文学和艺术作品柏林公约,与贸

---

① 参见百度百科:"网络犯罪公约",载http://baike.baidu.com/view/1854675.htm,2014年6月16日访问。

易有关的知识产权协议、世界知识产权组织版权协议、1971年7月24日巴黎公约。关于第2款，引用的国际制度是《保护表演者、音像制品制作者和广播组织国际公约》（《罗马公约》）、《与贸易有关的知识产权协议》和《世界知识产权组织表演和音像制品公约》。在两款中"根据其已经承担的义务"一语的使用明确表明现行公约的缔约方不受其不是缔约方的引用的公约的适用限定；而且，如果一方已经做了这些公约之一允许的保留或宣言，该保留可限制根据现行公约其承担的义务的范围。

《保护表演者、音像制品制作者和广播组织国际公约》和世界知识产权组织版权协议在现行公约缔结时还未生效。尽管如此，这些公约是重要的，因为它们显著提升了知识产权（特别是在互联网上根据需求"提供"受保护的材料的新权利）保护的国际合作，改善了世界上打击知识产权侵权的手段。但是可以理解的是这些公约确立的侵权没必要根据现行公约犯罪化，直到这些公约在一方生效。

根据国际制度义务犯罪化版权和相邻权侵权行为不适于任何提到的国际制度授予的道德权利（如《柏林公约》第6条第2款第Ⅰ项第S目和版权协议的第5条）。

版权和相邻权罪行必须是蓄意实施才能适用刑事责任。与本公约所有其他实质法条款不同的是，"蓄意"一词在前两款中替代了"故意"，正如该词在TRIPS协议（第61条）中使用，调节着犯罪化版权侵权的义务。

这些条款目的是对"商业规模上"的和通过计算机系统的侵权规定刑罚。这符合TRIPS协议第61条的规定，该条规定仅在"商业规模上的盗版"的案例中要求刑罚。但是，缔约方可能希望超越"商业规模"的起点，也犯罪化其他种类的版权侵权行为。

"没有正当理由"是多余的，在本条文本中被忽略，因为"侵权"一词意味着未经同意使用版权化的材料。"没有正当理由"的缺失不排除适用本公约其他地方"没有正当理由"一词相关的排除刑事责任的刑法抗辩，正当化理由和原则。

第 3 款允许缔约方在"有限情形"不科处刑事责任（如平行进口、出租权），只要其他有效的救济，包括民事的措施，单处或者并处行政的措施，是可用的。该款实质上允许缔约方有限地免除科处刑事责任的义务，如果它们不减损 TRIPS 协议第 61 条的义务，这是最低的前置犯罪化要求。

本条无论如何不应当理解为延伸对作者、制片人、表演者、音像制品制作者、广播组织或者其他权利持有人的保护，到不符合国内法或国际条约资格标准的人。

由上可见，《公约》本条规定的罪行的构成要件要素是：其一，侵犯版权和相邻权；其二，达到商业规模。其规定较为特殊的是，规定了根据国际条约的道德权利可以作为免责的理由。反观中国的国内法，《刑法》分则第三章第七节"侵犯知识产权罪"规定了假冒注册商标罪，销售假冒注册商标的商品罪，非法制造、销售非法制造的注册商标标识罪，假冒专利罪，侵犯著作权罪，销售侵权复制品罪，侵犯商业秘密罪七个罪名。应当说，其在保护的权利范围上，是远超《公约》本条规定的，包括了《公约》不包括的针对专利和商标、商业秘密的侵权行为。至于《公约》在共同保护的权利范围内，覆盖了更多的行为方式的问题，则可以通过在中国知识产权法律体系中规定法律责任的方式予以回应，因为公约所规定犯罪并不限于中国刑法典上的罪行。而且，如果中国对网络犯罪公约本条规定的权利范围和保护方式有异议的话，可以采取"釜底抽薪"之策，在加入和签署网络犯罪公约本条所依据的"前在法"即知识产权相关国际条约时，就对相关规定进行保留，如果这一策略无效，则可以利用网络犯罪公约本条本身规定的保留权利。换言之，不管是现在的公约文本，还是修改或另行起草的公约文本，应当认为是各缔约国和非缔约国国内的立法参照系，像美国法学会起草的模范刑法典，不强求完全一致，而是提倡一种范本，除非缔约国普遍认为该规定是合适的，否则不应当强行追求不可保留而"一同全球"。所以，笔者对公约本条规定整体上是认可的。

但是，知识产权的国际条约并不是如上列举完毕，还存在规定其他知识产权的条约，也应当得到同等对待。所以，笔者建议将上述列举的条约提升指保护知识产权的国际条这一上位概念，将列举的著作权和相邻权扩张到所有在国际条约上得到认可的知识产权类型。由于有了上述"梯次"应对策略体系，所以笔者这一建议并不会对各国知识产权法律保护体系造成很大的冲击，这一建议的效益可能更多地在于提倡，逐步推进刑法对知识产权保护的覆盖全面化、体系化：

当根据缔约方国内法，根据知识产权国际条约缔约方承担的义务，构成的侵犯知识产权行为，除非这些公约授予的道德权利，是通过计算机系统在商业规模上故意进行时，每一签约方应采取本国法律下认定犯罪行为必要的立法的和其他手段。一方可以在有限情形中保留不根据前款科处刑事责任的权利，如果其他有效地救济是可得的并且该保留不减损本条第一款提到的国际制度规定的国际义务。

回到上述公约的具体和特殊规定：其一，达到商业规模的具体情节限定。这是中国刑法中前述七个罪名所要求的"情节严重"的具体化，中国刑法司法解释可以借鉴，并予以具体解释。其二，知识产权国际公约规定的"道德权利"问题，中国知识产权法上也有体现，自然也是刑法现有罪名适用的合理限制。下面看一则具有典型意义的案例：

两名男子非法架设网游服务器涉案 2000 余万元被批捕[①]：2014 年 7 月 24 日，湖南省娄底冷水江市人民检察院对犯罪嫌疑人杨某和王某以涉嫌侵犯著作权罪作出批准逮捕的决定，这是该市检察院办理的第一起此类犯罪案件。据查，2011 年以来，杨某、王某为非法获利，在未经某网络游戏著作权人授权的情况下，下载游戏程序，并租用福建泉州、湖南长沙等地网络服务器非法架设该游戏服务器非法经营，并以玩家出售游戏货币非法获利。至案发之日，杨某、王某非法经营数额达 2000 余万元。据了解，韩国 Actoz Soft Co. Ltd 公司对网络游戏软

---

① 参见胡朝霞、邹剑刚："两男子非法架设网游服务器涉案 2000 余万元被批捕"，载 http://news.jcrb.com/Biglaw/CaseFile/Criminal/201407/t20140725_1417461.html，2014 年 6 月 16 日访问。

件享有著作权,并授权上海某网络发展有限公司在中国大陆独家运营,经上海辰星电子数据司法鉴定中心司法鉴定,杨某、王某架设的游戏与该网络公司运营的同名游戏存在实质性相似。目前,此案仍在进一步审理中。

应当说,非法假设网游服务器的行为多年来屡禁不止。此案的典型意义在于,反映公约规定和中国刑法的一致性。在公约规定上,符合上述规模情节要求,而不符合上述"道德权利"规则,所以应当予以入罪处理。而根据中国刑法,也符合"情节严重"的要求,自然应作为犯罪处理。

四、具体罪行的修正补充之三:网络作为犯罪空间的考察

(一)网络作为犯罪空间的宏观考察

对于网络作为犯罪工具的犯罪,公约在正文中规定了两个"与计算机相关的罪行",一个"内容相关的罪行",一个"与侵犯版权与相关权力相关的罪行"。但是在其解释性报告中,则将这些犯罪统称为"通过使用计算机系统实施的普通犯罪":

第7条至第10条叙述的是经常通过使用计算机系统实施的普通犯罪。许多国家已经犯罪化了这些普通犯罪,它们的现有法律可能足够,也可不能不足够宽泛,以延伸适用于涉及计算机网络的情形(例如,一些国家现在的儿童色情法可能不能延伸适用于电子图片)。因此,在实施这些法条的过程中,各国必须审视它们现有的法律,以确定它们是否适用于涉及计算机系统或网络的情形。如果现有的罪行已经覆盖了该行为,没必要修正现有的罪行或制定新法。

"计算机相关伪造"和"计算机相关欺诈"处理某些计算机相关罪行,即作为适用计算机或计算机数据的两种具体种类的计算机相关伪造和计算机相关欺诈。它们的规定承认了在许多国家某些传统的法益并没有得到足够的保护,免受新的干扰和攻击。

由上可见,《公约》反映的传统的网络犯罪分类思路是:网络犯

罪分为计算机网络为犯罪对象的犯罪和计算机网络为犯罪工具的犯罪。如此一来，计算机网络为犯罪对象的犯罪之外的网络犯罪，都归类到计算机网络为犯罪工具的第二类网络犯罪，统一排序处理。但是，网络作为犯罪工具其实是"传统犯罪的网络异化"的下位概念，而"异化"还包括网络作为犯罪空间的问题：

　　网络的迅速发展和网络社会的快速形成，让人类社会的方方面面都被刻上了网络的烙印，仅仅几年的时间，人类社会就进入了网络社会和现实社会并存的"双层社会"阶段，网络在网络犯罪中的地位，也从作为犯罪对象、犯罪工具进入了一个全新的阶段——网络空间成为一个犯罪的空间，成为了一个全新的犯罪场域。这一阶段和第二阶段的差异在于：虽然网络犯罪的类型实际上没有发生变化，都是传统犯罪的网络化，但是，在网络作为"犯罪工具"的第二阶段，利用网络、计算机实施的传统犯罪，基本上只是网络因素、计算机信息系统因素介入传统犯罪而已，传统的定罪量刑标准等规则体系基本上没有发生变化，网络只是犯罪的一个手段，网络犯罪针对的仍然是现实社会的法益；但是，在第三阶段，网络作为一个犯罪空间，开始出现一些完全不同于第二阶段的犯罪现象，它成为一些变异后的犯罪行为的独有温床，一些犯罪行为离开了网络，要么根本就无法生存，要么根本不可能爆发出令人关注的危害性，例如本文正在探讨的谣言行为。此类犯罪行为本质上仍然是传统犯罪，但是，它属于传统犯罪的网络异化，虽然有可能套用传统的罪名体系，但是，如果不进行较大强度的扩张解释，传统的罪名根本无法适用于滋生网络空间中的此类犯罪行为。①

　　以上论述提出了网络作为犯罪空间与网络作为犯罪工具的区别标准不在于是否是传统犯罪的网络异化，而在于是否是一些变异后的犯罪行为的独有温床：一些犯罪行为离开了网络，要么根本就无法生

---

① 参见于志刚：" '双层社会'的形成与传统刑法的适用空间——以两高《网络诽谤解释》的颁行为背景的思索"，载《法学》2013年第10期。

存，要么根本不可能爆发出令人关注的危害性。从这"一体两翼"的判断标准出发，我们可以总结出网络作为犯罪空间的典型代表，以便在未来的公约草案中进行有效应对。

虽然提供"犯罪空间"的行为在评价上将会是个难点，但是我们必须应对上述网络作为犯罪空间的难题：其一，网络信息秩序如谣言问题；其二，网络犯罪平台（包括网络赌场）问题。否则，我们的网络犯罪公约就将永远停留在互联网1.0和2.0的阶段，而不能与时俱进地进入网络3.0时代，应对网络3.0时代的全新罪情面貌。所以，笔者在讨论完网络作为犯罪工具的犯罪后，将会研究网络作为犯罪空间的国家公约应对问题。

（二）网络作为犯罪空间的微观审视

有学者指出，对于网络作为"犯罪空间"的网络犯罪，一方面要增加一些专门的犯罪罪名，主要是增加一些定性引导性、指向性条款，功能上类似于目前的《刑法》第287条，以此对于发生于网络空间中的犯罪行为（例如，网络空间中开设"烟馆"的聚众吸食毒品行为的定性规则，等等），尤其是对于扰乱网络空间秩序等的犯罪行为，予以集中的定性指导。另一方面增设一部分专用罪名，以解决前面探讨的一些出现在网络平台和云端的新问题。[①] 笔者以为，这些行为类型都可归为网络信息秩序和网络平台使用的两大模式。

1. 网络信息犯罪的补正

对于网络信息秩序的问题，我们有必要认识到，网络信息的传播本身再造了一个生活空间、工作空间和犯罪空间。网络空间作为刑法上的"场域"的可能性判断，可以有实质和形式两个判断标准。

（1）实质上的标准是犯罪可以在该网络空间完成。这是指利用网络就能完成整个犯罪过程的犯罪。主要是指利用网络发布违反法律规

[①] 参见于志刚："网络思维的演变与网络犯罪的制裁思路"，载《中外法学》2014年第4期。

定的信息的行为。例如传播淫秽物品。再如利用邪教组织破坏法律实施：将从境外网站下载的大量邪教组织的图文、图片及视频上传于在互联网上，以公开方式供网民浏览。又如大规模不当转发他人"具有独创性的微博"①，涉嫌侵犯著作权罪的。此外，各种网络煽动型犯罪，如发微博煽动暴力抗拒法律实施的，②也属于此种类型。此时，完成网络上的行为，就能直接认定犯罪既遂。这是网络空间作为"场域"的常态。

（2）形式上限定在传播行为领域。根据既往司法文件，网络空间犯罪既遂已经适用的传播行为领域是淫秽电子信息传播行为、侵权作品信息网络传播行为、诽谤信息网络传播行为③。经归纳概括之后，这些行为领域统统属于信息传播行为领域。那么，网络空间作为"场域"是否可以推广到所有信息传播行为领域呢？从形式分类上看，承认这种可能性应当是合适的。淫秽电子信息传播行为是因为电子信息被自然地认定有害而违法，侵权作品信息网络传播行为则是因为侵权作品信息被法定禁止而违法，两者都属于信息真实仍违法的情形；而诽谤信息网络传播行为是因为诽谤信息不真实而违法。所以，从分类上来说，信息传播行为之所以违法，要么是因为真实信息被法律禁止，要么是因为虚假信息被法律禁止，而禁止的目的是通过限制和消灭传播来实现的，这就意味着需要在刑法上认同网络"场域"的信息传播效应。这反映的是网络"场域"与传统空间中"场域"并行不悖的关系。具体到网络空间，是指网络信息传播秩序是与传统信息传

---

① 参见袁定波："独创性微博受著作权法保护"，载《法制日报》2013年1月26日第5版。

② 参见练情情："发微博造谣获刑一年半"，载《广州日报》2011年7月6日第3版。

③ 参见2004年《最高人民法院、最高人民检察院关于办理利用互联网、移动通讯终端、声讯台制作、复制、出版、贩卖、传播淫秽电子信息刑事案件具体应用法律若干问题的解释》、2010年《最高人民法院、最高人民检察院关于办理利用互联网、移动通讯终端、声讯台制作、复制、出版、贩卖、传播淫秽电子信息刑事案件具体应用法律若干问题的解释（二）》、2011年《关于办理侵犯知识产权刑事案件适用法律若干问题的意见》、2013年《最高人民法院、最高人民检察院关于办理利用信息网络实施诽谤等刑事案件适用法律若干问题的解释》等。

播并行的一种传播秩序。

网络谣言冲击的公共场所秩序具有双重维度，"信息秩序"在"信息社会"也是一种应当予以关注和保护的特定秩序。

1. "信息秩序"和妨害秩序的理论分析

网络谣言的范围不限于个人诽谤、商业诽谤、虚假恐怖信息，其他谣言也严重扰乱网络公共秩序。换言之，网络空间也是公共场所，网络谣言直接败坏正常的舆论生态，误导网民和干扰正常的舆论环境，不仅影响人们获得真实信息的自由和效率，还妨害他人传播真实信息的自由和效率，完全可以和可能被认定为造成公共场所秩序混乱。正常的社会生活秩序在信息时代包括获得他人善意发布的真实信息的约定与共识，这是信息时代对于保障社会正常进行的极为重要的"信息秩序"。而对于"混乱"表述的解释，则应当联系网络谣言发起的不应有的社会热点问题、将他人的信息注意力与行动方向偏离正常的轨道的特征进行理解。正如"国新办"答复记者所言："打击网络谣言有利于保护正当的言论自由。放任谣言传播，无异于自毁网络。任何个人的自由必须在法律的范围内行使，必须以不妨碍别人的自由为前提，自由不应建立在他人的痛苦之上。"因此，"网络秩序"本身状况可以作为认定"公共秩序"是否严重混乱的标准：网络谣言行为对于真实信息获得、传播的自由、效率的妨害程度首先体现了它导致的公共场所秩序的混乱程度。

从社会危害的范畴出发，也能得出这一结论。"社会危害（harm）的范围为一般社会大众所认同。物理性痛苦如暴力引起的痛苦固然是危害，但仍存在非物理性的危害。这就是为什么我们将令人痛苦的事件如敲诈勒索看作是有害的，它们导致焦虑，弱化应对生活的能力。第三种危害由对感官的损害组成，如难闻的气味、难听的噪音等，绝大多数人难以容忍，因为它们令人厌恶、恶心、将注意力从其他更有趣、更怡人的生活方面转移。还有一种危害由不利影响人们互动的事物构成。因为人在物理上、精神上都是社会性的生物，他必须和其他人交流和互动。因此，任何通过恶化人际关系有碍于此的事情都必须被看做是有害的（harmful）。最后，不利于整个社会的事情也构成危害，这些事情可能是威胁社会存在的事情、使社会变得没那么值得人们生活的事情。"信息时代，自由、高效地获取真实信息也必然是一般社会大众所认同的网络空间中的正常秩序，否则将导致人们的生活能力弱化、应有的注意力被转移等混乱局面。"如果不在一定程度上认为说谎和虚假不合规范，那么社会将变成一群各自独立、互不交流的实体，因为交流需要语言，而语言只在人们说真话的基础上起作用——说谎本身是寄生性的活动，它可能存在只是因为我们正常情况下说真话。"因此，利用突发公共事件造谣危害政府公信力、诋毁道德楷模、恶意攻击慈善制度等行为，属于在网络公共空间恶意制造虚假的、新的社会热点，使不特定人或者多数人在获得或者传播信息的活动中不能自由、有效地进行，造成网络秩序严重混乱的有害行为。①

需要思考是，对于犯罪不能完全在网络空间中完成的，是否也能作为刑法上的"场域"。这是指需要其他行为进行配套才能完成犯罪，单纯利用网络进行信息传播不能完成整个犯罪行为的情形。换言之，网络传播行为只是预备行为或者虽然属于实行行为但只是实行行为的一部分，若就此截断其行为链条，只能认定为犯罪预备或者犯罪未遂，或者犯罪中止，而不可能认定为犯罪既遂。这种情形又分为两种：第一，其他行为在传统物理空间中进行，如在网络上发布销售假冒注册商标的商品等违法商品的信息，然后在线下完成交易，当然也有特殊"商品"，如伪造国家机关证件、印章，伪造公司、企业、事业单位印章，伪造居民身份证，伪造武装部队印章等官方信物，此种发布交易信息的行为可以推定为已有实行行为；还有预备行为，如发微博约人后予以非法拘禁的行为。第二，其他行为也可以在网络空间中进行。这主要是发布诈骗、敲诈勒索信息后，财物的获取也在网上

---

① 参见于志刚、郭旨龙："'双层社会'与'公共场所秩序严重混乱'的认定"，载《华东政法大学学报》2014年第3期。

完成的情形；也包括在互联网上开设赌场，而通过网络微博发帖招募会员的情形。鉴于双层社会中传统空间和网络空间交叉融合的现状和趋势，应当认为网络空间中进行传播领域的预备行为和实行行为的"场域"也能认定为刑法上的"场域"。这反映的是网络"场域"与传统空间中"场域"交叉融合的关系。

例如，北京市朝阳区人民法院对网络推手"立二拆四"开审，被定非法经营罪。2014 年 8 月 14 日上午，北京市朝阳区人民法院将公开审理杨某某（网名"立二拆四"）涉嫌非法经营案。从 2008 年到 2013 年，杨某某等人及其控制的尔玛天仙公司多次通过网络有偿提供删除信息和发布虚假信息服务，经营额 53 万余元。① 由于中国刑法对传播一般性的虚假信息没有明确规制，所以无法打击，充其量只能认定为"起哄闹事，造成公共秩序严重混乱"的寻衅滋事行为这一兜底罪行，如同其同伙"秦火火"。

2011 年 7 月 23 日，甬温铁路浙江省温州市相关路段发生特别重大铁路交通事故（即 7·23 甬温线动车事故）。在事故善后处理期间，被告人秦某某为了利用热点事件进行自我炒作，提高网络关注度，于 2011 年 8 月 20 日使用昵称为"中国秦火火_f92"的新浪微博账户（UID 号：1746609413）编造并散布虚假信息，称原铁道部向 7·23 甬温线动车事故中外籍遇难旅客支付 3000 万欧元高额赔偿金。该微博被转发 11 000 次，评论 3300 余次，引发大量网民对国家机关公信力的质疑，原铁道部被迫于当夜辟谣。被告人秦某某的行为对事故善后工作的开展造成了不良影响。一审法院认为被告人秦某某在重大突发事件期间，在信息网络上编造、散布对国家机关产生不良影响的虚假信息，起哄闹事，造成公共秩序严重混乱，其行为已构成寻衅滋事罪，被告人当庭表示不上诉。②

---

① 参见佚名："网络推手'立二拆四'今日受审"，http：//live.sina.com.cn/zt/l/v/news/lecsss2014/，2014 年 6 月 16 日访问。

② 参见卢俊宇："'秦火火'一审被判三年 当庭表示不上诉"，http：//news.xinhuanet.com/legal/2014-04/17/c_126400880.htm，2014 年 6 月 16 日访问。

但是，这一罪行仍没有对删除信息的行为进行规制。对于删除信息的行为，应当从信息本身的和删除手段出发，认定是否可罚，而不能从行为动机出发进行认定。首先，如果删除的信息是虚假、有害信息，则不应当受到处罚；其次，即使删除的是真实、合法的信息，如果没有使用非法手段，也不应当受到处罚。如果仅仅因为未经批准而从事删除信息的经营活动，就认定为犯罪，是与市场自由精神不符的。而且，非法经营罪本身的"违反国家规定"要求在此也难以得到满足。所以，对删除信息的犯罪，应当认定为传播犯罪的另一面，也就是信息的不传播行为，也可包括屏蔽、断开链接等行为手段达到不传播目的。由此我们可以拟定：当利用计算机系统、信息网络对真实、合法信息进行删除等不传播的行为，是故意进行时，每一签约方应采取本国法律下认定犯罪行为必要的立法的和其他手段。

对于扰乱信息秩序，也就是通过计算机系统制作、传播违法、有害信息的行为，如侮辱、诽谤信息、虚假假恐怖信息、淫秽表演、淫秽物品，应当认定为犯罪。当然，前已述及，各国对于淫秽问题的看法不同，这一点可以保留。但对于侮辱、诽谤信息、虚假恐怖信息，各国应当打击的态度应当是一致的。所以，未来网络犯罪公约必须在网络信息秩序领域这一网络作为犯罪空间的问题上寻求一致。具体而言，我们可以统一规定：当利用计算机系统、信息网络制作、传播侮辱、诽谤、虚假恐怖等有害虚假信息的，是故意进行时，每一签约方应采取本国法律下认定犯罪行为必要的立法的和其他手段。

2. 网络平台犯罪的补正

而对于网络作为犯罪平台的问题，其实更多的是关注上述网络信息秩序犯罪的"共犯"问题：

提供"犯罪空间"的行为将会大量出现。最先引起关注的网络作为"犯罪空间"的问题，主要涉及的是网络谣言类的社会秩序问题，以及网络赌博类的社会秩序问题。二者的共同特征是提供"犯罪空间"使违法有害的信息通过"一对多"甚至"多对多"方式进行快速扩散和交流。随着互联网和新科技的发展，诸多的产业边界开始变得模糊，互联网企业的触角无孔不入，如零售、图书、金融、电信、娱乐、交通、媒体等等，这是"跨界思维"在商业领域的具体表现。从网络犯罪的角度出发，跨界思维可能意味着，同一个网络平台上不同种类的犯罪可以同时发生，而且在同一个网络平台上，网络犯罪不再局限于以往的单一罪行。这一变化带来的不仅仅是从一罪到数罪的变化，更是从一大类罪种到数大类罪种的跨越，因此，对于这一犯罪趋势的应对，不再是传统的一行为数罪，或者数行为数罪的理论评价和裁量模式，以网络平台作为"犯罪空间"的犯罪在趋势上可能是一行为数罪或者数行为数罪的常态。例如，提供网络平台进行违法犯罪的问题，可以想象，当一个网络平台同时成为赌场、借贷、视频等平台时，它实际上跨越了刑法不同的章节罪名体系，不仅涉及市场经济秩序，社会公共秩序，还可能会涉及整个国家的网络信息、金融活动等，以及众多个人的人身与财产权益。此时的网络平台成为了几乎无所不包的生活平台、工作平台，冲击的不仅仅是单一的秩序，更是全面的安全。单一的网络平台活动的刑事风险，例如"网贷异化的刑事法律风险"，已经有个别学者开始关注和分析。但是，不远的将来，可能会出现某一网络平台在整体上为数以百计的不同犯罪类型提供犯罪平台和犯罪空间，这是一个急需关注和研究的现象。[①]

　　可见，这里关于打击提供网络作为犯罪平台问题，与后续共犯行为正犯化的思路有相似之处，但与具体的将提供网络犯罪程序、工具、方法、资助的行为有所不同：提供网络平台的行为针对的是犯罪的实行行为，是犯罪行为实行时候必不可少的，本身并没有下一步的犯罪计划，并不同时蕴含着预备行为实行化的思维；而提供网络犯罪程序、工具、方法、资助的行为则未必如此，本身可能是预备行为，有下一步的犯罪行动。其他区别在于，提供网络犯罪平台的行为在现实和未来可能涉及多个罪名，如淫秽表演、网络烟馆、网络赌场的

[①] 参见于志刚："网络思维的演变与网络犯罪的制裁思路"，载《中外法学》2014年第4期。

"同场化",而它并不能为"程序、工具、方法、资助"所包括。例如,搜索引擎的链接行为已经开始出现独立化、主动化的倾向,它们形式上是对与淫秽影视和文字的链接,是对于侵犯著作权的侵权复制品的链接,实际上已经开始完全独立化,成为一种独立的"传播"淫秽物品、"复制、发行"侵权复制品等犯罪行为。无论是初期打击策略中的主要制裁不作为型犯罪,还是长期打击策略中的主要制裁作为型犯罪,其解释思路都是将帮助行为基于其技术特点和独立化、主动化的特点而直接解释为实行行为。① 如此一来,通过违法有害信息恶意链接的搜索引擎服务提供网络犯罪平台,就成为一种应当受打击的提供网络犯罪平台的行为。这是作为。

但是,我们应当注意到不作为。对于互联网内容管理,仍然缺乏有效的工具和机制,究其根本原因,可能在于各国仍然无法就非法内容的标准在立法上达成一致,妨碍了司法合作的进展。② 所以,要解决网络犯罪公约中的网络信息秩序及其平台问题,必须应对非法内容的标准问题,这也是过滤工具和分级系统应用的前提条件。前已述及,非法内容的标准,一是违法,二是有害。违法是指信息虽然真实,但是侵犯了法律所保护的利益,如侮辱信息可以是这种情况。而有害是指因为信息虚假而对网络信息秩序造成冲击和扰乱,所以认定为有害。因此,非法内容的类型是真实违法和虚假有害。

如此一来,就可以提出过滤工具和分级系统,这是全球性国际组织如联合国教科文组织、经济合作与发展组织、国际商会等组织,欧洲与亚洲地区的区域性国际组织在互联网内容管理问题上所作的努力中"出场率"最高的倡议和措施。③ 所以,笔者以为,应当在网络犯罪公约中引入这一机制,作为网络作为犯罪空间的罪行的构成要件要

---

① 参见于志刚:《传统犯罪的网络异化研究》,中国检察出版社 2010 年版,第 248、271 页。
② 参见郭玉军主编:《网络社会的国际法律问题研究》,武汉大学出版社 2010 年版,第 98 页。
③ 参见郭玉军主编:《网络社会的国际法律问题研究》,武汉大学出版社 2010 年版,第 70~97 页。

素。综上所述，笔者建议《公约》对网络作为犯罪空间的阶段和种类增加规定如下：

当利用通过搜索引擎服务、通信工具等网络平台支持本公约规定的网络犯罪，是故意进行时，每一签约方应采取本国法律下认定犯罪行为必要的立法的和其他手段。

每一缔约方应当采取本国法律下网络信息分级和过滤必要的立法的和其他手段。不支持虚假、有害信息分级和过滤，是故意进行时，每一签约方应采取本国法律下认定犯罪行为必要的立法的和其他手段。

五、共犯行为与预备行为的直接提前打击

《网络犯罪公约》第 6 条规定了设备滥用（Misuse of devices）罪行：当生产、销售、获得使用、引入、发行或以其他方式提供主要为了实施上述第 2 条至第 5 条规定的任何罪行而设计或改造的设备，包括计算机程序，或者能够通过其进入计算机系统的整体或任何部分的计算机密码、进入编码或类似数据，或者持有上述设备或数据，意图使用于实施任何第 2 条至第 5 条规定的犯罪，是没有正当理由而故意进行时，每一签约方应采取本国法律下认定犯罪行为必要的立法的和其他手段。签约方可以规定持有犯罪应当具备一定数量。本条不应当被理解为强加刑事责任于非为实施本公约第 2 条至第 5 条规定的犯罪的生产、销售、获得使用、引入、发行或者以其他方式提供或持有，例如为了计算机系统的获得授权的测试或者保护。每一个缔约方可以保留不适用上述规定的权利，如果该保留不影响到上述数据的销售、发行或者以其他方式提供。

该罪行包括生产、销售、发行或以任何方式提供任何从事上述各项网络犯罪的设备。由于进行上述网络犯罪，最简便的方式便是使用黑客工具，因此间接催生了这些工具的制作与买卖，因此有需要严格

惩罚这些工具的制作与买卖，从源头上杜绝网络犯罪行为的发生。[1]
《公约》解释性报告指出了该罪行的起草背景和适用关键点：

本条款确定了单独的、独立的罪行：故意实施关于滥用实施上述侵害计算机系统或数据机密性、完整性和可用性的罪行的某些设备或进入数据的特定的非法行为。因为这些罪行的实施检查需要持有进入的工具（"黑客工具"）或其他工具，存在获得它们以实施犯罪的强烈动机，这又可导致一种生产和发行它们的黑市。为了更有效地应对这些危险，刑法应当在源头禁止特定的潜在危险行为，限于第 2 条至第 5 条下的罪行的损失。在这方面，该条款是基于最近的发展：欧洲理事会（欧洲关于基于或者由有条件进入的服务的法律保护的公约）和欧洲联盟（欧洲议会和理事会关于基于或由有条件进入的服务的法律保护的 1998 年 11 月 20 日指南）和一些国家的相关条款。该态度已经被 1929 年日内瓦反假币公约所采取。

第 1 款第 1 项第 1 目犯罪化的是生产、销售、获得使用、引入、发行或以其他方式提供主要为了实施上述第 2 条至第 5 条规定的任何罪行而设计或改造的设备，包括计算机程序。"发行"是指提供数据给他人的积极行为，而"提供"是指为了他人的使用而投放网络设备。该词也包括创造或汇编超链接，以便利获得该设备。"计算机程序"的包括是指例如设计为改变或甚至毁灭数据或干扰系统运行的程序，例如病毒程序，或进入计算机系统而设计或改造程序。

起草者长期辩论了该设备是否应当限制于单单或特别设计为上述犯罪，因此排除两用设备。这被认为是太狭窄了。它将在刑事程序中导致极大的证明困难，导致该条款实际上不能适用或者仅仅在稀有的案件中适用。即使是合法生产和发行，但包括所有设备的选择也被排除。只有实施计算机犯罪的主观意图才将成为施加处罚的决定性因素，这个态度在货币伪造领域也未被采纳。作为合理的妥协，《公约》

---

[1] 参见百度百科："网络犯罪公约"，载 http://baike.baidu.com/view/1854675.htm, 2014 年 6 月 17 日访问。

将它的范围限制在设备客观上主要为了实施犯罪而被设计或采用的案件中。单独这个将通常排除两用设备。

第1款第1项第2目犯罪化的是生产、销售、获得使用、引入、发行或以其他方式提供能够通过其进入计算机系统的整体或任何部分的计算机密码、进入编码或类似数据的行为。

第1款第2项创设了持有前述设备和数据。通过第1款第2项规定，《公约》允许缔约方通过法律要求占有一定数目。占有的数目直接证明犯罪意图。如何确定持有的数量取决于每一个缔约方。

该罪行要求蓄意实施并且没有正当理由。在设备为了合法目的，如反击计算机攻击行为，而被生产和放于市场的情形，避免过度犯罪化的危险，其他的要素也被添加，以限制该罪行。除了通常的犯意要求，必须有该设备用于实施第2条至第5条规定的犯罪的特别的（即直接）的意图。

第2款明确规定，为了计算机系统的获得授权的测试和保护而创造的那些工具不为该条款所包括。该概念已为"没有正当理由"的表述所包含。例如，产业部门为了控制它们的信息技术产品的可靠性或测试系统安全而设计的测试设备（"破译设备"）和网络分析设备是为了合法目的而生产的，并被认定为"有正当理由"。

由于适用"滥用设备"与第2条至第5条中的所有不同种类的计算机罪行的需要的不同评估，第三款允许基于保留（参见第42条）而在国内法上限制该罪行。但是，每一个缔约方都有义务至少犯罪化第一款第一项第二目规定的计算机密码或进入数据的销售、发行或提供行为。

由上可见，设备滥用罪行的构成要件要素有两点：其一，客观上的三种行为，设备相关行为，数据相关行为，相关持有行为；其二，主观上意图实施前述计算机犯罪。其第二款重申了该主观上的意图要素。而第三款则规定了保留权，各缔约方可以将第一款规定的三种行为至多"打折"至第一款第一项第二目规定的计算机密码或进入数据的销售、发行或提供行为。那么，应如何对该罪行规定予以改进呢？

中国《刑法》第 285 条在第 1 款、第 2 款规定了非法侵入计算机信息系统罪、非法获取计算机信息系统数据、非法控制计算机信息系统罪之后，紧接着在第 3 款规定了提供侵入、非法控制计算机信息系统程序、工具罪："提供专门用于侵入、非法控制计算机信息系统的程序、工具，或者明知他人实施侵入、非法控制计算机信息系统的违法犯罪行为而为其提供程序、工具，情节严重的，依照前款的规定处罚。"对此，国内早有学者指出：

2009 年《刑法修正案〈七〉》增设了提供侵入、非法控制计算机系统程序、工具罪，严厉制裁"提供专门用于侵入、非法控制计算机信息系统的程序、工具，或者明知他人实施侵入、非法控制计算机信息系统的违法犯罪行为而为其提供程序、工具，情节严重的"行为。客观地讲，这一立法思路，是在通过打击危害系统、数据和网络等对象的犯罪行为的帮助行为，来实现保护系统、数据和网络等对象的现实需求。但是，共犯行为的正犯化立法探索仍然严重不足。

网络由"精英化的网络"快速演变为"平民化的网络"，原因之一就是技术门槛的降低。实际上，并不是技术门槛真正降低了，而是"帮助型"软件、程序的海量出现，让没有任何技术素养的普通民众实现了网上冲浪的愿望。同样，网络犯罪的技术门槛也没有降低，但是，海量的帮助实施违法犯罪行为的专用软件、程序的出现，降低了犯罪的门槛，推高了网络犯罪的案发总量。《刑法修正案（七）》中新罪名的增设，实际上没有完全解释类似的制裁帮助行为的司法需求。[1]

应当看到，共犯行为正犯化的立法在不考虑网络时代因素的情况下就已经出现。例如，帮助行为正犯化。《刑法》第 107 条资助危害国家安全犯罪活动罪，既包括特定共同犯罪中的部分帮助行为，又包

---

[1] 参见于志刚："网络犯罪的代际演变与刑事立法理论之回应"，载《青海社会科学》2014 年第 2 期。

括不成立共同犯罪的资助行为。①《刑法》第 358 条规定了协助组织卖淫罪，2011 年《刑法》第 244 条增设了协助强迫劳动罪。并且可以发现的是，前者与事实上的正犯行为相比，刑罚更低，而 2011 年增设的协助强迫劳动罪则与强迫劳动罪的正犯行为适用同样的法定刑，"依照前款的规定处罚"。组织行为正犯化也出现了。如同《刑法》第 103 条第 2 款煽动分裂国家罪，既包括特定共同犯罪中的部分组织行为，又包括不成立共同犯罪的组织行为。如果煽动者与分裂者是共同犯罪，那么就可将本罪的立法视为组织行为正犯化的立法。

其实，传统共犯行为正犯化的现象也伴随着组织、教唆的模糊，教唆、帮助的模糊，帮助、实行的模糊等现实。如煽动行为难以被准确界定为组织行为或者教唆行为，因为煽动的对象既可以是不特定的人，也可以是多数人。又如传授犯罪方法罪，既可以是利用传授犯罪方法进行教唆，又可以是在他人已有犯意之后传授犯罪方法予以帮助。

但是，只要正犯化后，相关的共犯行为就以独立的正犯论处了，就应当适用自己独立的立案追诉标准。而自己的标准必然根据自身的特点加以设计和确定。例如，资助恐怖活动，是指为恐怖活动组织或者实施恐怖活动的个人筹集、提供经费、物资或者提供场所以及其他物质便利的行为。实施恐怖活动的个人包括预谋实施、准备实施和实际实施恐怖活动的个人。② 在网络时代，资助恐怖活动罪也有了新的表现形式和立案标准。网络为恐怖活动提供了新的平台，为恐怖活动组织或者实施恐怖活动的个人提供网络平台的，也应当认定为提供场所等物质便利予以立案追究。

其一，"帮助使用盗窃行为"的独立入罪化。现实空间中，存在有很多职业化地生产、销售专门用于实施违法犯罪行为的工具的非法行为，如生产、销售窃电器的。在网络空间中，网络资源已经具有了

---

① 参见张明楷：《刑法学》，法律出版社 2011 年版，第 797 页。
② 参见何帆：《中华人民共和国刑法注释书》，中国法制出版社 2011 年版，第 112 页。

自身独立的价值,已经具有了财产权益的性质,同时也有了大量的使用盗窃行为及伴生的帮助使用盗窃的行为。而且在网络空间中,帮助使用盗窃行为的社会危害性发生了严重的异化,已经远远超过了使用盗窃行为的社会危害性。但《刑法修正案(七)》已经有了相关的立法成就,可以加以扩张改造,将提供专门用于"侵入、非法控制"计算机信息系统的程序、工具的行为,抽象提升为提供专门用于网络违法犯罪的程序、工具的行为,实现立法的经济性、可行性。[1] 所以可以拟定刑法专门条款[2]为:(提供用于网络违法犯罪的程序、工具罪)提供专门用于网络违法犯罪的程序、工具,或者明知他人实施网络违法犯罪行为而为其提供程序、工具,情节严重的,处三年以下有期徒刑或者拘役;情节特别严重的,处三年以上七年以下有期徒刑;造成严重后果的,处七年以上有期徒刑。[3]

其二,传播"黑客技术"行为的独立入罪化。从目前刑事立法既有成果来看,刑法规制网络空间中黑客犯罪的重点是后期的成品化"产品"。1997年《刑法》新增第286条破坏计算机信息系统罪,第3款针对的是"计算机病毒等破坏性程序"。2009年颁布的《刑法修正案(七)》新增设的第285条第3款针对的是专门用于侵入、非法控制计算机信息系统的"程序、工具"。可以发现,前面的"程序",后面的"程序、工具",都是网络技术滥用背景下的后期"成品"。在网络犯罪爆发式增长、危害性日益倍增的情形下,刑事立法的打击着力点如此滞后显然是不行的,适度前移才是因应之道。应当从打击后期的技术滥用后的制造、传播、提供"成品"的犯罪,前移到打击前期的传播"黑客技术"的行为。基于此,应当增设专门的罪名将培训黑客技术的行为予以正犯化,具体条文可以拟定为:传播用于侵

---

[1] 参见于志刚:《传统犯罪的网络异化研究》,中国检察出版社2010年版,第116、140、138页。

[2] 至于该罪名的具体体系性位置则应当在统筹考虑所有网络犯罪章节、条款后规定,借鉴《刑法》现有第285条第3款规定提供行为,《刑法》第262条之2规定组织未成年人实施违反治安管理活动罪的做法,建议在相关章节条款最后规定。

[3] 具体量刑幅度参照前述网络攻击行为的量刑幅度。

入、非法控制计算机信息系统的方法,情节严重的,处三年以下有期徒刑或者拘役,并处或者单处罚金;情节特别严重的,处三年以上七年以下有期徒刑,并处罚金。①

其三,恶意公布、售卖安全漏洞行为的独立入罪化。发现安全漏洞之后将安全漏洞直接提供、售卖给黑客或者黑客组织,或者将安全漏洞报告直接在网络空间中加以恶意公布的行为,考虑到利用安全漏洞的网络黑客行为的巨大社会危害性,以及恶意公布、售卖安全漏洞使黑客行为的危害性无限放大,应当认为有必要将恶意公布、售卖安全漏洞行为入罪化,以解决对其不处理或者量刑过轻的司法困境。设立单独的"计算机和网络犯罪"章节并且把恶意公布、售卖安全漏洞的行为规定其中是应当采取的实行化模式。② 所以可以拟定为:(公布、售卖安全漏洞罪)公布、售卖计算机安全漏洞,情节严重的,处三年以下有期徒刑或者拘役,并处或者单处罚金;情节特别严重的,处三年以上七年以下有期徒刑,并处罚金。

这样,把实质上的帮助行为跨类罪实行化为独立的犯罪,可以完全脱离实行行为对帮助行为进行单独的刑法评价,并且可以便利诉讼,极大缩短刑事证明的因果链条。③

可见,这种正犯行为立法化的思路在应对网络犯罪现实罪情时是非常有必要的,也是极为有效的。由此,这种思路不仅应当在中国国内立法中大力借鉴,而在应当在新的网络犯罪公约中予以推广。具体而言,除了上述帮助使用盗窃和培训黑客技术乃至公布、售卖安全漏洞的行为需要体系应对之外,网络犯罪资助行为也是不可忽视的。对此,也有学者指出:

资助的基本行为模式:投放广告或者提供增值业务分成。

---

① 参见于志刚:《传统犯罪的网络异化研究》,中国检察出版社2010年版,第162~163页。
② 参见于志刚:《传统犯罪的网络异化研究》,中国检察出版社2010年版,第198~217页。
③ 参见于志刚:《传统犯罪的网络异化研究》,中国检察出版社2010年版,第216页。

网络犯罪"资助"的基本行为模式,是投放广告或者提供增值业务分成。如前文所述,对"资助"型犯罪的界定,一般认为被界定为"提供或募集资金"的行为。也就是说,如果"通过任何手段直接或间接,非法和故意地提供或募集资金",即可构成犯罪。那么网络犯罪"资助"的"提供资金"行为应如何认定呢?本书认为,网络犯罪"资助"行为典型的体现,为向网络犯罪行为人投放广告或者提供可以参与分成的增值业务,其共同特性在于通过"共同获利"的投资方式向网络犯罪人提供资金。

资助的性质:不要求具有无偿性。

一般的理解,"资助"行为应当是指无偿提供或者义务型的募集。但是,客观地讲,"资助"行为在本质上要求的是对网络犯罪人在物质上的支持和帮助,而不一定绝对要求物质帮助上的无偿性。如果过于强求提供资助等的无偿性,则可能导致有罪不能罚。有些国家在制裁资助恐怖主义犯罪的立法方面也已经注意到了这些问题,例如印度2002年《预防恐怖主义法》中"为恐怖主义组织筹集资金将成为一项罪行"的第22条明确提出,资助是否以无偿的形式出现,在所不问。因此,本罪名中所称"资助"行为指的是给予、借出或以其他方式提供,而不论是否有对价。①

由上可见,网络犯罪资助行为可以抽象为以下行为类型:当以投放广告或者提供增值业务分成等有偿或者无偿方式资助网络犯罪,是故意进行时,应当认定为犯罪。

类似的,上述帮助使用盗窃和培训黑客技术乃至公布、售卖安全漏洞的行为需要类型化应对:当提供专门用于网络违法犯罪的程序、工具时,或者为他人提供程序、工具,是明知他人实施网络违法犯罪行为时,应当认定为犯罪。当传播用于侵入、非法控制计算机信息系统的方法,是故意进行时,应当认定为犯罪。当公布、售卖计算机安

---

① 参见于志刚、于冲:《网络犯罪的罪名体系与发展思路》,中国法制出版社2013年版,第110~111页。

全漏洞，是故意进行时，应当认定为犯罪。当然，这里的"违法犯罪"等同于《公约》中的"犯罪"（offence）。而计算机安全漏洞就属于公约中的"能够通过其进入计算机系统的整体或任何部分的计算机密码、进入编码或类似数据"，这也表明公约的表述更为周延。但是，公约不能涵盖上述"方法"。

对比《网络犯罪公约》的既有规定和中国《刑法》既有规定，可以发现三大差别：其一，上述提议的适用范围是帮助他人的行为，而公约的适用范围还包括持有的行为，以防止自用，所以此时不仅仅是共犯行为正犯化的思路，而且是预备行为实行化的思路。值得借鉴和保留。其二，《公约》不要求客观上的罪量，而上述提议要求情节严重。但是，因为中国刑法是在2009年颁布的《刑法修正案（七）》中进行了上述共犯行为的正犯化，其作为行政法的保障法，要求谦抑性，自然规定了情节严重的要求。但可以预料的是，如果治安管理处罚法也对此行为进行规则，自然就不需要情节严重了。所以，从整个处罚体系上来看，公约的规定和中国的处罚规定是一致的。其三，对于程序、工具、方法的性质判断问题，《公约》的表述是"主要为了"上述网络犯罪，而中国法上的表述是"专门用于"网络违法犯罪。

这里涉及我们不能忽视的一个细节问题：程序、工具、方法的性质如何判断，也就是如何解释和适用法条表述中的程序、工具、方法的性质要求。对此，中国的司法机关也已经进行了积极有效的探索：2011年颁布的《最高人民法院、最高人民检察院关于办理危害计算机信息系统安全刑事案件应用法律若干问题的解释》第2条规定："具有下列情形之一的程序、工具，应当认定为刑法第二百八十五条第三款规定的'专门用于侵入、非法控制计算机信息系统的程序、工具'：（一）具有避开或者突破计算机信息系统安全保护措施，未经授权或者超越授权获取计算机信息系统数据的功能的；（二）具有避开或者突破计算机信息系统安全保护措施，未经授权或者超越授权对计算机信息系统实施控制的功能的；（三）其他专门设计用于侵入、非法控制计算机信息系统、非法获取计算机信息系统数据的程序、工具。"

对此，司法人员指出：

基于上述考虑，本条第 1 项、第 2 项将具有避开或者突破计算机信息系统安全保护措施，未经授权或者超越授权获取计算机信息系统数据的功能或者对计算机信息系统实施控制的功能的程序、工具列为"专门用于侵入、非法控制计算机信息系统的程序、工具"。这两类程序、工具都符合了上述三个要件，明显有别于"中性程序、工具"，能够被认定为专门性程序、工具。此外，第 3 项还列出了其他专门设计用于侵入、非法控制计算机信息系统、非法获取计算机信息系统数据的程序、工具。在黑客攻击破坏活动中还存在很多专门为实施违法犯罪活动而设计的程序、工具，如针对某类网吧管理系统的漏洞专门设计的侵入程序，针对某个网络银行系统设计专用的侵入程序。此类程序难以进行详细分类并一一列举，也难以准确地概括其违法性的客观特征。因此，此项规定并不是通过程序的客观特性界定其范围，而是通过设计者的主观动机予以界定，具体哪些程序属于这一范畴应当具体情形具体分析。[①]

在此，司法人员提出了通过设计者的主观动机来界定程序、工具、方法的"专门"违法性。但是，对于刑法规定后段"或者明知他人实施侵入、非法控制计算机信息系统的违法犯罪行为而为其提供程序、工具"，其中的"程序、工具"性质如何界定又成为难点。司法意见并未回应。而《公约》解释性报告统一作出了回应："作为合理的妥协，公约限制它的范围在设备客观上主要为了实施犯罪而被设计或采用的案件中。单独这个将通常排除两用设备。"也就是通过一般性的客观判断，认定设备（程序、工具）主要用于网络犯罪。相比之下，应当认为，公约的判断是更符合实际操作要求的，应当予以借鉴。综上所述，公约的本条罪行应当修正为：

当生产、销售、获得使用、引入、发行或以其他方式提供主要为

[①] 最高人民法院刑事审判第三庭："《关于办理利用信息网络实施诽谤等刑事案件适用法律若干问题的解释》的理解与适用"，载《人民司法（应用）》2013 年第 21 期。

了实施上述第 2 条至上一条规定的任何罪行而设计或改造的设备,包括计算机程序、或方法,或者能够通过其进入计算机系统的整体或任何部分的计算机密码、进入编码或类似数据,或者持有上述设备或数据,意图使用于实施任何第 2 条至前一条规定的犯罪,是没有正当理由而故意进行时,每一签约方应采取本国法律下认定犯罪行为必要的立法的和其他手段。签约方可以规定持有犯罪应当具备一定数量。本条不应当被理解为强加刑事责任于非为实施本公约第 2 条至前一条规定的犯罪的生产、销售、获得使用、引入、发行或者以其他方式提供或持有,例如为了计算机系统的获得授权的测试或者保护。每一个缔约方可以保留不适用上述规定的权利,如果该保留不影响到上述数据的销售、发行或者以其他方式提供。

如此一来,就将所有的网络犯罪的帮助行为和预备行为予以直接的提前打击和威慑,大大提升了法条的容量和应变能力。具体到"方法",从"用于侵入、非法控制计算机信息系统的方法"扩张到所有"主要为了实施上述第 2 条至上一条规定的任何罪行而设计或改造的"方法,也与将"用于侵入、非法控制计算机信息系统的"程序、工具扩张到所有"主要为了实施上述第 2 条至上一条规定的任何罪行而设计或改造的"设备相一致。

网络犯罪的实体罪行条文部分研讨似乎言尽于此。但是,笔者以为,有必要规定兜底性的网络犯罪定义,鼓励立法与合作:

当以计算机系统、计算机数据或者信息网络为对象、工具或者空间的行为,是本公约上述条款所不能包括且故意进行时,每一签约方应采取本国法律下认定犯罪行为必要的立法的和其他手段。

在此,笔者明文提出了网络犯罪的三大类型和最新阶段,为网络犯罪的进一步修正指明了方向。应当指出,网络为工具,网络为对象的二元划分体制不能反映网络犯罪的整体情况这一事实已经为学界所认知,如国际法学界就有学者将网络犯罪分为网络为工具、场所和对象的犯罪。[①] 而笔者在此将"场所"升级为"空间",以实现更大的包容性与适应性。

六、犯罪总则的修改完善

1. 犯罪形态的完善

回到《公约》第五小节,《公约》在此规定了"附属责任与处罚"。第 11 条规定了犯罪未遂与帮助或教唆:当帮助或教唆本公约第 2 条到第 10 条确立的任何罪行,意图该罪行得以实施,是故意进行时,每一签约方应采取本国法律下认定犯罪行为必要的立法的和其他手段。当实施本公约第 3 条、第 4 条、第 5 条、第 7 条、第 8 条、第 9 条第 1 款第 1 项和第 3 项确立的任何罪行未遂,是故意进行时,每一签约方应采取本国法律下认定犯罪行为必要的立法的和其他手段。各方可以保留整体或部分地不适用本条第 2 款。公约解释性条款对本条规定作了如下说明:

本条目的在于确定关于公约定义的罪行的未遂和帮助或教唆的额外罪行。如下所述,并不要求一方犯罪化公约确定的罪行的所有未遂。

第 1 款要求缔约方确定第 2 条到第 10 条下任何罪行的教唆或帮助为罪行。在《公约》确定的罪行的实行犯被也想该罪得以实施他人帮助时,帮助或教唆的责任从中产生。例如,机关通过计算机传播有害内容数据或恶意编码要求作为渠道的服务提供者的帮助,没有犯罪意图的服务提供者在此部分并不招致责任。因此,服务提供商并无责任积极地监测内容以避免本款规定的刑事责任。

关于未遂的第 2 款,《公约》定义的一些罪行,或这些罪行的要素,被认为是在概念是难以未遂的(例如,提议或提供儿童色情的要素)。而且,一些法律制度限制惩罚未遂的罪行。因此,只要求关于根据第 3 条、第 4 条、第 5 条、第 7 条、第 8 条、第 9 条第 1 款第 1

[①] 参见郭玉军主编:《网络社会的国际法律问题研究》,武汉大学出版社 2010 年版,第 67 页。

项和第 3 项规定的最新的未遂可罚。

对于所有根据《公约》确定的罪行，未遂和教唆或帮助，必须是故意实施的。

增加第 3 款是为了解决缔约方可能对第 2 款具有的困难，考虑到在不同立法中变化很大的概念，尽管第 2 款免除了某些方面适用未遂条款。一方可宣布其保留整体或部分地不适用第 2 款的权利。这意味着就该条款保留的一方没有义务犯罪化任何未遂，或者可以选择罪行或罪行的部分以在未遂上科处刑罚。该保留目的是允许缔约方保留一些他们的基本法律概念以获得最为广泛的公约批准。

由上可见，《公约》对其犯罪的教唆和帮助共犯，"毫不留情"，全部规定是可罚的，且不允许保留，这也反映了各国对共犯的普遍打击态度；而对犯罪的未遂，则考虑到各国法律制度的基本概念有所不同，允许保留该条款以限制未遂处罚的范围，且规定一些条款本身没有未遂，以排除其未遂的适用。

应当说，如此规定，能够在很大程度上达到其立法目的。对教唆犯和帮助犯的规定也能弥补上述网络空间作为犯罪平台规定的补足措施。但是，在未遂规定上，规定一些条款本身没有未遂，以排除其未遂的适用，笔者担心会事与愿违。换言之，不规定一些条款有未遂条款的适用，似乎是能排除其未遂的适用，扩张其"既遂"的适用。然而，实际效果恐怕是，限制了前面"正条"规定的适用。如果参照共犯条款无一遗漏的做法，则全部可以适用未遂规定，反而可以避免认定为未遂而不能适用正条的规定。例如，第 2 条非法侵入与第 6 条设备滥用，不管是所谓的"行为犯"还是所谓的"正犯化的共犯行为"，都应当承认其适用未遂条款的可能，如着手侵入而未侵入，着手滥用而未能滥用，否则事实上认定为未遂，又没有未遂条款的涵盖，则难以全面打击网络犯罪。所以，笔者建议本条统一修改为：

当帮助或教唆本公约前述各条确立的任何罪行，意图该罪行得以实施，或者实施本公约各条确立的任何罪行而未遂，是故意进行时，每一签约方应采取本国法律下认定犯罪行为必要的立法的和其他手段。各方可以保留整体或部分地不适用本条未遂规定部分。

2. 法人责任的完善

《公约》第 12 条规定了法人责任。当任何在法人内部具有领导职务的自然人基于以下权利独自或者作为法人机构的部分实施本公约规定的罪行，是为了法人利益时，每一签约方应采取本国法律下认定法人负该罪行责任的立法的和其他手段：（1）法人的代表权；（2）代表法人决策权；（3）在法人内部实施控制权。除了本条第 1 款规定的情形，各方应当采取措施确保法人能够被归责，如果第 1 款提到的自然人缺少监督或控制使其授权的自然人为了该法人的利益实施公约规定的罪行成为可能。受一方法律原则约束，法人责任可以是刑事的、民事的或行政的。该责任应当不影响实施该罪行的自然人的责任。《公约》解释性报告对法人责任条款作了如下说明：

第 12 条处理法人责任。它符合承认法人责任的当代趋势。其目的是对法人内部具有领导地位的人为了该法人利益实施的犯罪行为科处公司、团体和类似法人的责任。第 12 条也周密考虑了该领导人未能监督或控制该法人的雇员或代理人的情形，此时该不作为将促进该雇员或代理人实施公约规定的罪行之一。

根据第 1 款，需要满足四个条件以科处责任。第一，公约规定的罪行之一应当已经被实施。第二，该罪行为了法人的利益实施。第三，具有领导地位的人必须实施了该罪行（包括帮助和教唆）。"具有领导地位的人"一词是指在该组织内具有高等职位的自然人，如董事。第四，具有领导地位的人必须基于这些权利之一行动——代表权或者决策权或实施控制权——这证明该自然人在其权力范围内行动以保证法人的责任。总之，第 1 款强制缔约方具有仅为该领导人实施犯罪而科处法人责任的能力。

此外，第 2 款强制缔约方能够在不通过第 1 款规定的领导人实施犯罪，而通过法人授权而行动的他人，即在其权力范围内行动的法人雇员或代理人，这样的情况下对法人归责。归责必须满足的条件是：（1）该法人的雇员或代理人已经实施了犯罪；（2）该犯罪是为了该法人的利益实施的;(3)犯罪的实施的可能来自于领导人未能监督该雇员或代理人。在此语境下,未能监督应当被理解为包括未能采取合适的和合理的措施阻止雇员或代理人代表法人实施犯罪。这些合适的和合理的措施可以被不同的因素确定,如企业种类,它的规模,标准或既有的最佳商业实践,等等。这不应当被理解为要求对雇员通信有一般的监督机制(也可参见前述计算机数据的非公开传输)。服务提供商并不由于顾客、用户或者其他第三人在其机制上实施犯罪而招致责任,因为"根据其授权行为"一语只适用于在其权力范围内行动的雇员或代理人。

本条规定的责任可以是刑事的、民事的或行政的。各方有根据其法律原则选择规定任何或者全部责任形式的灵活性,只要它满足第13条第2款的标准,那就是该出发或措施必须是"有效的、成比例性的和威慑的并包括经济制裁"。

第4款明确法人责任不排除个人责任。

由上可见,《公约》规定的法人责任有以下特点:其一,明确要求法人责任的自然人担任具有特定权限的领导职务;其二,承认了监督过失引发法人责任这一种类;其三,将法人责任规定为双罚制,而非单罚制;其四,不强求各国规定法人犯罪。具体而言,将认定法人责任的具体情形限定为具有特定权限的领导的行为情形,且对法人责任规定了监督过失这一情形,突破了网络犯罪限于故意犯罪的既有规定。对法人责任规定为双罚责任制,避免了单罚法人或自然人的弊端。而不强求法人责任为刑事的,则考虑到了一些国家法律制度中没有法人犯罪规定的现实。所以,对于《公约》此条法人责任的规定,笔者赞同。但是,对与法人责任固有的入罪情况问题而言,笔者建议增设新规。

具体而言,因为中国刑法总则和分则规定了单位犯罪,就有了单位入罪标准以及量刑标准是否因为犯罪主体是单位还是个人而予以区分的问题。如2010年实施的《最高点人民检察院、公安部关于公安机关管辖的刑事案件立案追诉标准的规定(二)》中,有62种罪名既可以是个人犯罪也可以是单位犯罪。其中 56 种不区分单位标准和个人标准。因为刑法未对其刑罚予以差别对待，且其社会危害性更大；5 种与司法解释区分保持一致；1 种进行了区分：单位对非国家工作人员行贿与单位行贿罪起刑点平衡协调，区别于个人行贿。①

单位进行网络犯罪的罪量要求分析：通过总结，可以发现单位进行网络犯罪和以前的传统单位犯罪的罪量要求一样出现了与自然人单位犯罪罪量要求趋同的现象。换言之，近年来，最高司法机关通过司法解释逐渐统一个人和单位的定罪情节和量刑情节。例如，以单位名义或者单位形式实施危害计算机信息系统安全犯罪，达到该解释规定的定罪量刑的标准的，应当追究直接负责的主管人员和其他直接责任人员的刑事责任。司法实践中，不少网络公司、增值服务公司实施危害计算机信息系统安全的犯罪。因为它们可以提供一定的技术和资金，即使这些公司并非为了进行违法犯罪活动而设立，设立后也不是以实施犯罪为主要活动，也可以对其负责人员按照自然人（共同）犯罪处理。单位犯罪的本质是自然人共同犯罪②，只是因为法律有了针对其刑事责任的特有的标准和幅度而区别于自然人犯罪，既然法律针对这一犯罪未有特殊的刑事责任标准和幅度，那么自然应当回归其本来面目：以自然人的共同犯罪论处，并且适用自然人犯罪的定罪量刑标准，追究其刑事责任。但基于宽严相济的刑事政策，仍参照单位犯罪的打击面，只对直接负责的主管人员和其他直接责任人员追究刑事责任。

这样理解单位犯罪的本质可以解决立法的经济性问题。例如，滥用软件技术保护措施行为的刑法规制问题。刑法对与软件技术保护措施滥用的评价，在行为性质的评价上尚有《刑法》第 286 条的规定可用，对于造成严重后果的软件技术保护措施的滥用行为定性为破坏计

---

① 参见陈国庆等："《关于公安机关管辖的刑事案件立案追诉标准的规定（二）》的理解与适用"，载《人民检察》2010 年第 12 期。
② 参见于志刚："单位犯罪与自然人犯罪——法条竞合理论的一种解释"，载《政法论坛》2008 年第 6 期。

算机信息系统罪即可。① 但如果坚持单位犯罪要由刑法在具体分则中进行规定，否则对于单位为主体实施的行为不能进行处罚单位，也不能处罚其内部人员，则现有规定无法适用，只有等待增设单位犯罪才可规制此类行为。但现阶段应当进行上述单位犯罪的本质解释，才可避免立法的不经济性导致现阶段的法律真空。

综上所述，既然法人责任应当不影响实施该罪行的自然人的责任，那么其入罪要求也不应当高于自然人犯罪的罪量要求。具体表述笔者建议为将公约本条第 4 款补足为：

该责任应当不影响实施该罪行的自然人的责任，且其对应的罪行严重性应当不区别于自然人实施该罪行时的标准。

3. 刑事处罚的完善

《公约》第 13 条规定了处罚和措施：各方应当采取必要的立法的或其他的措施，以确保第 2 条至第 11 条规定的罪行获得有效的、成比例的和威慑的处罚，包括剥夺自由。各方应当确保根据第 12 条被归责的法人获得有效的、成比例的和威慑的刑事或非刑事处罚或措施，包括经济处罚。换言之，《公约》还要求各国应采取立法或者其他措施，使实施了前述行为的人能够收到有效、适当、威慑性的刑罚制裁，包括被剥夺自由；对于构成网络犯罪的法人，则可以处财产刑。② 对此，《公约》解释性报告指出：

本条与第 2 条至第 11 条密切相关，它们定义了应当根据刑法处罚的不同计算机或计算机相关犯罪。根据这些条款附加的义务，本条前置缔约方从这些罪行的严重性质决定后果，规定"有效的、成比例的和威慑的"刑事处罚，并且在自然人的情况下包括强加监禁刑的可能性。

根据第 12 条确定的法人责任应当还包括"有效的、成比例的和威慑的"处罚，这可以是刑事的、行政的或民事的性质。缔约方被迫

---

① 参见于志刚：《传统犯罪的网络异化研究》，中国检察出版社 2010 年版，第 298 页。
② 参见郭玉军主编：《网络社会的国际法律问题研究》，武汉大学出版社 2010 年版，第 61、69 页。

根据第 2 款规定强加金钱制裁于法人的可能性。

该条允许反映罪行严重性的其他处罚或措施,例如,措施可以包括禁令和没收。这留待缔约方自由裁量,以创制与既有国内法律制度相协调的刑事罪行和处罚。

由上可见,《公约》对自然人犯罪规定的处罚措施是刑罚,并且考虑自由刑;而对法人责任则允许非刑事的责任,包括金钱处罚。应当说,《公约》这一规定是合理的,对法人的责任一方面照顾到了各国法律体系的稳定性,另一方面通过允许非刑事责任,有效地防止和制裁法人通过内部人员或代理人实施公约罪行。但是,笔者以为,应当在例示金钱制裁之后,加上资格制裁的例子,以提倡缔约国使用这种有效的惩罚和威慑方式。

资格刑也就是上述解释性报告提到的禁令,有长期和短期之分,有一次性的也有反复性的。将视野投向刑法以外的领域时,我们可以发现,类似禁止令的法律制度广泛存在,例如诉前禁令制度、执行禁令制度。[①] 这些制度也需要延伸适用于网络空间,而刑法禁止令的网络空间适用问题的尝试解答,也能为这些未来的研讨提供必要的思路。特别是行政法上的资格罚,应当考虑借鉴这一综合处罚制度。刑法制度延伸至行政法类似制度的情况不乏其例,《出入境管理法》就规定了公安部适用的限期出境、驱逐出境措施。1996 年施行、2009 年修正的《行政处罚法》第 8 条规定了行政处罚的种类。随着时代的发展,1997 年颁布的《刑法》已经增加并完善了法院对于犯罪分子适用的禁止令,那么行政法也应当考虑增加行政机关对于违法分子适用的禁止令,完善行政处罚的法定体系与适用效果。其实该条规定的"责令停产停业""暂扣或者吊销许可证、暂扣或者吊销执照"就是这种性质的禁止令,只是随着时代的发展和违法状况的演变,愈发显

---

① 参见李澜:"美国禁令制度研究——兼评我国知识产权诉讼中临时禁令制度",载《科技与法律》2003 年第 2 期;范跃如:"试论我国行为保全制度及其构建与完善",载《法学家》2004 年第 5 期;Erwin Chemerinsky, "Injunction in Defamation Cases", *UC Irvine School of Law Research Paper* 2008 (08).

得不够完善。例如，针对屡次在微博上违法而未构成犯罪的行为人，如果行政法上能够创设类似刑法禁止令的综合处罚制度，那么将显著提高针对微博违法行为的预防效果。

由此看来，对网络犯罪的自然人，也应当引入资格刑性质的禁令处罚制度。根据2011年通过并实施的《刑法修正案（八）》，总则第38条增加规定："判处管制，可以根据犯罪情况，同时禁止犯罪分子在执行期间从事特定活动，进入特定区域、场所，接触特定的人"；第72条增加规定："宣告缓刑，可以根据犯罪情况，同时禁止犯罪分子在缓刑考验期限内从事特定活动，进入特定区域、场所，接触特定的人"。这在刑法理论界被称之为刑法上的"禁止令"。同年，最高人民法院、最高人民检察院、公安部、司法部印发了《关于对判处管制、宣告缓刑的犯罪分子适用禁止令有关问题的规定（试行）》，就判处管制、宣告缓刑的犯罪分子适用禁止令的有关问题进行了较为细致的规定。但是，仔细研读后可以发现，通篇除了禁止进入"网吧"这一表述之外，禁止令的适用并未对禁止进入信息时代的网络空间如微博进行充分的考虑。这或许是当时"根据"的"犯罪情况"涉及网络因素并不明显，但更大的原因可能是对禁止令适用与网络空间的认识未达系统、全面的程度，而这无疑将大大限制信息时代犯罪行为的预防和改造罪犯的效果。为此，应当探索网络空间中刑法上的禁止令的适用这一问题。综上所述，笔者建议未来的网络犯罪公约草案在此方面增加网络犯罪自然人的网络禁止令制度，以及法人责任中的网络服务资格禁令制度：

各方应当采取必要的立法的或其他的措施，以确保第2条至第11条规定的罪行获得有效的、成比例的和威慑的处罚，包括剥夺自由和网络禁止令。各方应当确保根据第12条被归责的法人获得有效的、成比例的和威慑的刑事或非刑事处罚或措施，包括经济处罚和网络资格禁令。

第四章 刑事程序法修订的中国思路

计算机和网络技术的发展在给全世界带来巨大变化、使经济和社会飞速发展的同时，传统犯罪也借由网络平台开始全球蔓延。借助于网络平台，它可以轻易地突破地域等限制，造成传统犯罪数倍的危害。但由于国内法效力仅仅限于特定的地理空间，并且各国的法律规定的差异，使网络犯罪难以得到有效的打击，出现了许多"真空地带"。这样的现状不仅挑战着各国主权，同时也严重损害了世界秩序和安全[1]。为了有效打击网络犯罪，各国政府都在积极地寻求国家合作，经过数十年的发展，也取得了一些成就，而最为明显的就是一体化程度最高的、欧洲所制定的《网络犯罪公约》。

《网络犯罪公约》是世界上第一部真正意义上的打击国际性网络犯罪的公约，随着2013年澳大利亚正式加入后，其签署国已达39个。[2]《公约》的主要目的是希望在各缔约国之间建立起协调统一的机制，完善形势政策和司法协助，从而有效打击网络犯罪。《公约》第二章的第二部分"程序法"规定的是有关电子证据调查的特殊程序

---

[1] Ponemon Institute 发布的一份名为《2013网络犯罪成本》的研究报告指出，网络犯罪在2013年所造成的经济影响较过去4年增加了78%，而在过去的4年中，为解决问题所付出的时间成本则增加了130%。平均为每次网络攻击所需要花费的成本超过了1百万美元。参见佚名："了解网络安全犯罪的成本"，载 http://www8.hp.com/cn/zh/software-solutions/ponemon-cyber-security-report/index.html，2014年7月5日访问。

[2] 参见牛新征、张百玲："澳大利亚签署《网络犯罪公约》"，载 http://www.c114.net/news/17/a760118.html，2014年7月5日访问。

法制度，分为五个方面的内容，即"一般规定""计算机存储数据的快速保护""提供令""对已存储计算机数据的搜查与扣押"和"计算机数据的实时收集"。由于网络犯罪与传统犯罪之间的差别，《公约》修改了传统的侦查措施，如搜查和扣押，也因为网络犯罪自身的特殊性，《公约》创造了新的侦查措施，如计算机数据的快速保护，这些创新性的手段为网络犯罪的侦查提供了重要保障。而网络犯罪的调查的特殊性可能会给个人隐私造成极大的侵害，因此《公约》在加强侦查的同时也考虑到了个人隐私的保护，所以在《公约》第14条和第15条规定了"程序法"适用的限制条件，并且应用于之后所有的具体措施中。

虽然《网络犯罪公约》的内容已经比较完备，但从签署至今已过去13年了，而在网络的飞速发展的背景下，"程序法"的一些规定显得有些不合时宜了。对于需要修改的部分，将会在分析现有规定基础上提出具体的建议。

总体而言，《公约》的刑事程序法部分需要进行修正：其一，证据调查中步骤与措施的规定总体上可以延续，但是需要进一步明确概念与界限。其二，"被遗忘权"的确立，使得欧洲对个人信息的保护到达极端。而《公约》所确立的提供令措施、实时收集证据措施，将面临"被遗忘权"的严峻挑战。

一、证据调查的程序规范

近年来，网络社会快速形成，有学者指出，人类社会进入了网络社会和现实社会并存的"双层社会"。① 毫无疑问，网络社会并非是独立于现实社会而存在的，而是现实社会的重要组成部分。网络犯罪是指针对和利用网络实施的犯罪行为，它不仅侵犯个人的合法权益，如隐私权、财产权、知识产权，而且严重威胁着国家安全、公共安全

---

① 参见于志刚："全媒体时代与编造、传播虚假信息的制裁思路"，载《法学论坛》2014年第2期。

等。网络犯罪的复杂性不仅对网络犯罪的侦查、取证、管辖和审判提出了难题,而且对刑事实体法和程序法的适用也都提出了挑战。[①]

从数据泄露到黄、赌、毒、诈骗、谣言的泛滥,网络犯罪涉及社会的全方位,影响社会的各方面安全。2014年9月24日至25日在北京召开的中国网络安全大会,就是以"全球化的网络安全:新格局、新挑战"为主题,探讨包括国家网络空间战略安全、移动安全、企业安全、云与数据安全、Web安全、软件安全、电子取证、工控安全以及APT与新兴威胁等互联网信息安全为内容的热点议题。网络犯罪的影响日趋全球化,一些网络犯罪甚至带有政治目的。从全球形势来看,境内外敌对势力、恐怖主义势力、民族分裂势力等通过互联网发布虚假信息、造谣生事、散播恐怖信息、组织袭击活动等,严重威胁社会稳定和政治安全。"伊斯兰国""东突"等恐怖组织通过互联网络或移动网络传播恐怖信息、"圣战"思想,招募成员,发动恐怖袭击。基于此,第六十八届联合国大会第四次评审通过《联合国全球反恐战略》,并根据中国提出的修改意见,首次将打击网络恐怖主义的相关内容写入其中。[②]

同时,网络犯罪不仅限于侵犯个体或群体的权利,更多地在于通过网络犯罪来牟取利益。有些机构或者网民甚至设立专门的商业机构以实施网络犯罪。中国互联网协会发布的《中国网民权益保护调查报告》显示,2013年网民因为网络诈骗、垃圾信息、个人信息泄露等侵权现象导致的损失高达1491.5亿元。根据中国互联网络信息中心发布的《2013年中国网民信息安全状况研究报告》,有74.1%的网民在过去半年内遇到过信息安全问题,总人数达4.38亿,全国因信息安全事件而造成的个人经济损失达196.3亿元。[③] 2014年4月,备受关

[①] 参见陈永生:"计算机网络犯罪对刑事诉讼的挑战与制度应对",载《法律科学〈西北政法大学学报〉》2014年第3期。

[②] 参见唐岚:"网络恐怖主义:安全威胁不容忽视",载《人民日报》2014年7月21日版。

[③] 资料来源于《2013年中国网民信息安全状况研究报告》。

注的"秦火火"诽谤、寻衅滋事一案在北京公开审理,"秦火火"被判处 3 年有期徒刑。在该案中,"秦火火"等人成立互动营销策划公司,专门用于编造网络谣言,扰乱网络秩序,牟取非法利益。该公司成立 7 年来,毛收入达到 1000 余万元,纯利润有数百万元之多。①2014 年 5 月,国内首例网络著作权犯罪案件宣判,周志全、苏立源等 7 人获刑。此案中犯罪人通过设立北京心田一品科技有限公司,未经著作权人许可,在其网站上提供大量盗版影视、音乐等作品,并通过淘宝网店予以销售,以牟取利益。该网站为目前破获的国内最大的从事高清蓝光盗版的网站。② 近年来,非法网络公关、网络赌博、网络招嫖、网络贩枪等团体与组织层出不穷,网络犯罪的实施者甚至雇佣、聘用传播虚假信息的"水军""网络推手"等帮助实施犯罪行为,③ 极大地危害国家和社会的安全。

科技革命,包含使众多形式的交流与服务通过共享传播媒介与运营商实现互联化的"电子高速公路",已经改变了刑事法律与刑事程序的范围。不停扩张的通信网络为犯罪活动打开了新窗,传统犯罪与新型科技犯罪都会涉及。不仅大量刑事法律必须紧跟新型犯罪,而且刑事诉讼法律与调查技术也需跟进。同样的,安全保障也应适应或完善,以跟进新技术环境和新程序性权力。

实际上,鉴于网络犯罪的愈演愈烈,许多国家纷纷制定法律与程序、设置权力与机构来治理网络犯罪。在中国,近几年来,立法机关和司法机关出台了一系列的法律与司法解释,如《最高人民法院、最高人民检察院、公安部关于办理网络犯罪案件适用刑事诉讼程序若干问题的意见》《最高人民法院关于审理侵害信息网络传播权民事纠纷案件适用法律若干问题的规定》《最高人民法院、最高人民检察院关于办理利用信息网络实施诽谤等刑事案件适用法律若干问题的解

---

① 资料来源于中国裁判文书网。
② 参见孔德婧:"国内首例网络著作权犯罪宣判 7 人获刑",载 http://beijing.qianlong.com/3825/2014/05/16/2500@9614695.htm,2014 年 7 月 5 日访问。
③ 参见佚名:"水军纳入网络犯罪严打对象",载《新京报》2014 年 6 月 26 日第 A/5 版。

释》《最高人民法院关于审理利用信息网络侵害人身权益民事纠纷案件适用法律若干问题的规定》《即时通信工具公众信息服务发展管理暂行规定》等程序性规定，共同形成了有关互联网法律问题的裁判规则体系。在中国的行政权力架构中，设立了"中央网络安全和信息化领导小组""国家互联网信息办公室"等权力机构来治理互联网。

对于程序法部分，《公约》解释性报告指出，其第二节的条款说明了第一节所定义的犯罪行为的电子证据的收集过程中所采用的程序与方法。依据第39条第3段，除了包含于本《公约》中的内容，《公约》没有要求或鼓励缔约一方设置权力或程序，也没有禁止缔约一方如此行为。这一方面顾及了各方的国家权利、义务和责任，另一方面为了保护该国公民的言论自由、信息自由。

在网络环境中治理犯罪行为的最大挑战是难于识别犯罪人和评估犯罪行为的程度与影响。更大的问题是由易变的电子数据引起的，它们能在数秒内变动、转移或者删除。比如，数据的控制者可能会利用计算机系统擦除作为犯罪调查主题的数据，从而毁灭证据。犯罪调查的进行速度和保密效果，对于一项调查的成功与否发挥着重要作用。

《公约》使传统的程序措施（如搜查与扣押）适应于新的技术环境。此外，新措施（如数据的快速保存）也已经出现，以确保传统的证据收集措施（如搜查与扣押）在易变的技术环境中保持有效。由于数据在新的技术环境不会经常是静态的，而是可能会产生于通信过程。其他与通讯相关的传统收集程序，比如流量数据的实时收集和内容数据的实时拦截，为了允许收集产生于通信过程中的电子数据，亦进行更新了。该节中的所有条款旨在允许获取或者收集用于具体的犯罪调查或者诉讼的数据。现行《公约》的起草者讨论着《公约》是否应当给服务提供者强加义务，即在固定时期内经常性地收集和保留流量数据，但不包括缺乏合意的义务。

总之，程序法涉及一切类型的数据，包括三项具体的计算机数据类型（流量数据、内容数据、用户数据），它们可能以两种形式存在

(存储或者产生于通信过程中)。第 1 条和第 18 条对这些数据进行了定义与解释。程序法对特殊类型或形式的电子数据的适用性，取决于数据的性质与形式及程序的性质，这在每条中都进行了特别阐述。为了使传统程序法适应于新的技术环境，恰当用语（术语）的问题出现在本节的规定中。这种选择包括运用新型和更加具有技术性的计算机术语（存取和复制）修正传统语言（搜查与扣押），这在以此为主题的其他国际论坛被采纳（比如 G8 高科技犯罪组织），或者使用一种妥协形成的混合语言（搜查或者类似于存取，扣押或者类似于保护）。鉴于有必要反映概念在电子环境中演变的过程，并要识别与维持他们的传统根源，业已允许国家灵活地使用旧概念。比如，"搜查与扣押"或者新概念"存取与复制"中的任何一项。该节中的所有条款涉及主管当局及应用于具体犯罪调查和诉讼的权力。在某些国家，仅有法官有权命令或者授权收集与提供证据，但在其他国家检察官或者其他执法人员被委托了相同或类似的权力。因此，主管部门掌握由国内法、命令赋予的裁判权、管理权和其他执法权，能够授权或行使为具体犯罪调查和诉讼的收集或提供证据的程序措施的执行权。

二、有关电子证据调查的特殊程序法制度

（一）一般规定

本标题之下总共包括《公约》的第 14 条、第 15 条，这两条规定适用于余下所有条款，属于总则性规定。

1. 适用范围

为了保障《公约》规定可以在实际的刑事诉讼中产生效果，《公约》在第 14 条第 1 款规定："基于特殊的犯罪调查或诉讼的目的，每一个缔约国都应采取必要的立法和其他措施建立本节所规定的权力和程序。"

第 2 款规定："除了第 21 条中规定的特殊情况，每一缔约国应将本条约第 1 款中提及的权力和程序用于三种情况：（1）根据本公约第

2条至第11条确立的罪行；（2）其他通过计算机系统实施的其他犯罪；（3）以电子形式存在的罪行证据的收集。"通过第3项的规定可以知道，其设立的程序不限于《公约》规定的9种犯罪，而是包含证据以电子形式存在的所有犯罪。

《公约》解释性报告指出，为了对特殊犯罪进行调查和诉讼，本节所涉及的权力和程序应当用于依据《公约》所认定的犯罪行为、通过计算机系统实施的其他犯罪行为及犯罪行为电子证据的收集。如此，确保犯罪行为电子证据，能够通过本节所设立的权力与程序被获取或收集。该规定确保缔约国享有收集存在于传统权力和程序下非电子证据的同等能力，来获取与收集计算机数据。《公约》明确缔约国必须在刑事诉讼程序中、法庭无视被起诉犯罪行为的性质之前，将以数码和其他电子形式存在的信息能够作为证据的可能性融入其国内法律。

基于对公民权利的保护，《公约》第14条第3款对于程序法适用范围也作出了两项例外规定。第1项规定："各缔约国可以保留第20条提到的措施仅适用于该保留指定的罪行或罪行种类，如果这些罪行或罪行种类的范围不比第21条提到的措施适用的罪行范围更窄。各方应当考虑限制该保留，以使第20条提到的措施的最广泛适用。"《公约》之所以赋予各国保留的权力，是因为各国规定存在差异，为了最大限度地搜集流量数据信息，而做出的让步。由于各国对于侵犯隐私行为的定义和程度存在差异，也因为在不同犯罪中的对隐私底线的控制不同，《公约》在第21条中规定了各方应调整其国内法或者规定，针对国内法规定的严重犯罪，实施监听和截取内容等侦查措施。虽然《公约》针对范围作出如此多的例外规定，但是毫无疑问的是其目的在于希望《公约》的规定可以在最大限度上被实施。

《公约》解释性报告指出，第21条确定的拦截内容数据的权力应该被限制在国内法认定的严重犯罪行为中。在许多国家，拦截口头交流或者通信交流的权力限于对严重犯罪行为的调查，承认口头交流和通信交流的隐私性和调查措施的侵入性。同样的，《公约》只要求签约方确立关于内容数据的拦截权力和程序,该内容数据是国内法认定的严尽犯罪行为的详尽计算机流量数据。

签约方仅对保留的犯罪或犯罪种类,有保留适用第 20 条规定的措施的权力(流量数据的实时收集),条件是犯罪或犯罪种类的范围,没有比依据第 21 条适用拦截措施的犯罪范围更受限制。一些国家,认为流量数据的收集在隐私性与侵入性方面相当于内容数据。保留的权利将允许这些国家将运用实时收集流量数据措施,限制于应用实时拦截内容数据权力和程序的犯罪的相同范围内。然而,许多国家,不认为拦截内容数据和收集流量数据在隐私权益和侵入程度上等同,因为,单是流量数据的收集不会聚集或者公开通信的内容。但是流量数据的实时收集,目的在于追踪计算机通信的来源地与目的地(这样做对识别罪犯大有用处)。《公约》希望运用保留权以限制签约方作该保留,以便在实时收集通信量数据上能够宽广地适用权力和程序的规定。

第 14 条第 3 款第 2 项规定,"由于现行《公约》采纳期间,缔约国在立法方面的有效限制,缔约国不能将第 20 条和第 21 条提及的措施应用于服务提供商的计算机系统内传讯通信。这些系统是:(1)为了封闭用户群体的利益而运行的;(2)没有使用公共的信息网络,并且没有同另一个公共的或私人的计算机系统相连接。根据规定,各缔约方可以保留不将这些措施应用于上述计算机系统的权利。但是为使得第 20 条和第 21 条得到最大限度的实施,各签约国应该对限制该保留权利的适用加以考虑。"

《公约》解释性报告指出,"封闭用户群体"是指受限于服务提供商的用户群,比如通过使用内部网络进行相互间通信的企业员工。"不与其他计算机系统相连接"是指当时在第 20 条或第 21 条下一个规则将发布,传输通信的系统与其他计算机网络不能有物理或逻辑上的连接。"不使用公共通信网络"排除在传输通信上使用公共计算机网络(包括互联网)、公共电话网络或者其他公共电信设备的系统。

由上可知,《公约》第 14 条第 1 款、第 2 款和第 3 款分别对《公约》适用范围作了明确规定,又考虑到各国国情的不同而设置了两项例外规定。通过上述分析可以看出，《公约》的适用范围基本涵盖了可能的情形，但其并不完全，在具体适用时会出现一些问题。比如，由于犯罪学体系的不同，不同法系国家对于刑事罪名的定义与分类是不同的，英美法系国家对于犯罪的规定相较于大陆法系来说更广，大陆法系许多行政违法行为也可能被视为英美法系的犯罪行为。那么，在一些缔约国看来应该适用《公约》去收集证据，但是在另一些缔约国看来由于不属于犯罪行为而不适用《公约》。并且由于各个国家在对于网络犯罪的界定上并不相同，所以希望通过《公约》解决目前所有网络犯罪的取证问题有些"捉襟见肘"。另外，《公约》作为一部国际性的文件，需要考虑未来其他签署方，特别是目前发展中国家的情况。

自2001年《公约》问世以来，世界的科技革命继续深入发展，互联网、移动网络甚至物联网都得到了飞速发展。虽然在2003年出台了《关于通过计算机系统实施种族主义和排外行为的定罪的补充协定》，《公约》还是面临着落后于时代的严峻挑战。为了提高《公约》的适用性，并使其他缔约国可以更快地接受和融合《公约》，可以扩大《公约》的适用范围。

首先，《公约》适用于通过计算机系统实施的其他犯罪。在信息技术层面，计算机系统是由硬件系统和软件系统组成的系统。① 在刑事法律层面，依据中国2011年发布的《最高人民法院、最高人民检察院关于办理危害计算机信息系统安全刑事案件应用法律若干问题的解释》，"计算机信息系统"和"计算机系统"，是指具备自动处理数据功能的系统，包括计算机、网络设备、通信设备、自动化控制设备等。可以看出，中国的计算机系统的法律概念已经脱离了计算机的范围，包括网络设备、通信设备、自动化控制设备等，即包括路由器、手机等设备。而《最高人民法院、最高人民检察院、公安部关于办理

---

① 参见百度百科："计算机系统"，载http://baike.baidu.com/view/1130583.htm，2014年7月5日访问。

网络犯罪案件适用刑事诉讼程序若干问题的意见》对网络犯罪案件的范围、网络犯罪案件的管辖、网络犯罪案件的初查、网络犯罪案件的跨地域取证等问题作出了规定。根据该《意见》，网络犯罪案件包括：危害计算机信息系统安全犯罪案件；通过危害计算机信息系统安全实施的盗窃、诈骗、敲诈勒索等犯罪案件；在网络上发布信息或者设立主要用于实施犯罪活动的网站、通讯群组，针对或者组织、教唆、帮助不特定多数人实施的犯罪案件；主要犯罪行为在网络上实施的其他案件。因此，网络犯罪包括利用计算机系统实施的犯罪和在网络上实施的犯罪。而《公约》第1条将"计算机系统"定义为任何根据程序进行数据的自动处理的设备，或者一组互相连接或者相关的设备，至少其一根据程序进行数据的自动处理。这说明《公约》规定的"计算机系统"是一个开放的概念，亦包括了发生于移动互联设备中的犯罪行为。据2014年年初时的调查显示，那时预测到2014年年底，全球的智能手机用户会达到17.5亿[1]。现代网络犯罪已不再局限于计算机系统，以智能手机为代表的移动互联网系统日益成为网络犯罪的新阵地[2]。手机网络犯罪问题也日益凸显，不同于传统的计算机犯罪，其有自身突出的特点[3]。虽然同样都是接入公共网络，但是由于移动手机的便携性和易更换替代性，成为越来越多犯罪分子瞄准的对象。有调查显示，在2013年中国智能手机上网用户群中，2/3以上的用户曾接收到过手机垃圾短信和骚扰电话。2014年8月22日下午至23日，一名北京男子曾一天遭"呼死你"近万个网络电话骚扰，被勒索999元。[4] 随着网络技术发展，PC软件和移动设备APP互联互通，移

---

[1] 参见佚名："全球智能手机用户将达17.5亿"，载http：//www.twwtn.com/information/16_221432.html，2014年7月5日访问。
[2] 参见佚名："智能手机成网络犯罪新宠"，载《法制日报》2013年1月28日版。
[3] 包括三方面：一是计算机终端无限扩大导致的刑法评价困境；二是网络犯罪共犯形态变异引发的刑法评价真空；三是犯罪对象由服务向财产的转变导致刑法评价无力。参见于志刚："面对智能手机犯罪法律何去何从"，载http：//www.legaldaily.com.cn/index_article/content/2012-07/21/content_3722731.htm? node=5954，2014年7月6日访问。
[4] 参见佚名："'呼死你'竟不构成犯罪360手机卫士可拦截未知号码"，载http：//hea.qianlong.com/47344/2014/08/27/5824@9838820.htm，2014年7月6日访问。

动设备的信息,如短信、聊天记录、照片、通讯录、账号、密码等通常会通过云端等存储或备份于互联网络中,因此,计算机网络上的犯罪影响移动设备的信息安全,而移动设备感染病毒或遭受诈骗时,亦影响计算机网络安全。计算机网络犯罪与移动互联网犯罪相互连接、相互传播、相互推动,网络犯罪在网络中无处不在。

所以《公约》也应将打击移动手机的网络犯罪纳入《公约》的范围,针对移动网络提出一些具体的条款或者补充协定,以加强对于手机网络犯罪的有效打击。但是如前文在实体法部分所述,《公约》实体法部分所列举的犯罪行为是基于计算机系统而言的,而没有包括通过"网络"实施的犯罪行为,比如网络攻击行为。因此,在《公约》实体法部分进行修正的同时,程序法的适用范围也应作出相应调整。

其次,《公约》适用于犯罪行为的电子形式证据的收集。电子证据在英文中的表述有很多,比如"computer evidence""digital evidence""electronic evidence""computer-based evidence""computer-produced evidence""computer-generated evidence""computer-stored evidence""evidence-related evidence""evidence from computer record"等。而在中文里也有"计算机证据""电子数据""电子文件证据""网络证据"等称谓。我国学者认为,电子数据又称电子资料、电子证据,是用作证据使用的、以电子形式存在的材料及其派生物,包括电子信息正文本身以及反映电子信息生成、存储、传递、修改等过程的电子记录等。[1]当前,电子证据包括电子邮件、网上聊天记录、网络文字、手机短信、电子签名、电子交易记录等等。2015年2月施行的《最高人民法院关于适用〈中华人民共和国民事诉讼法〉的解释》第116条规定:"电子数据是指通过电子邮件、电子数据交换、网上聊天记录、博客、微博客、手机短信、电子签名、域名等形成或者存储在电子介质中的信息。存储在电子介质中的录音资料和影像资料,适用电子数

---

[1] 参见陈光中主编:《〈中华人民共和国刑事诉讼法〉修改条文释义与点评》,人民法院出版社2012年版,第51页。

据的规定。"自此，电子证据的合法性得到法律确认。而根据美国《电子犯罪现场勘查指南——快速反应入门（第二版）》，① 电子证据是通过电子设备存储、接受或传输的，具有调查价值的信息和数据。《公约》中时常会提到"电子数据""电子形式证据"等概念，但电子证据在本质上是电子数据。② 亦即，各类电子数据进入司法程序之后就可能成为电子证据。

尽管对电子证据的概念的认识存在差异，但是也存在共识。比如，电子证据的产生、存储和传输离不开现代信息技术；现实社会中的信息经过技术处理能够实现信息的电子化；电子证据可以证明案件事实③。这也是电子数据在《网络犯罪公约》中能够用于刑事诉讼的重要特性。

电子证据在中国的证据法律体系中存在着性质认定的争论，主要有以下几种观点：（1）视听资料说，即认为现有的作为法定证据种类的视听资料包括电子数据；（2）书证说，即认为电子证据只不过是以电磁等方式将信息记载于非纸式的存储介质上；（3）混合证据说，认为电子证据不是一种全新的证据，传统的证据形式都存在电子形式，其只是传统证据在新时代背景下的演变形式；（4）独立证据说，应将电子证据作为一种独立的证据种类。2012年中国《刑事诉讼法》第48条已将电子数据列为单独的一类证据。但电子证据的外延应当是开放的，随着新技术的发展，电子证据的新类型还会不断出现。④ 常见的电子证据主要有三种：其一是封闭操作系统中的电子证据，如计算机、手机等；其二是网络电子证据，如网页、电子邮件、电子聊天记

---

① 本指南由美国司法部于2008年4月发布。
② 参见戴莹："电子证据及相关概念分析"，载《中国刑事法杂志》2012年第3期。
③ 参见戴士剑、刘品新主编：《电子证据调查指南》，中国检察出版社2014年版，第6页。
④ 参见陈光中主编：《〈中华人民共和国刑事诉讼法〉修改条文释义与点评》，人民法院出版社2012年版，第51~52页。

录等；其三是通讯电子证据，如通话记录、短信等。①

《公约》提出的"电子形式证据"（evidence in electronic form）的概念存在歧义空间，即包括传统证据的"电子化"或电子表现形式。电子证据与传统证据最大的区别在于，电子证据具有虚拟空间性，是由某种信号量的方式存储着的信息。② 电子证据包括依附电子设备而存在的电子信息以及这些电子信息的附属物及派生物，是借助电子设备来展示其内容，并用其所展示的内容来证明待证事实的一类证据。只有电子设备上的"电子数据"或者其对应的输出物，被用作证据来证明某个事实时，才能称为电子证据。而其他类型的证据即使通过信息技术在法庭上展示，也只是传统证据的电子表现形式。如将证人证言通过变声处理或打马赛克等方式在法庭展示时，这就是证人证言的电子表现形式。而一旦无法确定这种电子表现形式是否进行过非法编辑与修改，需要进行技术鉴定时，就需要按照电子数据证据的规制来进行鉴定分析。当然，电子证据与传统证据并不是完全割裂的，一个电子设备既有可能是物证，也有可能是电子证据的载体。③ 而《公约》所涉及的证据应是产生于计算机系统和虚拟空间的电子证据，而不是物证、书证、证人证言等传统证据的电子化。所以，应将第14条第2款所规定的"犯罪行为电子形式证据（evidence in electronic form）的收集"，修改为"犯罪行为电子证据（electronic evidence）的收集"，从而排除了传统证据电子化的情形。同时兼顾各国对于网络犯罪定义不统一的问题，是否可以在联合国框架下制定对核心网络犯罪行为进行刑事定罪、调查取证、执法合作等的示范条款，从而取得相对统一的认识，以方便其他国家的加入，发挥《公约》更大的国际影响力。帮助那些发展中国家实现从以网络为犯罪对象的时代到以网

---

① 参见杨瑜娴：《常见电子证据收集程序探析》，载《西南交通大学学报（社会科学版）》2014年第1期。
② 参见刘品新主编：《网络时代刑事司法理念与制度的创新》，清华大学出版社2013年版，第192页。
③ 参见戴士剑、刘品新主编：《电子证据调查指南》，中国检察出版社2014年版，第8页。

络作为犯罪工具和场域的转变,完善有关网络犯罪的刑事实体法,真正实现对于网络犯罪的全球打击。

如此一来,本条第 2 款可修正为"除了第 21 条中规定的特殊情况,每一缔约国应将本条约第 1 款中提及的权力和程序用于三种情况:(1)根据本公约第 2 条至第 11 条确立的罪行;(2)其他通过计算机系统实施的其他犯罪;(3)犯罪行为电子证据的收集。"

2. 条件和保障

鉴于《公约》关于调查措施的规定涉及公民的合法权益,《公约》在第 15 条规定了实施这些措施的条件和保障条款,以期可以最大限度地保障公民的合法权益不受非法侵犯。第 15 条共 3 款,第 1 款规定:"各方应确保本节所提出的权力和程序的设置、执行和应用,受制于缔约国国内法规定的条件与安全措施。缔约国的条件与保障条款需为人权和自由提供充足的保护,包括在 1950 年《欧洲人权公约》(《保护人权和基本自由公约》)、1966 年《公民权利和政治权利国际公约》和其他可适用的国际人权公约及其他包含比例原则的规定之下,依据其承担的责任而产生的权利。"

《公约》解释性报告指出,本节所提供的权力和程序的设置、执行和应用,应当受制于缔约方国内法下的条件与安全措施。尽管签约方有义务将某些程序法规则引入其国内法中,这些权力和程序在它们的法律体系设置和执行的形态,及在具体案件中的运用,皆由国内法和程序来决定。国内法和程序规定,通常如上所述,必须包括条件与保障措施,它们可能由宪法、法律、司法或者其他途径确立。这些形态必须包括作为条件和安全措施的补充条款,用于平衡人权与自由保障的法律实施的要求。《公约》适用于拥有不同法律体系与文化的国家,不可能详尽说明每项权力或程序的条件与安全措施。签约方必须确保条件和安全措施能够为人权和自由提供充分保障。这里存在一些共同标准或者最低安全措施是《公约》签约方必须遵守的。这包括依据签约方已经适用了的国际人权公约的义务而产生的标准或者最低安全措施。国际人权公约包括欧洲国家签署的 1950 年《欧洲人权公约》

(《保护人权和基本自由公约》)及其第1号、第4号、第6号、第7号、第12号补充协议。还包括世界其他国家所适用与签署的人权公约(如1969年《美洲人权公约》、1981年《非洲人权和民族权宪章》)。同时更普遍地批准了《公民权利和政治权利国际公约》。此外,在多数国家法律体系下存在相似的保障。《公约》的另外一项保障措施是权力和程序必须体现"比例原则"(the principle of proportionality)。依据缔约国国内法的相关原则,每个签约方必须实施比例原则。在欧洲国家,该原则将来自1950年《欧洲人权公约》(《保护人权和基本自由公约》)的原则和它们的适用法律体系和国内立法,即权力和程序必须与犯罪的性质和环境成比例。其他国家将适用其国内法的相关原则,比如对命令产生过于宽泛原则的限制,搜查和扣押的合理性。而且,第21条的明确限制条款规定,关于拦截措施的义务必须遵循国内法决定的犯罪的程度,这是比例原则适用的一个明确例子。

依据《公约》解释性报告,缔约国设立的"条件与保障措施"应当为人权和自由提供充分保障,并且犯罪调查的权力和程序应当与犯罪的性质与产生环境成比例。这一要求类似于行政法中的"比例原则",各方应该在实施对网络犯罪侦查的权力和程序,应顾及到其对人权和自由的侵害程度,并要考虑网络犯罪的特性。

第15条第2款规定:"条件和保障应该考虑缔约国相关权力和程序的性质,尤其是要考虑司法或其他独立的监督、有理由的辩护申请和对此种权力与程序适用范围与持续时间的限制。"

《公约》解释性报告指出,在不限制可适用的"条件和保障措施"的类型的情况下,《公约》明确要求上述"条件与保障措施"应包括适当考虑权力和程序的性质、司法或者其他独立的监督、权力和程序的适用及其中限制的范围和持续时间。国家立法机关必须决定应用具有约束力的国际义务和确立国内原则,在该原则下权力和程序能够充分从性质上侵入,从而要求实施特殊的"条件和保障措施"。缔约方应当明确适用条件和保障措施,比如关于拦截的条件和保障措施，并赋予其侵入性。同时，比如，此种保障措施不需要在保留上同等适用。其他必须在国内法之下处理的保障措施，包括反对自我归罪、法律特权、作为措施适用的个体或地区的权利。

实际上是要求各方针对不同的侦查措施采用有区别的条件和保障措施，从而使得这些措施可以发挥最大作用。

第15条第3款规定："为了与公共利益相一致，尤其是确保司法公正，各缔约国应该考虑本部分的权力和程序对于第三方的权利、责任和正当利益的影响。"

《公约》解释性报告指出，关于第3款讨论的问题，头等重要的是对公共利益的考虑，尤其是合理的司法管理。为达到与公共利益相符合的程度，签约方必须考虑其他因素，比如基于"权利、责任和正当利益"的权力和程序对第三方包括网络服务提供商的影响，以及强制措施实施结果的出现，并且是否能采取适当手段减轻这种影响。总之，最初考虑是基于合理的司法管理和其他公共利益。为达到与公共利益相符合的程度，一般也应考虑对用户服务的最小破坏，对本章节下披露责任的保护或者促进披露、或者对用户利益的保护。

这一款的规定强调的是公共利益是这些措施所必须考虑的影响因素，在制定相关的政策法规时应该首要考虑对于公共利益特别是司法公正的影响。并且应当积极采取别的方式来减少这些影响，从而实现对公共利益的保护。但是，值得注意的是关于网络犯罪的调查措施，大部分不是常规的调查措施，而是与科学技术有关的新型调查措施。而计算机系统和网络中的电子信息具有虚拟性，并且其存储空间具有混同性与无限性。亦即，与犯罪行为无关的信息却属于犯罪嫌疑人隐私的信息，很可能与关于犯罪行为的电子证据存储于同一介质中，那么在调查过程中，无论是现场搜查还是采取保全措施后进行技术分析，都可能侵犯犯罪嫌疑人的隐私。因此，详细分析调查措施的权力和程序对犯罪嫌疑人的合法权益的影响，是十分必要的。

修正后的第15条第3款为："为了与公共利益相一致，尤其是确保司法公正，各缔约国应该考虑本部分的权力和程序对于嫌疑人和第三方的权利、责任和正当利益的影响。"

(二) 计算机存储数据的快速保护

《公约》的第 16 条和第 17 条是关于已被数据持有者收集和保留的计算机数据进行快速保护和部分披露的措施。

《公约》解释性报告指出,本条中描述的措施,仅适用于计算机数据已经存在和已经适应保存的情况。基于诸多原因,与犯罪调查相关的计算机数据可能不存在或者不再被保存。在有人明白重要数据对刑事诉讼的重要性之前,数据保护法规肯定需要对数据进行破坏。有时收集和保存数据可能不存在商业目的,比如消费者对网络服务支付统一的费用或者免费服务。第 16 条、第 17 条没有详述这些问题。

"数据保护"必须与"数据保留"区分开来。在同种语言内有相似的含义,但在计算机使用上有不同的含义。"保护"数据意在保持已经以存储形式存在的数据,使其免受任何导致其流通治理或条件发生改变或恶化。"保留"数据意在保持当前正在形成的,在未来拥有的数据。"数据保留"意味着数据的累积,在未来一段时间持有或拥有。"数据保留"是存储数据的过程。另一方面,"数据保存"是确保已存储数据的安全。

所以,数据保护是指保存已经以静态形式存在的计算机数据,防止由于外部原因而改变或灭失,仅仅指维持存储的计算机数据的安全和完整。数据保留是指保存即时产生的计算机数据,它意味着积累数据和维持数据状态。除此以外,根据第 14 条的规定,数据的快速保护适用于特定的刑事案件的与案件有关的信息数据。

第 16 条、第 17 条仅涉及"数据保护"而不涉及"数据保留"。它们不授权对所有数据的收集与扣留行为,甚至,网络服务提供者或此活动过程中的其他实体的数据收集行为。当然,适用于计算机数据的"保护措施",是以已存在、已被收集和存储的数据为先决条件的。此外,如第 14 条所示,所有的权力和程序需要立足于《公约》第二节,为了具体犯罪调查和刑事诉讼的目的,这限制了特殊案件中措施的适用。加之,缔约方通过命令对保存措施施加影响,这种命令涉及"在个人拥有或控制之下具体存储的计算机数据"。所以,这些条款仅提供需要保护现存的已存储的数据的权力,在随后的依据其他法律权力披露数据,涉及具体犯罪调查或刑事诉讼。

确保"数据保护"的责任,并不需要缔约方限制提供或者使用非常规的收集和保护某些类型的数据的服务,比如流量数据和用户数据,可以作为正当商业活动的一部分。这既不需要缔约国为了收集与保护数据而使用新的技术,例如未保护短暂的数据(短暂的时刻可能出现的系统中,但作为对请求和命令的回应,不能合理地被保护)。

一些国家存在需要某些类型数据的法律,比如个人数据,如果不再存在保存数据的商业目的,由特殊类型持有者持有的数据一定不能被保存,并且一定被删除。在欧盟,基本原则是由欧洲议会和理事会1995年第46号指令①,关于通信部门的特殊环境下及欧洲议会和理事会1997年第66号指令②决定的。这些指令建立在删除数据的义务上,只要它们不再需要存储。然而,当需要为了预防、调查和起诉犯罪行为的目的,成员国需要采纳法律来提供豁免。这些指令不得妨碍欧盟成员国,为了具体的犯罪调查,依据其国内法确立权力和程序来保存具体数据。

数据保护作为一项新型的法律程序,对于网络犯罪调查具有特别重要的作用。首先,有利于迅速保护易被伪造、更改的犯罪证据。目前计算机数据多存储在电磁介质上,这一特性使数据容易被伪造或修改,失去证据价值。其次,有利于发现犯罪踪迹。通过分析数据的发源地和目的地,能够确定与犯罪嫌疑人有关的信息。最后,有利于推进国际司法协助。缔约国在本国法律中规定数据保护制度,从而能够

---

① European Parliament and Council Directive 95/46/EC of 24 October 1995 on the protection of individuals with regard to the processing of personal data and on the free movement of such data.

② Directive 97/66/EC of the European Parliament and of the Council of 15 December 1997 concerning the processing of personal data and the protection of privacy in the telecommunications sector.

给请求国提供有效的犯罪证据。[①]

1. 对已存储计算机数据的快速保护

《公约》第 16 条共有 4 个条款,分别规定了适用对象、维持时间、保密要求和应遵守的规定。

第 1 款规定:"缔约国应当通过立法或者其他必要的措施,授权主管当局,命令对依赖计算机系统存储的特定计算机数据(包括流量数据)进行快速保护,或者获取这些数据,特别是在有理由相信该数据特别容易丢失或者被修改的情形下。"数据保护的目的只是为了保障涉及刑事案件的计算机数据不被破坏,从而保障案件侦查的正常进行。该款并没有具体规定数据保护的方法,各方应自行制定国内法来具体操作。《公约》中特别规定了"流量数据"的保护,这种数据是各种数据连接的纽带,对于侦查具有重要意义,但是它的存在时间却很短。因此对于"流量数据"应该特别关注,必要时候可以采取其他侦查措施封锁冻结数据信息。

第 2 款规定:"当采取上述措施以保存处于个人拥有或控制之下的特定计算机数据时,缔约国应当通过立法或者其他必要的措施责成此人对数据进行保护,并且在不超过 90 天的必要期限内保持数据的完整性,以保证主管当局能够获得此数据。缔约国可以规定主管当局在获取数据后,应当立即重新申请签发获取令。"根据《公约》第 29 条第 7 款的规定,在国际司法协助中,各请求人的保护期限应该至少持续 60 天,以使得各方有足够的时间采取行动。并且,在请求被接受后,数据应该继续被保护,直到该请求作出了最后决定。通过以上我们可以看出,对于快速保护的期限规定,《公约》规定最长可以达 90 天,并且对于司法协助中不少于 60 天,并且可以依据需要,延长保护期限。时间规定的灵活性可以保障侦查机关有足够的时间对数据进行的分析和侦查,对于获取证据具有重要意义。

[①] 参见皮勇:《网络安全法原论》,中国人民公安大学出版社 2008 年版,第 626~627 页。

第3款规定:"缔约国还应当通过立法或者其他必要的措施,责成计算机数据的保管人或者其他人员在国内法规定的期间内对其保护行为保密。"这一规定是出于侦查的需要,既可以避免惊动犯罪嫌疑人,同时又可以保护个人隐私。有关人员遵守保密义务是后期侦查顺利展开的重要保障,同时也兼顾了对于个人合法权益的保护,只有这样才可以达到侦查与保护的平衡。

第4款规定:"本条涉及的权力和程序必须服从第14条和第15条。"

《公约》解释性报告指出,快速保护计算机数据的权力适用于以下问题。缔约方被要求去说明一项权力,作为保护具体的计算机数据的临时措施。据此,数据能够被保护至预想的时间,最高可达90天。缔约方可能提供随后更新的命令。这并不意味着数据在保护时,已经被披露给了执法机构。为了实现此目标,关于揭露或搜寻的一种额外的措施被确定了。

为了使缔约方能够帮助其他国家在国家范围内,快速保护位于其领域内已存储的数据,保护措施在全国范围内存在也是十分重要的。在耗时的传统性司法互助程序之中,这能帮助确保关键性数据不被丢失。该司法协助能使被要求的签约方实际上获得数据并且向请求方披露数据。

第16条旨在确保国家主管当局能够命令或者获取,与具体犯罪调查或者诉讼程序相关的具体的已存储计算机数据的快速保存。

"保护"需要数据是已经以一定的存储形式存在的,使其免受流通质量或条件被改变或恶化。这需要它能够不被修改、恶化、删除。"保护"并不表明数据是被"冻结"的(即宣告无法访问),并且它们的副本不能被合法用户使用。编写指令的人,根据对指令的准确说明,仍能够访问数据。本条没有说明数据怎样被保护。保护的适当方式由签约方来决定,并且在一些适当的案例中,保护数据也需要其"冻结性"。

关于主管当局进行快速保护所能采用的"命令或获取"措施,旨在允许使用实现保护的其他合法方式,而不仅仅是通过司法或者行政命令、指令(如警方或检察官发布的指令)。在一些国家的程序法里没有数据保护的命令,并且数据只能通过搜查和扣押及生产指令来保存和获取。通过使用"或以其他方式获取"短语的灵活性,来允许这些国家通过这些手段来使用本条款。所以,国家应考虑确立权力和程序来接受保存数据的命令。

确立具体计算机数据的快速保护"命令或获取"方式的权力,适用于任何类型的已存储的计算机数据。这包括在指令中进行详细说明的任何类型的被保护的数据,例如商业、卫生、个人或者其他记录。缔约方通过使用"尤其有理由去相信计算机数据特别容易被丢失或篡改"的认识,确立了相关措施。这包括数据在短时间内易受扣留的情况,比如某商业政策的存在使得某数据在一段时间之后会被删除,或者当存储媒介被用于记录其他数据,数据一般都会被删除。这涉及数据保管人的本性,或者数据保护的不安全方式。然而,如果保管人不被信任,通过搜查和扣押将能更加安全地保存数据,而不是通过一项可以被违反的命令。

第2款说明了缔约方通过一项命令来影响"保存","保存"的命令涉及个人拥有或控制的指定的计算机存储数据。因此,存储数据可能实际上被个人占有,或可能在别处被保存但被个人控制。接受命令的个人有义务"来保存和维持一定时段内计算机数据的完整性至特定时间,直至最高的90天,使主管当局能够寻找其披露"。签约方的国内法应当说明数据可以被保存的最后时间,数据受制于命令必须被保存,并且这些命令应当指定准确的时间来保存指定的数据。这个时段必须足够长,直至最高的90天,为了允许管理当局来使用其他法律手段,比如搜查和扣押,或者类似访问或固定,或者一项生产指令的发布,来获取数据的披露。一个签约方可能提供生产指令的随后更新。关于此点,必须参考第29条,即获取通过计算机系统保存的快速存储数据的互助请求。该条款说明了"保存"影响了作为对互助请求的回应"应该是不少于60天的时段,为了使请求方能够提交一个搜查或类似访问、扣押或类似固定、或者披露数据的请求。"

第3款强加了一个保密义务，关于用于被保护数据的保管人或者被命令保护数据的人的保护程序的使用，在国内法中确立已有一段时间。这需要缔约方介绍关于存储数据快速保护的保密措施和保密时间限制。这些措施适应法律实施的需要，所以被调查的嫌疑人没有意识到被调查，如同个人的隐私权。对于执法机构，数据快速保护成为最初措施的一部分，因此，在此领域保持较高的隐蔽性异常重要。保护是在使用其他法律措施来获取数据或披露数据之前的初步措施。为了使其他人不能尝试篡改或删除数据，较高的保密性是必需的。对于编写指令的人，数据主体或者其他可能在数据中被提及或识别的人，这里存在一个清楚的措施适用的期限。保持数据安全和稳定及维持数据机密性的双重义务，是基于保护措施已经被用于保护数据主体或其他在数据中可能提及或识别的人的隐私的事实而建立的。

2. 对流量数据的快速保护和部分披露

《公约》第17条共有两个条款，第1款规定："缔约国应当通过立法或者其他必要的措施：（1）确保不论通讯过程涉及多少个服务提供商，总能对流量数据进行紧急保护；（2）确保缔约国的主管当局或者其他指定人员，能够及时获得足够的流量数据，并能确认服务提供商和通讯传输的路径。"第2款规定："本条涉及的权力和程序必须服从第14条和第15条。"

《公约》解释性报告指出，第17条确立了第16条下流量数据保存的相关具体责任和一些流量数据的快速披露，以便识别卷入具体通信传送中其他网络服务提供者。

获取与已发生的通信活动相关的被存储的流量数据，对于识别个体身份是决定性的。比如，发布儿童色情内容，发布作为欺诈计划一部分的欺诈谣言，发布计算机病毒试图或成功非法地访问计算机系统，或传送通信至一个电脑系统，要么已经干涉该系统数据，要么干涉该系统的正常功能的发挥。然而，这类数据通常仅能在较短的时间内得到保存，保护隐私的法律可能禁止保护市场的法律，可能阻止该类数据的长期保存。因此,确立保护此类数据完整性的保存措施是十分重要的。

通常,不止一个网络服务提供者可能卷入流量数据的传送。每一个服务提供者可能持有与具体通信传输相关的流量数据。它们要么由利用其系统传输通信的服务提供者所产生或从他们那里获取,要么由其他服务提供者提供,有时候,流量数据或至少是一定类型的流量数据,在网络服务提供者之间是共享的(与商业安全、技术的通信传输有关的服务提供者)。在一些案件中,任何一个服务提供者可能掌握重要的流量数据(需要决定通信来源或目的地的数据)。然而,不存在单个服务提供者掌握足够的重要流量数据,以至于能决定通信的实际来源或目的地。每一方知晓谜底的一部分,同时,为了识别来源或目的地,每一部分都需要被检验。

第17条确保了卷入通信传输的一个或多个服务提供者,流量数据的快速保护被所有服务提供者影响。本条没有具体说明可能据此取得的方式,而是交给其国内法来决定,符合其法治与经济体系的方式。取得快速保护的一种方式,是主管当局能快速将分开保护命令用于每个服务提供者。然而,获取一系列分离命令的过程过度消耗时间。首选方案应是能获取单个命令,其范围是能够提供给所有随后被识别的被卷入具体通信传输中的网络服务提供者。

综合命令能够继续服务于被识别的服务提供者。其他可能的替代选择能包括服务提供者的参与。例如,需要服务于一项命令的服务提供者,通知在保存命令的存在和条款的链条中存在的下一个服务提供者。这个通知应基于国内法,要么对允许其他服务提供者,不顾删除数据的义务,来自愿保护相关的流量数据,要么委托其他人来保存相关的流量数据。第二个服务提供者也需要通知链条中的下一位服务提供者。

由于流量数据没有向执法机构披露,根据一项服务提供者保护命令的服务(但仅依据其他法律措施,而随后获取或披露),这些机构将不知服务提供者是否拥有所有决定性的流量数据或是否存在卷入传输通信之链的其他服务提供者。因此,本条需要接收一项保存命令或相关措施的服务提供者,迅速向主管当局或其他指定人披露足够的流量数据,使主管当局能够通过被传输的数据识别其他服务提供者和路径。主管当局详细说明需要被披露的流量数据的类型。信息的接收应使主管当局能够决定是否对其他服务提供者采取保存措施。如此,调查当局能够追踪至信息的起源,或者至信息的目的地,同时识别犯罪人或者正在被调查的具体犯罪中的犯罪人。

《公约》第17条规定的是流量数据的快速保护和部分披露制度。流量数据的获取,对于确定犯罪中各项信息具有重要意义,特别是通过流量数据可以有效地发现犯罪嫌疑人。但是由于流量数据的特殊性,它并不会持续很长时间,往往只能被保存很短的一段时间,一方面是因为为了充分保护个人隐私信息,同时也是为新信息腾出空间。因此,针对流量数据的快速保护和部分披露就显得尤为重要。第17条第1款规定,各方在依照第16条保护的流量数据时,应该调整必要的国内法或者其他规定,使得参与了通信传输的一个或者多个服务商,可以保证对于流量数据进行快速保护;并且要求缔约方有关机关或者被指定的个人应该提供足够的流量数据,以使得政府可以识别服务提供商和通信传输的途径。本条通过规定快速部分提交流量数据,这样可以有效地甄别那些参与了特定的通信的服务提供商。在实际的网络操作时,流量数据并不会全部被一个运营商掌握,而是由几个运营商分别掌握的,因此没有哪一个运营商的数据足够支持侦查工作的开展。所以在《公约》第17条中规定,所有涉及的运营商都应该快速保护流量数据,但是具体的实现方式,《公约》认为应该由各方根据本国具体法律和政策来确定。

在《公约》解释性报告中,关于快速保护的方式,给出了可供选择的两种处理方式:(1)主管当局快速地向每一个服务商发出独立地数据保护令,从而实现对于数据快速保护;(2)在保护令中把服务提供商活动纳入进来。具体说来,是指接到保护令以后,提供商需要首先保护流量数据,同时要通知其他涉及该数据信息的服务提供商。至于保护令的内容可以不要求服务商删除数据，也可以命令其必须保护相关的流量数据。如果服务商在接到数据之后不向主管当局报告，主管当局是无法知晓的，所以，《公约》在第17条规定了提供商在接到命令之后，必须快速向主管当局报告其获得的足够的数据，从而保证主管当局可以发现其他参与者，进而决定是否对他们发出保护令。只有通过足够地流量数据，主管当局才可能更快地发现犯罪嫌疑人。

（三）提供令

关于提供令，《公约》只有第18条，总共3款，分别规定了提供令内容、遵守的规则和术语解释。相较于其他的侦查措施，提供令的程度更轻，对于普通公民权利的侵犯程度也更低，同时也保证了有效的侦查。

《公约》第18条涉及提供证据的内容。第1款规定："缔约国应当通过立法或者其他必要措施，授权主管当局命令：（1）其本国领域内的人提交本人拥有或控制，并存储在计算机系统或者计算机数据存储介质中的特定计算机数据；（2）在本国领域内提供服务一方提交与其拥有或者控制的服务相关的用户信息。"

《公约》解释性报告指出，本条第1款要求缔约方使其主管当局能够强迫其领域内的公民提供详细的计算机存储数据，或者在其领域内提供服务的服务提供者能够提供用户信息。所要求的数据是被保存或存在的数据，并且不包括还未形成的数据，比如与"未来通信"有关的通信量数据和内容数据。而不是要求签约方系统地适用涉及第三方的强制措施，比如对数据的扣押与搜查，签约方的国内法中必须存在可供选择的用于获取与犯罪调查相关信息的提供较少入侵方式的调查权力。

"提供令"提供了执法机构能在众多案件中适用的灵活措施，特别是除了更具侵入性或更多法律责任的措施。这些程序机制的适用也对数据的第三方保管人有利，比如ISPs（网络服务提供者），其通常准备在自愿的基础上协助执法机关，通过提供由其控制的数据，但是其更愿在协助时有适当的法律依据，以减轻其合同或非合同责任。

提供令涉及由一个用户或服务提供者所拥有或控制的计算机数据或用户数据。该措施仅适用于用户或服务提供者维持此种数据或信息的程度。一些服务提供者，比如没有保存使用期服务的用户记录。

第1款第1项中，签约一方必须确保其执法机关拥有命令其领域内的用户提供存储于其计算机系统里的具体的计算机数据或该用户拥有或控制的数据存储介质的权力。"占有或控制"指的是对发出命令一方的领域内数据的实质占有，同时又包括数据形成于该用户的实质占有之外但其能自由控制数据成果的情形（比如，受限于可适用的权限，通过远程在线存储服务，对存储于他或她账户里的信息使用提供令的用户，必须生产此类信息）。与此同时，仅是技术能力来访问远程存储数据（比如，用户通过网络链接访问不受其合法控制的远程存储数据的能力）不需要构成本条中所规定的"控制"。在一些国家，法律之下的"占有"包括物理和构造上的占有，有充足的幅度来满足"占有或控制"的要求。

第1款第2项中，缔约一方还须确立权力来命令服务提供者在其领域内提供服务，以便提交服务提供者所占有或控制的用户信息。如第1款第1项所述，"占有或控制"意味着服务提供者对用户信息的物理占有和在其控制下对用户信息的远程存储（例如由在其他公司提供的远程数据存储设施里）。"与此类服务相关"意味着该权力能用于获取与发出提供令一方的领域内的服务有关的用户信息。

第2款规定："本条涉及的权力和程序必须服从第14条和第15条。"

《公约》解释性报告指出，本条第2款所涉及的"安全与保障"措施，依赖于缔约方的国内法，可能排除特定的数据和信息。缔约方可能希望规定不同的条款、不同的主管当局和不同的保障措施，它们涉及披露由特殊人群或服务提供者所掌控的特殊类型的计算机数据或用户数据。例如，考虑到一些数据的类型，如可公开使用的用户数据，一方可能允许执法机构发出一项命令（在其他情形下，则需要法官发出命令）。此外，在一些情况下一方可能需要或被强制执行人权保障措施，以便仅通过司法机关发出提供令来获取特定类型的数据。签约方可能出于执法的目的，而希望限制数据披露至提供令所披露的数据已经由司法机关所管控的情形。比例原则也规定了与适用措施相关的灵活性，比如许多国家在审理小案件中就不适用提供令。

缔约方更深的考虑是措施可能包含的保密性。为了维持与通常涉及提供令是不会强迫保密的非电子世界相平行，本条款没有机密性的具体参照。然而，在电子世界，特别是网络世界，一项提供令可能被作为调查中的起初措施，前述的后续措施如搜查和扣押或实时拦截而适用。维持较高的保密性对于调查的成功是非常必要的。

关于"提供令"的形态，缔约方应有责任使得具体计算机数据或用户信息能够在命令中详述的方式中形成。这包括涉及一定时间内必须执行或者形成披露，比如在"纯文本"、在线的或者打印纸或磁盘中提供的数据和信息。

第3款规定："基于本条之目的，术语'用户信息'是指由服务提供商持有的所有包括计算机数据或其他数据的信息，通过服务而不是流量数据或内容数据与服务相关联。可由下述方式确定：（1）使用的通信服务的类型，采用的技术规定和服务期间；（2）在服务协议的基础上，可获得的用户的身份、邮政或地理地址、电话和其他访问号码、账单和支付信息；（3）在服务协议的基础上，可获得的有关通信设备的安装位置信息。"在网络犯罪调查中，通过"用户数据"可以确定嫌疑人所使用的服务及相关技术措施，甚至可以确定嫌疑人。

《公约》解释性报告指出，"用户信息"定义于第3款。原则上，其指的是由一个通过提供服务与用户相关联的服务提供者管理与掌握的所有信息。用户信息可能包括于计算机数据的形式或其他任何形式之中，比如纸质记录。鉴于用户信息包含数据形式而不仅是计算机数据，一项处理此类型信息的特殊规定已经包含于本款中。"用户"包括服务提供者顾客的宽泛范围，从支付订阅的顾客到计次收费的顾客，再到接受免费服务的顾客，还包括有资格使用用户账户的顾客。

在调查犯罪的过程中，调查用户信息时首先需要了解两个具体情形。第一，用户信息被用于识别服务和已经被使用的或正被用户使用的相关技术措施，比如通话服务（手机）、其他关联服务（呼叫转移、语音邮件）、电话号码或其他技术地址（邮件地址）。第二，当一项技术地址被知晓时，为了协助确认特定人的身份，用户信息是必须用的。其他用户信息，比如可能和犯罪调查相关的关于用户的账单和付款记录的商业信息，特别是正在被调查的犯罪包括计算机诈骗或其他经济犯罪。

因此，用户信息包括对服务的使用和服务用户的各类型数据。至于对服务的使用，该术语表明所有信息（除了通信量或内容数据）能够通过使用的通信服务的类型来确定，相关技术规定来确定及用户使用服务的时间段来确定。"技术规定"的术语包括被用于确保用户享有所提供的通信服务的所有措施。该规定包括技术号码或地址的保留（电话号码、网站地址或网域名称、邮箱地址等），如同用户所使用的通信设备的规定和注册一样，比如电话设备、客户服务中心或局域网。

用户信息不限于与使用通信服务直接相关的信息。这也表明任何信息（除了通信量数据和内容数据）能够通过用户的身份、邮局或地理地址、电话和其他可访问的号码，及基于用户和服务提供者之间服务协定或安排而可获得的账单和支付信息而确认。这还表明任何其他信息（除了通信量数据和内容数据）涉及基于服务协定或安排可获得的通信设备安装的地点和位置信息。后来的信息可能仅仅在实践中相关，其设施不是可移植的但关于可移植或可能为真的位置（依据服务协定或安排提供的信息而确定的）的知识对于一项调查有作用。

然而，本条不应理解为强加于服务提供者身上的保持对用户进行记录的责任，也不应理解为需要服务提供者确保信息的正确性。因此，一个服务提供者不承担将用户身份信息的登记于手机服务的所谓的预付卡上的责任。也不承担核实用户身份或拒绝为使用假名的用户提供服务的责任。

本节中的权力和程序都是基于具体犯罪调查和诉讼的目的（第14

条),提供令是用于个案,通常是特定的用户。例如,根据本条规定,提供令里提及的特殊名字、特殊的联系电话号码或电子邮件地址可能被需要。根据特殊的电话号码或电子邮件地址,有关用户的名字和地址可能被找到。本规定没有授权签约方发布法律命令来披露任意的大量的服务提供者的用户信息,比如为了数据挖掘的目的。

"服务协定或安排"应当从广义上来解读,包括基于使用服务的用户与服务提供者之间的任何关系。

实际上,《公约》第18条是关于电子证据调查中的第三方协助问题。一般而言,证据搜查主要是由专门的侦查人员实施。但是电子证据搜查中往往需要第三方的支持与参与。在网络犯罪中,很多电子证据会存储于第三方的虚拟空间和存储介质中,或者直接由第三方保管。比如许多网络服务提供商提供云端存储等功能,犯罪嫌疑人的文档、照片、邮件等信息可能存储于其中。同时,一些网络电商还可能掌握着犯罪嫌疑人的网络交易记录等情况。如果由侦查机关和技术人员直接搜查,将大大扩大搜查范围,降低侦查效率。

在美国,存在"第三方搜查原则",即如果犯罪嫌疑人的电子信息被第三方合理地持有或获知,其在协助警方开展计算机搜查时无需以申领令状为前提。[①] 中国《刑事诉讼法》第135条规定:"任何单位和个人,有义务按照人民检察院和公安机关的要求,交出可以证明犯罪嫌疑人有罪或者无罪的物证、书证、视听资料等证据。"《人民检察院刑事诉讼规则(试行)》第238条规定:"扣押犯罪嫌疑人的邮件、电报或者电子邮件,应当经过检察长批准,通知邮电部门或者网络服务单位将有关的邮件、电报或者电子邮件检交扣押。"所以,在中国进行电子证据搜查和扣押时,第三方是需要提供协助的。

2008年4月8日,巴西检察院发布公报,要求美国谷歌公司必须在48小时内交出3261个网络照片档案的进入方式,以方便巴西有关机构调查网络娈童案。公报说,这些照片档案属于谷歌公司奥古特

---

① 参见刘品新主编:《电子取证的法律规制》,中国法制出版社2010年版,第48页。

(ORKUT) 交友社区用户所有，调查人员仅能在档案首页中看到数张裸体儿童照片，因此需要谷歌公司提供充分的进入方式，包括提供用户情况等。公报强调，谷歌如逾时不提供司法协助，将在巴西面临民事和刑事罪名起诉。奥古特交友社区在巴西拥有广泛用户群。此前，谷歌巴西公司已多次以母公司设在美国为由，拒绝向巴西司法部门提供用户资料。巴西法律规定，在网络上散播儿童色情照片者将被判 2 年到 6 年监禁。2008 年 4 月，谷歌向巴西官方机构上交了存储在谷歌社交网络 ORKUT 中疑似恋童癖者的资料，这是谷歌第一次同意透露用户资料。①

对于提供令，由于需要服务商提供用户的数据，期间一定会产生数据的偏差。所以在此处有关机关不能强求服务商提供所谓"正确"的数据，也不能因为其数据的真假问题而追究其法律责任，当然对于故意提供虚假证据的应当进行处罚。因为在很多情况下，服务提供商并没有确认用户信息真假的能力和责任，如果后期苛求其甄别数据真假，是不现实的。对此，《公约》中并没有提及。所以作为缔约国立法指导性的《公约》很有必要在提供令这一标题下加入对于提供信息真假的内容，使得服务提供商敢于积极配合有关机关的取证工作，也极大地提高有关机关取证的效率。

提供电子证据时是否应遵守最佳证据规则存在理论争议。最佳证据规则要求提供证据原件主要是出于对证据的准确性和完整性的考虑。《人民检察院刑事诉讼规则》第 233 条规定，调取书证、视听资料应当调取原件。取得原件有困难或因保密需要不能调取原件的，可以调取副本或复制件。但是在电子证据具有不同于传统证据的特性，其可以是通过传统证据的电子编辑而成的，也可以是直接在计算机系统和网络中形成的。同时，电子证据极易被复制、变动、拷贝，原始文件也可能难以找到。电子证据的复制件是否影响证据的效力，值得

---

① 参见佚名："巴西要求美国谷歌公司须在 48 小时提供司法协助"，载 http：//news. xinhuanet. com/zgjx/2008 - 04/10/content_ 7950930. htm，2015 年 7 月 16 日访问。

商榷。《最高人民法院、最高人民检察院、公安部关于办理网络犯罪案件适用刑事诉讼程序若干问题的意见》规定："收集、提取电子数据，能够获取原始存储介质的，应当封存原始存储介质，并制作笔录，记录原始存储介质的封存状态，由侦查人员、原始存储介质持有人签名或者盖章；持有人无法签名或者拒绝签名的，应当在笔录中注明，由见证人签名或者盖章。有条件的，侦查人员应当对相关活动进行录像。"但是该《意见》又规定："无法获取原始存储介质的，可以提取电子数据，但应当在笔录中注明不能获取原始存储介质的原因、原始存储介质的存放地点等情况。"亦即，中国在电子证据取证方面实行具体问题具体分析，原则上强调其"原件性"。

国际上对电子证据原件主要有五种学说，"功能等同法""拟制原件法""混合标准说""复式原件说""结合打印说"。[①] 一般来说，在法庭上提交证据原件，能最直接、最真实、最大限度地反映案件事实；而向法庭提交证据复制件，难以接近最真实的案件事实，会严重影响对案件事实的证明。[②] 那么，一旦严格按照最佳证据规则，众多电子证据将不会被法庭采纳。加拿大《统一电子证据法》突破了传统最佳证据规则对"原件"的要求，而确立了"电子记录系统完整性"（integrity of electronic records system）标准，来解决电子证据的原件问题。[③] 据此，从电脑中打印出来的原始输出稿，则属于电子证据的原件，应被法庭采纳。《公约》中要求个人提供计算机数据、服务提供商提供用户信息，没有规定是以原件还是副本或复制件的形式提供，这也与各缔约国对电子证据"原件"的认识与要求的不同有关。

另外，电子证据也应遵守非法证据排除规则。中国《刑事诉讼法》第54条规定，对以非法方法收集的言词证据应当予以排除，收集物证、书证不符合法定程序、可能严重影响司法公正，应当予以补

---

① 参见刘品新："论电子证据的原件理论"，载《法律科学》2009年第5期。
② 参见刘品新："论电子证据的原件理论"，载《法律科学》2009年第5期。
③ 参见刘颖、李静："加拿大电子证据法对英美传统证据规则的突破"，载《河北法学》2006年第1期。

正或者作出合理解释，否则予以排除。对于以非法方法收集的电子证据，是否予以排除，《最高人民检察院关于检察机关侦查工作贯彻刑诉法若干问题的意见》规定，刑事诉讼中秘密窃取的电子证据本身不具有可采性，法庭只能使用由电子证据转换成的其他证据。即只排除毒树，而不排除毒树之果。

在当代中国，非法电子证据主要有两种情形：一是侵犯宪法赋予公民的基本权利如人身自由、人格尊严以及隐私权、财产权等所收集的电子证据，应当予以排除；二是违反刑事法律程序而收集的电子证据，此类证据可能因违反法定程序而无效。① 但是，对于违反法定程序所收集的电子证据，应当分情况区别对待：一方面，对存在程序瑕疵的电子证据应依据法律规定进行补正，证据效力不受影响；另一方面，对以非法行为获得的电子证据，则应当按照非法证据排除规则予以排除。② 同时，以侵害公民合法权益为代价而收集电子证据，只能由侦查机关或其授权的个人或单位通过法定程序依据技术侦查手段来实施，普通公民或者网络服务提供者不能通过非法方式拥有或控制与犯罪行为有关的电子证据。公民个人或网络服务提供者经过授权成为取证辅助人③，则可以采取技术侦查措施进行取证。当然，如果私人取证采取了非常极端的方式，也应予以排除。④

所以，《公约》中缔约国授权主管当局命令个人或网络服务提供商提供的电子数据和用户信息，必须是个人或服务提供者通过合法方式与正当途径而拥有或控制，采取未经授权的技术手段而获得数据和信息，不应提供给主管当局。

---

① 参见王绍侠：“电子文件产生证据效力的困难及其对管理的启示”，载《档案学研究》2003 年第 3 期。
② 参见林喜芬：“非法实物证据的排除模式：利益权衡与客观化基准”，载《犯罪研究》2009 年第 1 期。
③ 参见王新等：“非法刑事电子证据排除规则研究”，载《辽宁行政学院学报》2012 年第 12 期。
④ 参见万毅：“非法证据排除规则若干操作问题研究"，载《中国刑事法杂志》2007 年第 3 期。

同时，在第18条中，并没有规定对于提供者的保密义务，这是本条规定所缺失的，无论是出于体例还是强调的必要，在本条都应该加上关于保密义务的规定。因为提供令从证据调查最开始阶段就存在，因此这一阶段的保密对于日后的侦查具有重要意义。保密的成功与否很有可能影响所有后续的侦查活动，所以对于缔约方应该在国内法中规定在一定期限内的保密义务，可以借鉴快速保护的期限。据此，本条相关条款，可进行如下修正：缔约国应当通过立法或者其他必要措施，授权主管当局命令：（1）其本国领域内的人提交本人合法拥有或控制，并存储在计算机系统或者计算机数据存储介质中的特定计算机数据，和（2）在本国领域内提供服务一方提交与其合法拥有或者控制的服务相关的用户信息。增加第4款缔约国应采用必要的立法和其他措施，以责令个人和服务提供商对有关事实和实施的措施保密。

（四）对已存储计算机数据的搜查与扣押

《公约》第19条是关于搜查扣押已存储计算机数据的规定，总共有5款，分别规定了对计算机数据的搜查、扣押、协助及应遵守的规定。在许多国家的刑事诉讼法中，搜查、扣押等措施仅适用有形的实物，而不适用于无形的电子证据。因此，除非扣押存储计算机数据的媒介，否则是难以实现对于计算机数据的有效侦查，传统的搜查扣押措施难以保障相关计算机数据的安全。而第19条的规定就是为了解决这一问题，确定了用于计算机数据的搜查扣押措施，从而保证了对网络犯罪中证据的有效获取，进而有效地打击网络犯罪。

《公约》解释性报告指出，本部分旨在获取与刑事侦查和诉讼有关的证据的国内法，在搜查和扣押计算机存储数据方面的现代化和和谐化。任何国内的刑事诉讼法律，涵盖对有形目标实施搜查和扣押的权力。然而，在一些司法辖区，计算机存储数据本身将不会被视为有形目标，因此为了犯罪调查和诉讼采取有形目标类似方式而搜查和扣押的计算机存储数据不能够被保护，除了通过保护其存储的存储介质。

《公约》第 19 条的目的是为了建立与存储数据相关的同等权力。

在对文件和记录的传统搜查环境中，一项搜查包括集聚已在过去以有形形式被记录或登记的证据，比如纸张上的墨水。调查人员搜查或检查这些被记录的数据，并且扣押或物理上取走有形记录。数据的集聚发生于搜寻的时间段，涉及那时存在的数据。获取用于搜查数据的法律权限的前提条件是存在相信的理由，如同由国内法和人权保障规定的，此类数据存在于特殊的位置，并且将提供具体犯罪行为的证据。

关于搜查证据的问题，特别是计算机数据，在新的技术环境中，许多传统搜查特性被一直保持着。例如，形成于搜查过程中数据的集聚及那时存在的证据。获取实施搜查的法定权威的先决条件保持不变。相信需要获取法律授权进行搜查的程度需要，与数据是否有形或存在电子形式没有不同。同样的，这种关于数据的信任和搜查已经存在，并且为一项具体犯罪提供证据。

1. 电子证据的搜查

第 1 款规定："缔约国应当通过立法或者其他必要的措施，授权主管当局采取搜查或者以类似方式，访问本国领域内（1）计算机系统或其组成部分以及存储于其中的计算机数据；（2）存有计算机数据的存储介质。"第 1 款规定的是缔约国内部所采取的措施，但是对于跨国的搜查、扣押如何进行没有规定。

第 2 款规定："如果有理由相信被搜寻的数据存储在本国领域内的其他计算机系统中，而且可以经由原系统合法地进入访问，那么缔约国还应当确保主管当局能够迅速地将搜查或访问扩展到其他计算机系统内。"第 2 款并没有具体规定搜查范围可以达到多大的程度，而是赋予各方以自己决定的权利。

但《公约》解释性报告提供了两种方式作参考：（1）当有理由相信其他计算机系统可能包括被搜查的计算机数据时，由司法机关或其他有权机关向侦查机关授权，将侦查范围扩大到特定计算机系统；（2）当有理由相信其他相连的计算机系统可能包括被搜查的计算机数据时,侦查机关有权扩大搜查的范围,搜查或相似地进入相连的特定计算机系统,或者对二者同时采取搜查或相似地进入措施。在以上两种方式中,被搜查的计算机数据都必须是可以通过被搜查的计算机系统合法访问或获得的。

电子证据的收集必须严格遵守法律、依照正当程序进行,不得侵犯公民的宪法权利。如必须遵守加拿大人权宪章第 8 条,以及美国宪法第四修正案中与搜查与查封条例相关的内容。①《公约》第 19 条规定缔约国所采取的搜查和扣押措施应遵守第 14 条、第 15 条规定的人权保护与比例原则。

实际上,电子证据搜查与扣押不同于传统证据的搜查和扣押,其具有自身特性。电子证据搜查与传统证据搜查存在以下区别:第一,在搜查环境上,电子证据搜查适用于数据存储介质,需要进入虚拟空间,无法从实体上取证;传统证据搜查适用于现实中的物理空间,侦查人员可以进入实体空间,取走实体证据。第二,在搜查地点上,电子证据搜查可以在犯罪嫌疑人的住所或计算机里进行,也可以在犯罪嫌疑人的住所或计算机以外的地方进行,只需要存在进入计算机系统或网络的条件即可。而传统证据搜查通常在犯罪嫌疑人的住所等地点进行。第三,在搜查的信息量上,数据介质存储所存储的信息是海量的,电子证据搜查相当于是对一座巨型信息库进行的搜索;而传统正常搜查一般只涉及有限的场所和实物。第四,在搜查机制上,电子证据搜查一般需要现场收集和后台分析两个步骤,才能有效搜查电子证据;而传统证据搜查只涉及物理空间,搜查机制比较单一。②

传统证据搜查存在严格的法律规范,如对于人员数量、证件、范围等程序都有规范。而电子证据搜查除了遵循一般规范外,还涉及搜

---

① "人民有权确保他们人身、房屋、文书以及财产的安全,不合理的以及没有授权书的搜查和查封将被视为侵犯。但是依据可能的理由,通过宣誓或审判,那些被指定的地方可以被搜查,个人或事物可以被扣押。"

② 参见刘品新主编:《电子取证的法律规制》,中国法制出版社 2010 年版,第 29~32 页。

查令状的申领、被搜查虚拟空间的范围以及第三方协助搜查等问题，这些需要制定新的规范。

各国法律对证据搜查权限都有相关规定。如英美宪法对搜查的理由规定诸如"正当理由"之类的特别条款①，1949年《德国基本法》规定："关于搜查的实践，只能适用比例原则这一般的宪法标准。"② 法国的证据搜查在不同的阶段采用不同的理由，俄罗斯刑事诉讼法规定的搜查，在确立搜查的司法审查的"令状主义"外，无论是有证搜查，还是紧急情况的无证的附带搜查，均规定了搜查的理由并有相应证明标准。日本的搜查由"法院许可"，并由其签发指明搜查的场所及没收物件的令状。③ 在中国，有学者认为基本隐私权涵盖在人身权利范围内，所以电子证据搜查原则上必须以申领令状为前提。④ 中国《刑事诉讼法》第136条规定："进行搜查，必须向被搜查人出示搜查证。在执行逮捕、拘留的时候，遇有紧急情况，不另用搜查证也可以进行搜查。"依据《人民检察院刑事诉讼规则（试行）》第224条的规定，"紧急情况"是指可能随身携带凶器的，可能隐藏爆炸、剧毒等危险物品的，可能隐匿、毁弃、转移犯罪证据的，可能隐匿其他犯罪嫌疑人的，其他紧急情况。而电子证据搜查中经常面临着"可能隐匿、毁弃、转移犯罪证据"的情况，因此，在此情况下侦查机关和技术人员不用搜查证也可以进行搜查，但是搜查后应及时补办相关手续。

电子证据搜查行为都必须遵循一定的原则。《公约》规定缔约国在设立实施《公约》的权力和程序是必须遵循比例原则、考虑搜查和扣押的合理性等原则。比如在调查某类网络犯罪案件时，一般的搜查

---

① 参见张凯："电子证据研究"，中国政法大学2006年博士学位论文。
② 参见苏姗娜·瓦尔特："德国有关搜查、扣押、逮捕以及短期羁押的法律：批判性的评价"，载陈光中、[德]汉斯约格·阿尔布莱希特：《中德强制措施国际研讨会论文集》，中国人民公安大学出版社2003年版，第164页。
③ 参见张凯："电子证据研究"，中国政法大学2006年博士学位论文。
④ 参见刘广三、向德超："论电子证据的搜查、扣押"，载《北方法学》2007年第2期。

证不应授权对该计算机所有的用户文件、系统文件、删除文件进行搜查,对于电子证据的搜查应进行特别授权或第二次授权。原因在于贸然对犯罪嫌疑人的计算机系统或网络进行调查,一方面很可能导致有关电子证据的灭失,另一方面也极易侵犯犯罪嫌疑人的与案件无关的财产、隐私等权益,比如翻看犯罪嫌疑人的私密照片、日记、银行账户等。中国《刑事诉讼法》第134条规定:"为了收集犯罪证据、查获犯罪人,侦查人员可以对犯罪嫌疑人以及可能隐藏罪犯或者犯罪证据的人的身体、物品、住所和其他有关的地方进行搜查。"因此,搜查范围是与案件有关的个人身体、物品和场所,扣押范围是与案件有关的财物、文件。《人民检察院刑事诉讼规则(试行)》第228条规定:"进行搜查的人员,应当遵守纪律,服从指挥,文明执法,不得无故损坏搜查现场的物品,不得擅自扩大搜查对象和范围。对于查获的重要书证、物证、视听资料、电子数据及其放置、存储地点应当拍照,并且用文字说明相关情况,必要的时候可以录像。"

但是如前所述,电子证据的搜查不仅仅是对数据存储介质的物理控制,还需要对计算机系统和存储介质里面的数据进行检验分析。实践中容易出现的问题是侦查人员或技术人员将与案件有关的计算机和存储介质扣押后,认为计算机和存储介质是单一的隔离空间,可以对计算机系统和存储介质进行随意检验分析。实际情况是该计算机系统或存储介质可能包括属于犯罪嫌疑人的与案件无关的数据和信息。同时,该计算机或存储介质可能被与案件无关的人员使用过,依据电子数据的性质与特点,与案件无关的人员可能会在计算机系统或存储介质中留下数据和信息。侦查人员或技术人员在进行检验分析时,必定会涉及与案件无关人员的数据和信息。此时,与案件无关的数据和信息已经被搜查和扣押,这就与搜查和扣押的人权保护原则相违背。

显然,电子证据搜查有可能侵害犯罪嫌疑人乃至网络服务提供商等其他人员的合法权益,但是基于调查证据的必要,不可能完全限制侦查人员或技术人员的搜查扣押范围。因为计算机系统和网络系统是互联的,犯罪嫌疑人可以通过技术手段将数据和信息隐藏于其他人员的计算机系统、存储介质和虚拟空间中，以避免证据被调查。对于这一问题，计算机调查专家国际协会公布的《电子检验程序》中强调，电子证据搜查要遵循"搜查令状确定的或法官授权的搜查范围必须是有限制的"原则。[①] 中国有学者认为，电子证据的搜查范围应当进行细致明确的规定，如可确定为某个时间段、某个制作者、某个电子邮箱、某个关键字、某个类型或某个虚拟空间的电子数据。而电子证据搜查申请以及搜查令状必须明确规定侦查机关有权对谁的、何种电子设备中存储的涉嫌何种犯罪的文件和数据进行搜查。[②]

在电子证据搜查过程中，侦查人员应当在遵循比例原则的前提下保障取证的全面性与完整性。不管是现场搜查还是后续对存储介质中数据的分析，都严格限制取证范围，避免对公民合法权益造成不必要的侵犯。[③] 紧急情况下，应授权主管当局采取有效措施，防止证据毁损、修改、灭失的威胁。就《公约》第19条第1款、第2款的规定而言，存在无限制搜查的可能性。因此，考虑到电子证据搜查的特殊性，《公约》应当确定搜查的范围，第1款、第2款可以做如下修正：

第1款规定，"缔约国应当通过立法或者其他必要的措施，授权主管当局采取搜查或者以类似方式，访问本国领域内与犯罪行为相关的（1）计算机系统或其组成部分以及存储于其中的计算机数据；（2）存有计算机数据的存储介质。"

第2款规定，"如果有理由相信被搜寻的与犯罪行为相关的数据存储在本国领域内的其他计算机系统中，而且可以经由原系统合法地进入访问，那么缔约国还应当确保主管当局能够迅速地将搜查或访问扩展到其他计算机系统内。"

[①] 参见刘品新主编：《电子取证的法律规制》，中国法制出版社2010年版，第43页。
[②] 参见陈永生："电子数据的搜查、扣押的法律规制"，载《现代法学》2014年第5期。
[③] 参见樊崇义、戴莹："电子证据及其在刑事诉讼中的运用"，载《检察日报》2012年5月18日。

2. 电子证据的扣押

本条第3款规定："对上述第1款、第2款所规定的搜查和访问的计算机数据，主管当局有权实行扣押或类似的保全措施。这些措施包括：（1）扣押或者以类似方式保全计算机系统或者计算机数据存储介质；（2）制作并保留上述计算机数据的备份；（3）维持已存储计算机数据的完整性；（4）使他人无法访问相关计算机系统或者无法移除相关计算机数据。"第3款规定的是保全措施，此处的扣押并非传统意义上的"扣押"，具体应该包括对于承载计算机数据的实物的扣押和对于虚拟的计算机数据的"扣押"。如果计算机数据存储在媒介中，那么可以采取对媒介的扣押从而实现对数据的控制，但如果没有媒介，也可以采取对计算机数据的禁止访问、移走所有数据等方式来实现。因为计算机数据具有无形的特征，所以有关机关更应该采取有效措施来保障其安全性，在刑事诉讼过程中不被改变。第3款第4项的使数据"无法访问"，对于那些带有破坏性的电脑病毒和侵犯个人隐私的数据可以有效地防止其进一步造成损害。而第4项中的"移除"是针对那些无法禁止访问，但是为了保障刑事诉讼的正常进行而采取的措施，通过把数据移出系统的方式与犯罪嫌疑人分离，防止证据的灭失。以上措施除了可以搜集证据以外，也可以对一些数据没收，进而保障刑事诉讼的顺利进行。

第4款规定："缔约国应当通过立法或者其他必要的措施，授权主管当局命令任何对计算机系统运行或者计算机数据的保护方法有相关知识的人，在合理情况下，提供必要的信息，从而确保第1款、第2款规定的实施。"由于计算机数据的专业性和内容的复杂性，许多数据的获取单单依靠有权机关的力量无法实现，特别是对于一些采用复杂算法编写的程序，往往都需要其特定的管理人员来操作。因此，对于这样的信息类型，专业人员的意见就显得尤为重要。所以《公约》在第19条第4款中规定了缔约方可以依据国内法的规定命令相关管理人员协助搜查和扣押。在电子证据搜查时，强制有关人员提供协助是非常有必要的。有关人员可能掌握犯罪嫌疑人的网络账户、密码、网络习惯等等，这些都有利于电子证据调查的快速推进。试想没有系统管理员的协助，或系统管理员不提供犯罪嫌疑人的相关账号及密码，侦查工作可能在搜查阶段就停滞不前。如果通过授权冻结某网页、软件或技术的使用，则将给网络服务提供者及其他使用者造成经济损失。同时，网络服务提供者通常依服务协议或其他约定负有不得泄露用户信息的义务，但是法律的强制性规定则排除了这项义务。[①]

第19条第5款规定："本条规定的权力和程序应遵守第14条、第15条的规定"。

电子证据的扣押属于一种证据保全措施。常见的电子证据保全方法有勘验、扣押、调取、复制等。对电子证据进行保全的步骤主要是寻找和保存电子证据、复制证据、证据验证、证据固化、证据流转、证据合成、证据归档管理。[②] 电子证据的特别保全方法主要有网络保全、技术扣押、电子档案管理等。而网络保全可分为两种类型。第一种网络保全是指在进行电子证据保全时，网络既是保全的工具也是保全的对象。第二种网络保全是指进行电子证据保全时网络仅作为保全的工具，而不需要对网络进行保全。第一种网络保全一般是对动态的、交互的电子数据进行实时保全，主要有两种方法：一是网络探测，它的原理是对网络中传输的数据进行报文采集、报文存储、报文分析；二是"录屏跟踪"，即对屏幕输出的表象内容进行记录，以反映信息交换的内容。[③] 第二种网络保全则是一种静态的取证方式，即利用网络对存储于服务器或存储介质等远程设备中电子数据进行保全。[④] 2014年中国山东省泰安市中级人民法院在审理的一宗著作权侵权纠纷案件中，创新财产保全措施，冻结了被告在虚拟网络"支付

[①] 参见皮勇：《网络安全法原论》，中国人民公安大学出版社2008年版，第661~662页。
[②] 参见张翰霖："侦查过程中对电子证据的保全"，四川大学2005年硕士学位论文。
[③] 参见徐晓琴、龚俭、周鹏："网络取证系统及工具分析"，载《微机发展》2005年第5期。
[④] 参见马维克："电子证据与网络保全证据公证"，载《情报杂志》2006年第3期。

宝"账号中的存款,有效保障了当事人的合法权益。① 即属于网络证据的保全措施。而技术扣押是指利用现代信息技术主要是计算机技术,不包括利用现代信息技术以外的其他传统技术,对电子证据进行扣押。常见的技术扣押有:对服务器上的电子证据文件进行加壳、加密,以防止其被更改或破坏;对服务器上的电子证据文件进行访问权限的限制或锁定,以禁止访问者登陆使用等等。技术扣押不停止信息设备的运行,而只对必要的电子证据文件从微观数据流上进行固定、保护、复制、提取等。在电子档案管理上,随着电子政务和电子办公的推进,传统的档案面临着全面"电子化"的趋势。就电子档案管理而言,其对传统档案管理理论的最大冲击主要在于"来源原则"和"文件生命周期理论"。②

《公约》规定的保全措施包括扣押、复制、保持完整性、阻止他人访问或移除信息。这些都是比较先进的保全措施。但是如果该计算机系统是公共系统,采取保全措施使其他人无法访问该计算机系统,可能存在侵犯他人合法权益的嫌疑。亦即,该保全措施应区分计算机系统的类型,或者应区分情况,只有在紧急的情况下,通过特殊授权才能采取第四种保全措施。同时,扣押的电子证据的范围可以进一步明确。另外,扣押电子证据时要避免电子证据的遗漏,应尽可能取得全部的数据,也应尽可能只获取与案件有关联的证据,避免对与案件无关之人的合法权益造成损害。③

另外,在《公约》的解释性报告中提到是否应该事先通知被采取措施的人,这个问题值得我们特别关注。在不同的国家有着不同的规定,有的国家在传统的证据搜查和扣押程序中未规定先行通知义务,如果《公约》强制性规定这一要求,势必会冲击各缔约国现存的法律

---

① 参见佚名:"泰安首次对支付宝账号采取保全措施",载《人民法院报》2014年10月24日。
② 参见刘品新主编:《电子取证的法律规制》,中国法制出版社2010年版,第300~303页。
③ 参见张凯:"电子证据研究",中国政法大学2006年博士学位论文。

体系。而有些国家将事先通知作为搜查扣押的必要组成部分,从而与秘密侦查区分开来。所以,在《公约》中并没有强制性要求必须要事先通知,而是把这一权力交给了各缔约方自己决定,各方根据自己国内法结合《公约》规定作出是否以及何时发出通知的决定,以最大限度地保障刑事诉讼的进行。

因此,第19条第3款可修正为:"对上述第1款、第2款所规定的搜查和访问的计算机数据,主管当局有权实行扣押或类似的保全措施。这些措施包括:(1)扣押或者以类似方式保全与犯罪相关联的计算机系统或者计算机数据存储介质;(2)制作并保留上述计算机数据的备份;(3)维持已存储计算机数据的完整性;(4)必要时,可使他人无法访问相关计算机系统或者无法移除相关计算机数据。"

(五) 计算机数据的实时收集

由于计算机数据的流动性和快速传输的特点,大部分信息并不是静止的,而一直处于流动之中,因此《公约》针对正在传输的数据,在第20条和第21条规定了实时收集的措施。这项措施不同于之前《公约》所规定的其他措施,其目的是为了实时截获数据,为将来可能发生的相关事件收集证据。并且实时收集并不会干扰正常地数据运输,数据仍然可以正常地流动。所以我们可以说计算机数据的实时搜集只是一种"复制"而非控制。根据《公约》的规定,计算机数据实时收集的对象,是在传输中的实时数据和内容数据。

对于实时数据,《公约》已经给出了定义,而对于内容数据并没有给出一个定义,对于后者,我们可以广义地理解为除了实时数据以外的计算机数据。由于对于计算机数据的实时收集会造成对于隐私权的侵害,特别是内容数据,由于其广泛性的特征,更容易造成对隐私的侵犯。所以,《公约》仅仅确认对于这两种数据只可以收集和记录,并且分为计算机数据的实时收集和内容数据的截获两个部分。这样不会造成一些国家在适用《公约》时与国内法发生冲突,可以保证《公约》得到有效的实施。实施收集和截取对于当前打击网络犯罪具有重要意义，比如针对网络色情犯罪，通过对数据的实时收集和截获，就可以知道服务器地址、国内中间人等重要信息，帮助执法机关实施有效打击。对于这两种措施对隐私权的侵犯问题，《公约》并没有作出规定，但是强调了各方应该考虑仅限于《公约》所规定的9种犯罪，在尽量不侵犯或较少地侵犯隐私的情况下实施最有利于侦查的行动。而内容数据的实时收集，则更应限制于侦查严重犯罪，《公约》规定严重犯罪的范围由各个缔约国依据自己国内法来确定。对于流量数据的实时收集，《公约》第20条并没有限制范围，但是也应规定严格的适用程序。《公约》第14条第3款规定，缔约国加入《公约》时可以申请保留，即在确保保留中的犯罪不比《公约》第21条规定的犯罪范围更严格，保留该措施仅适用于特定犯罪。这一保留权利各方应该慎重使用，从而保障第20条所规定的措施可以得到最大限度的应用。

1. 流量数据的实时收集

第20条共4款，第1款规定："缔约国应当通过立法或者其他必要的措施，授权主管当局：（1）在本国领域内通过技术手段，实时收集或者记录通过计算机系统传输特定通讯而产生的流量数据；或者（2）强制服务提供商，在其现有的技术能力范围内，通过技术手段或者提供合作和协助，实时收集或者记录前述流量数据。"第2款规定："在缔约国基于其国内法律体系，不能采用第1款第1项措施时，可以改为采用必要的立法和其他措施，以确保其领域内应用技术手段传输的，与特定通信相关的流量数据的实时收集和记录。"第3款规定："缔约方应采用必要的立法和其他措施，以责令服务提供商对有关事实和实施的措施保密。"第4款规定："本条规定的权力和程序应遵守第14条、第15条的规定"。

2. 内容数据的截获

第21条共4款，第1款规定："对国内法规定的一系列严重犯罪，缔约国应当通过立法或者其他必要的措施，授权主管当局（1）在本国领域内通过技术手段收集或者记录，通过计算机系统传输的，与特定通信相关的内容数据；或者（2）强制服务提供商，在其现有的技术能力范围内,通过技术手段或者提供合作和协助,实时收集或者记录前述内容数据。"第 2 款规定:"在缔约国基于其国内法律体系,不能采用第 1 款第 1 项措施时,可以改为采用必要的立法和其他措施,以确保其领域内应用技术手段传输的,与特定通信相关的内容数据的实时收集和记录。"第 3 款规定:"缔约方应采取必要的立法和其他措施,以责令服务提供商对有关事实和实施的措施保密。"第 4 款规定:"本条规定的权力和程序应遵守第 14 条、第 15 条的规定"。

第 20 条、第 21 条规定的流量数据和内容数据的实时收集涉及第三方协助收集证据的问题。电子证据收集和保全过程中是否需要设定个人及服务提供商的强制协助义务,这个问题在理论界存在一些争议。

首先,第三方是否应当承担强制协助义务问题存在争议。

2006 年,Google(谷歌)公司被美国司法部门诉至法庭,原因竟然是 Google 拒绝向政府部门提供私隐资料。究竟美国司法部需要的是怎样的资料呢?根据多个消息来源,美国司法部是想得到 Google 的数据库中的关于色情内容的搜索结果,以确定关于色情内容的搜索有多活跃。为什么要这样的资料呢?原来是两年前美国的一项"互联网儿童保护法例"被美国最高法院否决了,现在布什政府想重新让它获得通过。这项法例是用来惩罚那些为未成年人提供色情内容的成人网站的。于是布什政府让联邦法院给 Google 发送了一张传票,要求 Google 提供全面的相关资料,但 Google 已经坚决拒绝了。为什么?这项法例看起来非常的好,可以保护未成年人。原来美国政府要求 Google 提供的资料非常庞大,其中包括 100 万份随机的网络地址,还有 Google 在任何一星期内的所有搜索记录。这相当于让 Google 将自己所有的资料都交给美国政府。Google 当然不肯,Google 以资料涉及的范围过广以及会侵犯用户的隐私权、泄露商业秘密为由,拒绝了美国政府的这张传票。Google 的法律代表 Nicole Wong 表示,Google 将会和美国政府的这种过分要求斗争到底。Nicole Wong 还说,Google 并非这项法例的当事人,而美国政府的要求的确是近乎无理,因为它并不出于国家安全理由,而仅仅是为了一项法例。据悉,除了 Google 外,Yahoo、

AOL 及 MSN 也收到了来自美国政府部门的同样要求。截然不同的是，它们都一一向美国司法部妥协了，将所有要求的资料一一交出。① 该案在经过听证后，联邦地区法院的法官 James Ware 裁定，Google 必须交出它的数据库中的 50000 个链接地址，但美国司法部不得向 Google 索要任何用户搜索查询资料。Ware 认为，提供查询记录将令 Google 失去部分用户的信任，他还对搜索记录能否提供潜在的敏感信息提出质疑。② 2014 年 8 月 31 日，微软再一次拒绝了美国法院提出的一项向政府提交其储存在海外的用户邮件数据的指令，并称为了兑现其向用户许下的隐私承诺，将会继续与法院抗衡。③ 但是，美国司法部认为线上内容不享有与线下内容相同的美国宪法第四修正案的保护。任何在美国有业务的公司都必须遵循有效的数据搜查令，即使数据储存在美国境外的服务器上，而微软和苹果等公司此前所主张的美国法律只适用于美国境内的论点是错误的。④

此案引出的问题是，收集犯罪行为的证据时，是否应强制第三方特别是网络服务提供者收集和记录电子证据。面对日益泛滥的网络犯罪，诸多国家和机构颁布了专门的刑事实体法或解释，制定了特殊的刑事证据调查措施。其中体现了如下的原则与价值选择：对特殊犯罪制定特别对策，对网络犯罪制定特别的刑事实体法和程序法，同时，在加强打击犯罪时，更加关注对公民权利的保护。⑤

在第三方协助问题方面，中国《刑事诉讼法》第 52 条规定："人民法院、人民检察院和公安机关有权向有关单位和个人收集、调取证据。有关单位和个人应当如实提供证据。"同时，"必须保证一切与案

---

① 参见仇晓慧："Google 固执的隐私保卫战"，载《法人杂志》2006 年第 3 期。
② 参见佚名："美司法部与 Google 纠纷，法院作出裁决"，载 http://news.xinhuanet.com/mrdx/2006-03/20/content_4322934.htm，2014 年 7 月 16 日访问。
③ 参见佚名："微软拒绝向美国检察机关提供邮件数据"，载 http://digi.163.com/14/0831/09/A4VFOL3G00162OUT.html，2014 年 7 月 16 日访问。
④ 参见佚名："美国司法部宣称境外服务器上的数据也都是美国的"，载 http://tech.ifeng.com/it/detail_2014_07/15/37342531_0.shtml，2014 年 7 月 17 日访问。
⑤ 参见钟明："电子证据保全问题研究"，苏州大学 2007 年硕士学位论文。

件有关或者了解案情的公民,有客观地充分地提供证据的条件,除特殊情况外,可以吸收他们协助调查。"同时,《互联网信息服务管理办法》第 14 条明确规定:"从事新闻、出版以及电子公告等服务项目的互联网信息服务提供者,应当记录提供的信息内容及其发布时间、互联网地址或者域名;互联网接入服务提供者应当记录上网用户的上网时间、用户号、互联网地址或者域名、主叫电话号码等信息。互联网信息服务提供者和互联网接入服务提供者的记录备份应当保存 60 日,并在国家有关机关依法查询时,予以提供。"2011 年修订的《互联网上网服务营业场所管理条例》第 23 条规定:"互联网上网服务营业场所经营单位应当对上网消费者的身份证等有效证件进行核对、登记,并记录有关上网信息。登记内容和记录备份保存时间不得少于 60 日,并在文化行政部门、公安机关依法查询时予以提供。"虽然中国的规定存在缺陷,例如只限于网络服务提供者,保存时间也仅为 60 天,并且证据是以原件还是副本或者复制件提供未予明确等,但的确是一项强制网络服务提供者进行协助取证的措施。而《公约》第 20 条也是强制网络服务提供商收集或协助收集证据的规定。

其次,收集证据的主体是否特定存在争议。

2002 年 Bach 诉美国明尼苏达州案中,Bach 由于涉嫌拥有儿童色情制品,警官 Schaub 着手对其展开调查。经调查后发现,Bach 所使用网络服务提供者是 Yahoo 公司,他本人所用的账号是 dlbch15,Bach 早在 1996 年就因为非法性行为而被宣布有罪。警官 Schaub 获得了州搜查令,并且搜查令允许他既可以从被告和可能受到非法性侵犯的受害者之间的 Yahoo 电子邮件中提取证据,也可以从连接到他账户的 IP 地址中提取证据,而且搜查令和 Schaub 警官的宣誓书中都指明了可以把搜查令传真到 Yahoo 公司。但 Shcuab 警官把搜查令传真到 Yahoo 公司后并没有实地到现场进行搜查,而是由 Yahoo 公司的技术人员将被告的所有账户中的电子邮件信息不加选择地全部提取出来并进行压缩后发送给 Schaub 警官。在这些信息中不仅有 Bach 的地址、出生日期、电话号码和其他网名,还详细记录了 Bach 和其他男孩交换图片并会见他们的事情,还有一封电子邮件中包含了一张裸体男孩照片。然后 Schaub 警官申请了对 Bach 住宅的搜查令,在他的住宅中找到了一部计算机、若干磁盘、数字摄像机和一些儿童色情制品的证据。基于这些证据和来自 Yahoo 的证据,Bach 最终被控拥有、传输、接收和制作儿童色情制品罪。被告以 Yahoo 公司的技术人员提取电子邮件时警官没有在场为由,认为这违反了《第四修正案》的规定。最初,这一理由得到法院认可,但最终法院还是认为 Yahoo 公司对搜查令的执行没有违反《第四修正案》。[1]

此案中,争议在于第三方协助取证时,是否需要侦查机关及其工作人员在场见证或监督指导。《公约》第 20 条、第 21 条规定,电子证据的实时收集措施授权侦查人员强制网络服务提供商通过技术手段收集各类数据,电子证据不是由侦查人员直接收集的,而是命令相关服务提供商将其拥有或控制的电子证据提供给侦查人员。[2] 中国的《最高人民法院、最高人民检察院、公安部关于办理网络犯罪案件适用刑事诉讼程序若干问题的意见》规定:"收集、提取电子数据,应当由二名以上具备相关专业知识的侦查人员进行。取证设备和过程应当符合相关技术标准,并保证所收集、提取的电子数据的完整性、客观性。"即电子证据的收集必须由专业人员进行。而中国的刑事调查取证措施中,虽然没有对私人取证行为进行定性,但也要求任何单位和个人应向侦查机关提交与犯罪有关的证据。在中国的网络犯罪的电子证据收集过程中,网络服务提供商承担着后台数据载体和证据固定的责任。比如在一些由网络谣言形成的侮辱、诽谤案件中,网络服务提供者控制着嫌疑人的注册信息、发布的谣言信息及嫌疑人的活动信息等,这些都可以成为该案的证据。那么在嫌疑人删除帖子、毁灭证据之前,网络服务提供商应当依据《互联网信息服务管理办法》等相关规定,对相关证据进行实时收集和记录。

---

[1] 案例来源参见张凯:"电子证据研究",中国政法大学 2006 年博士学位论文。
[2] 参见钟明:"电子证据保全问题研究",苏州大学 2007 年硕士学位论文。

但是，网络服务提供商实时收集证据的行为，存在没有侦查人员在场导致证据合法性受到质疑的问题。如前所述，中国对此类问题的处理方式是将有瑕疵的电子证据转化为合法的讯问笔录，即可使用。而其他国家对于隐私权等公民权利的保护甚于中国，此类收集证据的行为肯定也会饱受质疑。《公约》第 20 条、第 21 条的第 2 款只规定了对第 1 款第 1 项措施即侦查机关取证的补救措施，而没有对第 1 款第 2 项即服务提供商取证的补救措施。服务提供商收集证据行为的合法性，一方面需要缔约国国内法的授权，另一方面也需要《公约》适当调整。

最后，2014 年 5 月 13 日欧洲法院裁定，普通公民的个人隐私拥有"被遗忘权"，并据此要求国际网络搜索引擎巨头谷歌必须按照当事人要求删除涉及个人隐私的数据。① 该裁定使得"被遗忘权"得到法律认可，也给网络服务提供商收集与犯罪有关的证据提出了挑战。实际上，早在 1995 年欧盟就在相关数据保护法律中提出了"被遗忘权"的概念，规定任何公民可以要求删除其不需要的网络个人数据。自 2012 年开始欧盟委员会就希望出台关于"网上被遗忘权利"的法律，以保护个人信息。② 法国罪犯在服刑期满后，有权要求其犯罪历史及记录"被遗忘"，媒体不得再报道其与犯罪相关的个人信息。德国宪法法院承认个人服刑历史属于隐私权利，受宪法保护。③ "被遗忘权"在美国并未得到法院判例的确认，而是存在于"橡皮擦法案"之中，即赋予网民删除自己年少时发表于网络的不当言论和图片的权利。美国加州最近也通过了"橡皮擦法案"，要求科技公司应用户要求删除涉及个人隐私的信息。④

---

① 参见刘栋、陈丽丹："互联网巨头运营规则受冲击个人隐私拥有'被遗忘权'"，载《人民日报》2014 年 5 月 15 日版。
② 参见佚名："国际互联网巨头运营规则受冲击"，载《辽宁日报》2014 年 5 月 16 日版。
③ 参见胡红梅："大数据时代的'被遗忘权'之争"，载《法制日报》2014 年 8 月 20 日版。
④ 参见鼎宏："欧洲法院：谷歌必须尊重用户'被遗忘权'"，载 http://tech.sina.com.cn/i/2014-05-14/09469378010.shtml，2014 年 7 月 18 日访问。

被遗忘权又称为删除权,是指在出现法定或约定的理由时,信息主体请求信息控制者删除其个人信息并停止传播的权利。① 欧盟认为"被遗忘权"是指当人们认为有关个人信息"不充分、不相关或不吻合"时,有权要求搜索引擎在搜索结果中将其删除。② 互联网公司如微软和雅虎两家公司宣布,它们已开始删除相关的搜索结果,以满足欧洲用户的"被遗忘权"。而谷歌先行一步,已根据用户申请删除20.8万个相关链接。谷歌公司在执行"被遗忘权"时,一直以来只删除出现其欧洲版网站上的搜索结果,但欧盟认为"被遗忘权"应该适用于全球。③ 从学理上讲,被遗忘权根源于隐私权,属于公民人格自由下的数据自由权利。从性质上讲,网络被遗忘权属于网民的私权利,能否对抗新闻自由或公共利益等宪法性基本权利还需具体情况具体分析。从类型上讲,行使被遗忘权需要满足特定理由,如欧盟法院提出的"不必要、不相关和已过时"。尽管欧盟法院是针对网络搜索引擎公司而设定被遗忘权的,但对于一般网络服务提供者而言,这说明了欧盟法院对待个人数据保护与处理的坚决态度。④

但是,被遗忘权的出台也引发了一些人的担忧。有媒体认为,被遗忘权将帮助某些人隐藏过去、欺骗社会,使人们难以正确评估某些信息。英国司法大臣肯·克拉克警告,承认被遗忘权的合法性将会影响政府打击恐怖主义及严重罪行的力度,被遗忘权将会削弱政府的执法能力。⑤ 不过,被遗忘权可能不适用于涉及公众人物或与公共利益相关的个人信息。所以,信息删除政策更加完善,必须对信息进行分类并制定详细的标准,以区分公众人物与普通人。这些都给互联网服

---

① 参见彭支援:"被遗忘权初探",载《中北大学学报(社会科学版)》2014年第1期。
② 参见刘春:"微软和雅虎开始给予欧洲用户'被遗忘权'",载http://tech.163.com/14/1129/12/AC7HL1GM000915BF.html,2014年7月18日访问。
③ 参见刘春:"微软和雅虎开始给予欧洲用户'被遗忘权'",载http://tech.163.com/14/1129/12/AC7HL1GM000915BF.html,2014年7月18日访问。
④ 参见朱巍:"大数据时代,被遗忘的'被遗忘权'",载《法治周末》2014年6月3日版。
⑤ 参见伍艳:"论网络信息时代的'被遗忘权'——以欧盟个人数据保护改革为视角",载《图书馆理论与实践》2013年第11期。

务提供者提出了更高的执业要求，也增加了其执业成本。尽管存在争议，但数字遗忘权被确定为一项单独权利是不可逆转的趋势。①

依据《公约》第 18 条的提供令措施和第 20 条、第 21 条的实时收集证据的措施，网络服务提供者有收集与犯罪相关的数据与信息的义务和权利。而公民的"被遗忘权"将产生对抗网络服务提供者收集证据的效力，比如《公约》要求个人或服务提供者在 90 天内保证数据的完整性，此时公民要求删除相关信息，则会使侦查机关无法获取相关证据。所以，欧盟提出的"不必要、不相关和已过时"的信息标准，将为嫌疑人要求删除证据提供依据。因此，总体来说，《公约》在强制第三方协助收集电子证据的同时，应对"被遗忘权"做出应对；或者欧盟应该对"被遗忘权"的适用设置更详尽的标准，如申请资格、举证标准、删除范围等。

鉴于此，第 20 条第 2 款可以修正为：

在缔约国基于其国内法律体系，不能采用第 1 款第 1 项措施时，可以改为采用必要的立法和其他措施，以确保其领域内应用技术手段传输的，与特定通信相关的流量数据的实时收集和记录。采用第 1 款第 2 项措施时，应通过立法或者其他必要的措施，保障服务提供商能够合法地实时收集或记录与特定通信相关的流量数据。

第 21 条第 2 款可以修正为：

在缔约国基于其国内法律体系，不能采用第 1 款第 1 项措施时，可以改为采用必要的立法和其他措施，以确保其领域内应用技术手段传输的，与特定通信相关的内容数据的实时收集和记录。采用第 1 款第 2 项措施时，应通过立法或者其他必要的措施，保障服务提供商能够合法地实时收集或记录与特定通信相关的内容数据。

（六）管辖权限

第 21 条共 5 款，第 1 款规定："缔约国应采用必要的立法和其他

---

① 参见郑文明、李丹林、朱巍："被遗忘权：大数据时代的新问题、新趋势"，载《中国社会科学报》2014 年 12 月 3 日版。

措施，以确立依据《公约》第 2 条至第 11 条确立的犯罪行为的管辖权，当犯罪行为发生于（1）缔约国领域内；（2）悬挂缔约国旗帜的船上；（3）依缔约国法律登记的航空器上；或（4）由缔约国公民实施的，如果该犯罪行为依行为发生地法律应予以处罚或如果该犯罪行为发生于任何国家的属地管辖之外。"第 2 款规定："缔约国保留权利，以不适用或仅在指定案件或条件下适用本条第 1 款第 2 项至第 4 项或其中任何部分的管辖规则。"第 3 款规定："如果被指控的罪犯出现在其领域内，在提出引渡请求后，仅由于其国籍，缔约国未将其引渡给其他缔约国，那么缔约国应采用必要的措施以建立依《公约》第 24 条第 1 款确立的犯罪行为的管辖权"。第 4 款规定："《公约》不排除任何由缔约国依据其国内法律行使的刑事管辖权"。第 5 款规定："当多国宣称依据《公约》对一项被指控的罪行有管辖权时，在适当的情况下，有关缔约国应当商议确定最合适的诉讼管辖权。"

当然，《公约》的管辖权规定更多地事关国家司法主权。《公约》也不排除缔约国依其国内法规定行使管辖权。中国对网络犯罪的管辖实行犯罪地管辖原则。《最高人民法院、最高人民检察院、公安部关于办理网络犯罪案件适用刑事诉讼程序若干问题的意见》规定："网络犯罪案件由犯罪地公安机关立案侦查。必要时，可以由犯罪嫌疑人居住地公安机关立案侦查。网络犯罪案件的犯罪地包括用于实施犯罪行为的网站服务器所在地，网络接入地，网站建立者、管理者所在地，被侵害的计算机信息系统或其管理者所在地，犯罪嫌疑人、被害人使用的计算机信息系统所在地，被害人被侵害时所在地，以及被害人财产遭受损失地等。涉及多个环节的网络犯罪案件，犯罪嫌疑人为网络犯罪提供帮助的，其犯罪地或者居住地公安机关可以立案侦查。"《公约》规定，当多国对某案件存在管辖权争议时，各国间可以协商解决。这不是一个明确的规定。而在中国，当网络犯罪案件存在管辖权争议时，"由最初受理的公安机关或者主要犯罪地公安机关立案侦查。有争议的按照有利于查清犯罪事实、有利于诉讼的原则，由共同上级公安机关指定有关公安机关立案侦查。"

第五章 管辖权协调机制完善的中国思路

《公约》第二章第三节规定的是管辖权。第22条第1款规定：各方应当采取必要的立法和其他措施以对本公约第2条至第11条确立的罪行确立管辖权，当该罪行的实施有下列情形之一：（1）在其领土内；（2）在悬挂其国旗的船只上；（3）在根据其法律登记的航空器上；（4）是由其国民进行，如果该罪行在其行为地也是根据刑法可罚的或者如果该行为发生于任何国际领土管辖权之外。第2款规定：各方可以保留不适用或仅适用本条第1款第2项至第4项或其任何部分规定的管辖权规则于特定案件或条件的权利。第3款规定：各方应当采取必要的措施对本公约第24条第1款提到的罪行，和被指控的被告人在其领土内而其仅仅基于被告人国籍在收到引渡要求后不引渡其给另一方的案件，确立管辖权。第4款规定：本公约不排除任何一方根据其国内法行使的刑事管辖权。第5款规定：当不止一方对根据被公约确定的罪行要求管辖权时，涉及的各方在合适的时候应当商量，以确定最合适的起诉管辖权。

一、公约管辖权规定的评价

对此规定，国内有国际法专家评论："《公约》关于网络管辖权的规定表明，人们有可能被指控犯了计算机犯罪，即使其所在国（国籍国，笔者注）并不认为他们的行为构成犯罪……如果从刑事政策的角度加以概况，这可谓是一种过分包容的（over‐inclusive）立法与司法选择。另外，由《公约》的精神可以推知，《公约》的规定并不排斥内国刑法的效力，内国完全可以对结果地作扩大解释而主张管辖，从而加剧管辖上的冲突。此外，公约并没有提出一定的管辖权优先取得的规则，而认为解决方法就是通过国际合作，以订立法律或条约的方式，寻找最适合侦查、起诉犯罪行为与执行判决之法庭地，这种抽象的规定很大程度上只具有宣言式的意义，对于真正解决管辖权的冲突问题并无多大实益。由此可见，《公约》关于网络犯罪管辖的规定还有待进一步考虑。"[1] 那么，公约解释性报告是如何考虑这些问题的呢？

本条确立了一些标准，据此缔约国有义务确立对本公约第 2 条至第 11 条的罪行的管辖权。

第 1 款文本是基于属地原则。各方被要求惩罚在其领土内实施的公约规定的罪行。例如，一方将宣称领土管辖权，如果攻击计算机系统的人和被害系统都位于其领土内，或者被攻击的计算机系统在其领土内，即使攻击者不在。

考虑了包括一个条款，要求各方确立涉及以其名义登记的卫星的罪行的管辖权。起草者决定该条款不必要，因为涉及卫星的非法通信将必然发出于，或者获得于地球。如此，第 1 款第 1 项至第 3 项规定的一方管辖权基础就能适用，如果该传输来自或终止于其中一个地点。而且，涉及卫星通信的罪行被一方在任何国家领土管辖范围外实施，将会有根据第 4 项的管辖权。

起草者考虑反对登记是宣称刑事管辖权的合适基础，因为在许多案件中并没有有意义的联系存在于实施的罪行和登记的国家，卫星仅仅是传输渠道。

第 1 款第 2 项和第 3 项文本基于多样的属地原则。这些文本要求各方确立管辖权范围包括于悬挂其国旗的船舶或根据其法律登记的航

---

[1] 参见郭玉军主编：《网络社会的国际法律问题研究》，武汉大学出版社 2010 年版，第 65 页。

空器上实施的罪行。该义务已经被认为是许多国家的法律一般事务，因为该船舶和航空器经常被认为是该国领土的延伸。这种管辖权是最为有效的，避免了当该船舶或航空器在犯罪实施时并不位于其领土内导致第 1 款文本不能为管辖权提供基础的情况。如果该罪行是实施于超越旗国方领土的船舶或航空器，可能会没有其他国家能够实施管辖权，除非根据此项要求。此外，如果一罪是实施在仅仅通过另一国水域或空间的船舶或航空器，后者国家可能会面临重大实施其管辖权的实践困难，因此登记国也有管辖权是有用的。

第 1 款第 4 项是基于属人原则。属人理论是适用法典法传统的国家最常适用的。它规定一国国民有义务遵守国内法，即使当他们在领土外时。在第四项下，如果一个国民在国外实施犯罪，该方有义务起诉，如果该行为根据行为地国法律也是罪行或者该行为发生于任何国家领土管辖权之外。

第 2 款运行缔约方对第 1 款第 2 项至第 4 项规定的管辖权基础进行保留。但是，没有保留被允许，对于第 1 款第 1 项规定的属地管辖权，或者对于符合"或引渡或起诉"原则的案例的管辖权确立义务，即该方已经根据其国籍拒绝引渡被指控的被告人并且该行为人现在其领土内。根据第 3 款确立的管辖权是必要的，确保这些决绝引渡国民的缔约方有法律能力在国内进行调查和行动，如果该国民被一方根据本《公约》第 24 条第 6 款规定的引渡要求而要求引渡。

第 1 款确立的管辖权基础并不是"全集"。第 4 款运行缔约方根据其国内法确立其他种类的刑事管辖权。

通过计算机系统实施犯罪的案件中，可能不止一方对全部或部分行为人具有管辖权。例如，许多通过互联网定位许多国家内的受害者的病毒攻击，欺诈和版权侵害。为了避免重复努力，证人的不必要不便，或者相关国家执法官员间的竞争，或者为了以其他方式便利程序效率和公正，受影响的缔约方应当商量，为了确定合适的起诉地点。在一些案例，当事方选择单一起诉地点将是最有效的；在其他案例中，一国起诉一些参与人，其他国家起诉其他人最好。任何一种结果都是本款允许的。商量的义务不是绝对的,但是应当"在合适的时候"商量。因此,如果一方知道商量是不必要的(例如,它已经获得另一方不打算行动的确认),或者一方认为商量将有损其调查或行动,它可以延迟或拒绝商量。

由上可见,第一,《公约》的确有过渡扩张刑事管辖权的效果。如果是一国国内立法规定在其领土内发生的网络犯罪具有管辖权,则这是延伸其传统属地管辖权的必然和必要逻辑,可以理解,但这种效果只限于一国之内。但是,如果国际性公约也如此规定,则意味着在国际范围内倡导此种模式,意味着大规模的国家将采纳此种方案,如此一来,对于外国犯罪人与本国内发生的网络犯罪行为相分离的情况,就会产生国内的属地管辖权。而这种情形在传统犯罪时代,是较为稀少的,所以即使为国际公约所规定,也不会对国家管辖权体系造成很大的冲击。但是,在网络犯罪作为跨国犯罪的主体部分的趋势越来越明显的当代,网络犯罪行为和行为人分属两国成为跨国网络犯罪的常态之一,这就意味着如果国际性公约规定上述属地原则,将极大冲击国籍国的立法规定,尤其在其认为不构成犯罪的情况下。

第二,《公约》的确可以作为扩大犯罪地的基础。犯罪地包括犯罪行为地和犯罪结果地,而犯罪的实施包括二者,《公约》规定的"犯罪实施于"意味着只要一国对于犯罪行为地或者犯罪结果地或者二者作出扩张解释,就能极大地扩张其刑事管辖权。例如,中国可以结合 2014 年出台的《最高人民法院、最高人民检察院、公安部关于办理网络犯罪案件适用刑事诉讼程序若干问题的意见》(公通字〔2014〕10 号),将犯罪行为地扩张解释为实施犯罪行为的网站服务器所在地,网络接入地,犯罪嫌疑人、被害人使用的计算机信息系统所在地,再将犯罪结果地扩张解释为被侵害的计算机信息系统或其管理者所在地,被害人被侵害时所在地,以及被害人财产遭受损失地等。一国这样扩张解释可能没有问题,但是,如果各个或者多个缔约方都如此理解和适用《公约》,则会导致网络犯罪管辖权出现积极冲突。因为上述犯罪行为和犯罪结果连接点分布在不同的国家,这也是跨国网络犯罪的常态之一。可见,《公约》照搬了传统管辖权中的属地原则,但却没有充分而具体地考虑到和规定网络犯罪属地管辖中连接点的多样性和特殊性,导致对《公约》的理解和实施成为最大的问题。

第三,《公约》在文本上没有确立管辖权积极冲突的商量原则。如上所述,即使根据第 1 项或者第 1 项至第 3 项规定的属地管辖原则,也会产生大量的网络犯罪管辖权积极冲突。而加上第 4 项规定的属人管辖权,则会意味着更为严重的管辖权积极冲突。再加上公约并不排除各国根据国内法确立的管辖权,这就意味着网络犯罪管辖权积极冲突将会达到无以复加的程度。但是,公约在文本上并未对此有充足的回应,而只是规定在适当的时候应当商量。这就存在两个细节问题和一个基本问题。细节问题是:其一,何谓"适当的时候",对该词应当如何理解与适用?其二,如何商量,商量的原则和指导方针是什么?基本问题是:如果商量不出结果,该怎么办?

第四,《公约》仍会导致管辖权消极冲突。例如一方国内法规定或者根据公约行使属人管辖权,而另一方国内法规定或根据公约行使属地管辖权,但是犯罪行为地国内法并不认为该行为是犯罪且其对公约相应条款罪行进行了保留,这就导致既无法适用属人管辖权也无法适用属地管辖权,也就意味着产生了管辖权的消极冲突。换言之,公约起草者或许以为,即使网络犯罪行为地国内法不认为是犯罪,行为地也已经根据《网络犯罪公约》确立该行为是犯罪了,此时只有积极冲突而无消极冲突,殊不知如果行为地国对《公约》规定的该罪行进行了保留,则意味着两国都没有管辖权的消极冲突。而且,如果犯罪行为地国不是《公约》缔约国,而其国内立法又不认为该行为是犯罪,也会同样产生消极冲突。

总而言之,《公约》完全在表述上延续传统刑事属地管辖权和属人管辖权的表述风格,即使在具体适用时能够结合网络跨国犯罪的特点进行具体解释,也意味着解释的多样而难以达到预期效果。根本之道应当是通过结合网络跨国犯罪的基本特点,重塑网络跨国犯罪的管辖权规则。

二、管辖权问题中国研究的述评

对于网络管辖权的思考，国内已经经历了十余年的历程。最近，国内有观点提出，国内网络犯罪管辖权和国际网络犯罪管辖权分开规定，国内网络犯罪管辖权规定的确定，参照民事规则，确切地说是 IP 地址，而国际网络犯罪管辖权参照公约规定的属地属人原则，再协商确定。① 应当说这是一种思路。但是，其存在的问题是，国内网络犯罪管辖权和国际网络犯罪管辖权分开定本来就应该这样，因为二者是不同层次的问题：国际网络犯罪管辖权是涉及国家司法主权的问题，一般规定在刑法中，而国内网络犯罪管辖权则是在确定由一国管辖之后，再由国内司法机关进行管辖权分配的规则，一般规定在刑事诉讼法中。最为重要的是，参照公约的管辖原则，然后协商确定，其实仍然存在公约上述的实践问题，并不能解决形形色色的跨国网络犯罪的管辖权问题。

应当说，国内研究网络犯罪及其管辖权最为年久和资深的学者是中国政法大学网络法研究中心主任于志刚教授。他在 2001 年发表于《中国法学》的论文中指出：应当采取有限管辖原则，即在属人管辖之外，以犯罪行为对本国家或者本国公民的侵害或者影响关联性为标准来确定是否具有刑事管辖权。这种关联性的具体含义，是指犯罪行为对于本国国家或公民已经形成实际侵害或者影响，即已经对本国国家或者公民发生了直接联系。这一标准是对属人管辖原则的一种拓展。并认为实施犯罪行为时存在"信号过境"等实际影响到本国的关联性情节的，可以享有刑事管辖权。② 2003 年发表于《中国法学》的论文中指出：网络犯罪管辖权的确定应当是实际联系原则，要求该网

---

① 参见陈结淼：《关于我国网络犯罪刑事管辖权立法的思考》，载《现代法学》2008 年第 3 期。

② 参见赵秉志、于志刚：《计算机犯罪及其理论及立法之回应》，载《中国法学》2001 年第 1 期。

络犯罪对该国或其公民造成了实害或影响,但认为这是对属地管辖原则的一种拓展,认为信号越境时对于被穿越过境国家或公民形成实际侵害或者影响的具有管辖权,同时允许国际条约规定的普遍管辖权。① 可见,作者此时仍然坚持实际联系原则,以网络犯罪对一国或国民造成实害或影响为标准判断该国是否对该网络犯罪具有刑事管辖权。但是,变化有三:其一,从归类为属人原则到归类为属地原则;其二,从认定信号过境为实际影响到区别信号越境是否对被穿越过境国或公民造成实害或影响两种情况;其三,提出未来的国际公约规定的普遍管辖权不受此限。

10年后,作者再一次专门论及该问题:应当扩张属地管辖权,认为行为地包括犯罪行为地和犯罪行为人当时所在地,而犯罪结果地则限定为直接故意下的实害联系地。② 可见,作者观点的变化轨迹为:从保护管辖到属地管辖,再到坚持属地管辖,并从犯罪地的两种类型的扩张和限制出发,奠定了网络犯罪管辖权的基础框架。以下就是作者最新的思路架构:

经过多年思考,笔者认为,尽管"实害联系标准"能够解决大多数跨国网络犯罪的管辖权问题,但是,仍然存在着些许的遗憾。因此,笔者认为,应当全面地重新构建"信息化跨国犯罪"时代的刑事管辖权全新规则,深刻分析网络空间中"犯罪行为"的本质特点,通过解释"行为"的特点来建立全新的解释思路,补充解释"实害联系标准"。具体而言,核心问题包括两个方面:

1. 中心规则:思路从"行为"和"结果"的分离,转向"行为人"与"行为"的分离。

网络因素进入传统犯罪带来的最根本性变化之一,是网络的"无国界性"、"无限延展性"进入了传统犯罪。这一点,不仅引发了

---

① 参见于志刚:"关于网络空间中刑事管辖权的思考",载《中国法学》2003年第6期。
② 参见于志刚:"'信息化跨国犯罪'时代与欧洲《网络犯罪公约》的中国取舍",载《法学论坛》2013年第2期。

"信息化跨国犯罪"时代的到来,而且,直接导致跨国犯罪的刑事管辖权的传统规则基本无法适用,这也是欧盟《网络犯罪公约》的最大硬伤之一。网络的"无国界性"和网络的"无限延展性"在刑事犯罪和刑事法律上的映射,是"犯罪地"的扩张解释:行为人身在一国而行为实施在另一国,是完全应当在法律上予以认可的,也就是说,行为人身处国和行为实施国不是同一国家,应当在理论上和法律上予以认可。

在传统社会中,"属地管辖"有一个补充规则,以中国刑法典为例,即"犯罪的行为或者结果有一项发生在中华人民共和国领域内的,就认为是在中华人民共和国领域内犯罪。"但是,"信息化跨国犯罪"刑事管辖权的核心问题,不是"行为"和"结果"的分离和分散在两个国家,而是"行为人"和"行为"可以分离和分散在两个国家,甚至是两个以上的国家:一个人身处美国,却完全可能通过网络操控中国的信息系统在中国或者第三国实施犯罪行为。不承认这一点,就无法从根本上解决网络犯罪的刑事管辖权问题,这是规则重塑的理论前提,在理念上必须实现前提化的重塑或者说转型。原因在于:在许多情形下,坚持"实害"是可以的,但是,"实害联系标准"更多地适用于结果犯、具体危险犯等可以进行具体实害判断的犯罪类型,对于其他的犯罪类型不一定完全适用;同时,"实害"本身有时又是个过于抽象、难以判断的问题,在操作上也略有难度。

2. 管辖的基础:依赖于"属地管辖"而不是"保护管辖"。

以上一问题为前提,必须强调和补充说明是,网络犯罪刑事管辖的基础,应当和传统犯罪一样,依赖于"属地管辖"而不是"保护管辖",它应当是"属地管辖"的扩张解释,而不是"保护管辖"的扩张解释。客观情况是,网络和网络行为的无国界性和无限延展性,导致大量犯罪嫌疑人试图利用国家之间的传统文化差异、法律传统差异等因素,选择在一个国家(特定行为在法律上不是犯罪)针对另一国家(特定行为在法律上是犯罪)实施特定犯罪行为的同时,将自己放置在一个"刑罚真空地带"。也就是说,犯罪人在犯罪行为实施时,充分利用了网络的"无国界性"与"无限延展性",而在承担法律责任时,刻意强调了法律时空效力上的"国界性"。不能依赖于"保护管辖"的原因在于,"保护管辖"的前提是"双重犯罪标准",例如,中国刑法第9条的"保护管辖"就规定:"按照犯罪地的法律不受处罚的除外"。也就是说,如果"按照犯罪地的法律不受处罚",则"保护管辖原则"立即失效。但是,如果解释为"属地管辖"就会更为周全,完全可以杜绝和防止某一行为在一国不是犯罪,但是专门针对另一国(在该国属于犯罪)实施的情况。①

据此,可以得出下表:

表3:网络犯罪管辖权的基础框架

基础原则	整体框架	内部构成	
属地主义	犯罪行为地	犯罪行为实施地	
		犯罪行为人当时所在地	
	犯罪结果地	实害联系	直接故意

由上可见,如果采纳以上架构,就意味着应当避免笔者针对公约提出的"四大质疑"。具体而言:

其一,对于外国犯罪人与本国内发生的网络犯罪行为相分离的情况,采取的是属地原则,因为犯罪结果地或者犯罪行为实施地在本国,本国取得管辖权,而不必顾忌他国是否规定为犯罪。这在本国和外国都是未来《公约》缔约国的情况下,外国也能够承认这一管辖权。换言之,笔者前述这一扩张管辖权的质疑针对的是他国并非缔约国的情形。而《公约》并未对此进行考虑和区分。换言之,如果他国对于本国的这一管辖权规定并无合意,则另当别论,应当作为一国国内法与他国国内法规定的管辖权冲击情形而加以解决。所以《公约》应对此情形进行明示规定。

---

① 参见于志刚:"'信息化跨国犯罪'时代与欧洲《网络犯罪公约》的中国取舍",载《法学论坛》2013年第2期。

其二，犯罪行为实施地、犯罪行为人当时所在地、直接故意的实害联系原则下的犯罪结果地，这三者居一就可实施网络犯罪的属地管辖权，则意味着缔约国之间经常面临的管辖权积极冲突。尤其是将犯罪行为地扩张解释为实施犯罪行为的网站服务器所在地、网络接入地、犯罪嫌疑人、被害人使用的计算机信息系统所在地，再将犯罪结果地扩张解释为被侵害的计算机信息系统或其管理者所在地，被害人被侵害时所在地，以及被害人财产遭受损失地等，犯罪行为人当时所在地解释为包括网站建立者、管理者所在地，此时有管辖权的国家会更多。可见，跨国网络犯罪管辖权积极冲突是不可避免的，需要合理的解决方案。

其三，管辖权积极冲突的解决方案应当坚持便利诉讼原则、国际协调原则、少数协议例外。便利诉讼原则是指要充分考虑到被告人或证人的住所和强制证人出庭程序的可能性、取证来源的难易程度、司法资源的投入与成本、强制执行法院判决的可能性等，而国际协调原则是指"实际控制"和"先理为优"，赋予对犯罪行为人进行控制和/或审批的国家管辖权。[①] 笔者以为，便利诉讼原则不应当优先于国际协调原则。但考虑便利诉讼原则时，不应当考虑实际控制的问题，如是否可能强制执行的考虑，不应当考虑是否控制犯罪人，而是考虑其他执行因素。理由是，犯罪行为人当时所在地、犯罪行为实施地和犯罪结果发生地的地位应当是同等的，是同时适用的，没有孰先孰后的问题，在此公平的背景下，就应当考虑效率的问题。而效率来自于侦查的启动，如果控制了犯罪人的国家的管辖权要让位于没有控制犯罪人的国家的管辖权，则其会没有行使管辖权的动力，也就意味着事实上打击了其管辖权的行使。最为重要的是，便利诉讼原则的适用中，最重要的考虑应当是控制犯罪人，因为刑事诉讼的中心便是犯罪人，没有控制犯罪人，不但事实上几乎无法进行刑事诉讼，而且违反国际

---

① 参见陈结淼："关于我国网络犯罪刑事管辖权立法的思考"，载《现代法学》2008年第3期。

人权公约，此外，如果将被一国控制的犯罪人移交另一国，本身就存在巨大的便利问题，几乎影响到便利诉讼原则的所有的其他考虑因素的适用。换言之，实际控制应当是便利诉讼的首要考虑因素，国际协调原则应当是便利诉讼原则的下位原则中的第一要素。但是，如果这三个管辖权连接点国家之间存在另行约定，则按此办理，换言之，此时少数协议例外于以"实际控制"和"先理为先"为第一要素的便利诉讼原则。

其四，消极冲突问题依然存在，但是这是在二者并未对一行为是否构成犯罪达成一致的情形下发生的情况，本身不是公约所能解决的情况。换言之，公约规定的管辖权规则解决的问题是，在两个以上国家对公约规定的同一行为构成犯罪达成一致的情况下，规定如何确定管辖权的归属的问题。但是，这里提出的一个问题是，如果两个以上国家对公约规定的行为构成犯罪达成一致，但它们根据犯罪人行为时所在地（在非缔约国）、犯罪行为发生地（在非缔约国）、犯罪结果发生地（在非缔约国）都没有管辖权，而依据本国属人管辖权具有管辖权的如何处理？此时，应当认为，公约应当规定缔约国依据本国国内法规定的属人管辖权、保护管辖权进行管辖的，应当作为公约规定的属地管辖的补充。

同样，回到管辖权的积极冲突，有几个细节问题需要解释：第一，如果根据公约规定的属地原则，有两个以上缔约国有管辖权，但犯罪人不在这些缔约国控制下，而在没有管辖权的缔约国控制下，则该国应当移交给有管辖权的国家。此时其应当首先考虑不包括"实际控制"和"先理为先"规则的便利诉讼原则。例外仍然是其与其中一国有协定，应当优先适用协定。第二，再考虑执行的便利性时，应当首先考虑执行人身处罚，然后考虑非人身处罚。第三，在两个以上有管辖权的缔约国各自控制或审判部分犯罪人的情况中，仍然应当适用"实际控制"和"先理为先"规则，除非这些国家另有安排。

三、以属地为基础的普遍管辖权修订

综上所述，笔者建议《公约》规定以下管辖权规则：

第 1 款规定：各方应当采取必要的立法和其他措施以对本公约确立的罪行确立管辖权，当该罪行的实施有下列情形之一：（1）犯罪行为地，如实施犯罪行为的网站服务器所在地，网络接入地，犯罪嫌疑人、被害人使用的计算机信息系统所在地，在其领域、船舶、航空器内；（2）行为时犯罪人所在地，如网站建立者、管理者所在地，在其领域、船舶、航空器内；（3）犯罪结果地，如被侵害的计算机信息系统或其管理者所在地，被害人被侵害时所在地，以及被害人财产遭受损失地，与其领域、船舶、航空器有实害联系。

第 2 款规定：各方应当采取必要的立法和其他措施以对本公约确立的罪行确立管辖权，当该罪行的实施有下列情形之一：（1）是由其国民进行，如果该罪行在其行为地也是根据刑法可罚的或者如果该行为发生于任何国际领土管辖权之外；（2）是由非缔约国国民进行的对缔约国或者其公民犯罪。

第 3 款规定：前两款规定的管辖权存在冲突时，应当根据依次根据以下规定进行处理：（1）当事国之间的特别协定或安排优先；（2）第一款规定管辖权优先于第二款规定的管辖权；（3）实际控制和审理犯罪人的缔约方管辖权优先；（4）充分考虑被告人或证人的住所和强制证人出庭程序的可能性、取证来源的难易程度、司法资源的投入与成本、强制执行法院判决的可能性等因素后认定侦查和诉讼更便利的缔约方管辖权优先。第四款规定：控制犯罪人而依据本条规定没有管辖权的缔约方应当根据前款规定的顺序移交给有管辖权的缔约方。

如此一来，就根据前述以属地管辖为基础的网络犯罪管辖权的基础框架，构建出了网络犯罪管辖权的规则体系。下面以 20 世纪末和 21 世纪初的两个著名案例，对比《公约》前后规定的处理效果。

需要说明的是，中国刑法上的故意犯罪不要求主观上"蓄意"，"任意"也可以。而《公约》要求必须是"蓄意"。蓄意在英美法上是指自觉希望实施某种行为或者发生某种结果。[①] 或者引发某种结果

---

① 参见储槐植、江溯：《美国刑法》，北京大学出版社 2012 年版，第 47 页。

是其目的,或者虽非其目的,但其知道该结果将是他成功完成引发其他后果的事件过程中正常发生,也就是说,意图 A 结果必然涉及 B 结果的发生,则对 B 结果也仍然认定为意图。[1] 虽然《公约》解释性报告说,对"蓄意"的确切含义可以由缔约方确定,但是在中国,由于其刑法上独有的"二类四层"主观心理状态结构,不可能限定某行为主观方面只能是直接故意,而排除适用间接故意的可能。因此,中国即使同意了"蓄意"的英文文本,也应当将其解释为刑法上的"故意"。所以,提出实害联系要求直接故意,是没有必要的,只要限定为故意即可,否则与中国现行刑法的故意概念不能相容。但是,上述公约草案并未就这一点进行强调,而只是强调了犯罪结果发生地需要实害联系原则的限定。

20 世纪 90 年代德国 Felix 案中,储存有儿童色情图文的服务器位于美国 CompuServe 总公司,但德国法院认为,德国网络使用者透过网络取得有关儿童色情图片,该侵害行为发生于德国,因而德国有管辖权,进而逮捕 CompuServe 的德国分公司的负责人 Felix Somm。1998年,德国慕尼黑地方法院判处 Felix Somm 入狱两年。

与之类似的还有法国的 Yahoo 案,2000 年,雅虎美国的在线拍卖网站曾收录了一个拍卖纳粹纪念品的网站的网址,拍卖过纪念纳粹的物品,引起法国多个非政府组织抗议并在美法两国法院分别提起诉讼,2000 年 5 月法国巴黎地区法院命令雅虎公司采取一切可能的和必要的措施杜绝法国公民通过雅虎网站访问涉及纳粹物品的网页、购买所陈列的纳粹物品。此外,法国组织同时在法国对雅虎公司及其前任首席执行长蒂姆·库格尔提起刑事诉讼,尽管最终库格尔因为行为未达到法国刑法所要求的犯罪构成要件而被判决无罪,但是,法国法院对于此案加以审理和做出判决,就已经确认自己拥有了刑事管辖权。[2]

---

[1] 参见 [英] 赫林:《刑法》,法律出版社 2002 年版,第 67 页。
[2] 参见于志刚:"'信息化跨国犯罪'时代与欧洲《网络犯罪公约》的中国取舍",载《法学论坛》2013 年第 2 期。

在 20 世纪末德国 Felix 案中，德国根据网络犯罪公约属地规则认定自己有管辖权，但当时美国并非《公约》缔约方，所以其属地管辖权对美国的立法规定造成了冲击。如果美国是缔约方，根据《公约》当时的规定，其必须接受德国的属地管辖，但是其也可以主张自己基于犯罪行为地获得《公约》规定管辖权，此时《公约》并未对管辖权冲突作出有效的安排。而根据笔者建议的草案，也是如此，德国依然可以根据属地管辖权进行处理。但是，如果美国加入新公约，则作为犯罪行为发生地和犯罪人所在地也有属地管辖权，同作为犯罪结果发生地的德国的属地管辖权产生冲突，此时的管辖权冲突就应当根据笔者提出的顺序规则进行处理。

而 21 世纪初法国 Yahoo 案[①]，也是网络犯罪刑事管辖权扩权案例。根据《公约》，法国作为犯罪结果发生地，可以行使地域管辖权。而同样的，美国当时未加入公约，但其国内也对此规定为犯罪，所以法国的管辖权应当没有冲击美国的立法规定，但却与美国的法律管辖权形成了冲突。如果美国加入了公约附加协议，则必须承认法国的管辖权，但它也可以宣传自己是犯罪行为地，拥有公约规定的管辖权，此时《公约》的规定并不能有效解决这两国之间的管辖权积极冲突。而根据新公约草案，此时的管辖权冲突应当根据以上顺序规则进行处理。可以发现，当犯罪结果地和犯罪行为地在不同的缔约国时，依据新旧公约都有管辖权冲突，但根据旧公约根本没办法解决二者之间的冲突，只能依靠两国之间的临时处理。而新公约草案则提出了明确有效的管辖权处理规则，有利于网络犯罪的高效规制，值得推广。另外一点区别是，旧公约规定的属地管辖权是犯罪的"实施"在该国，但却没有提出具体的认定因子，而新公约草案则对属地管辖权的三个连接点都分别规定了典型的认定情形和实质标准，有利于属地管辖权规则的理解和适用。

---

① 参见吴华蓉："浅论网络犯罪刑事司法管辖权的建构"，载《犯罪研究》2006 年第 4 期。

第六章　国际合作体制机制完善的中国思路

　　打击网络犯罪的国际合作是与管辖权并行不悖、同等重要的制度安排，如果没有国际合作，就没有刑事实体法的有效落实。国际合作可以是《公约》范围内的所有犯罪，也可以是地区性的协定或安排。例如，欧盟范围内的互联网攻击比例每年以超过30%的比例逐渐增长，而且这些攻击是有组织的犯罪，制造恐怖主义、网络色情、网络黑客、网络诈骗、网络盗窃、电脑病毒等。从手段上看，犯罪团体非常隐蔽、流动性强、跨地域、涉及不同团伙，给监管和打击犯罪带来极大难度。因此，欧盟国家把互联网安全战看作一场持久战，并在2013年正式成立了欧盟互联网犯罪中心；更多的互联网监管和保护政策的出台，正通过有序立法和依法执行的方式进行，显示了欧盟谋求互联网安全治理的决心。① 这里的欧盟互联网犯罪中心就是地区合作的一种有效探索。

　　目前关于刑事犯罪的国际公约，在国际司法协助方面的规定实际上是相对独立的，没有规定缔约国之间的协助义务，更没有较大的强制性。一般是允许各缔约国依据双方签署的刑事司法协助协议等其他协议，以履行司法协助义务。一些刑事犯罪国际公约在理顺国际合作问题时，规定可以考虑或依据被请求国的国内法规定。但是公约没有

---

① 参见佚名：“谋求网络安全，法国一马当先”，载 http://newspaper.jfdaily.com/xwcb/html/2014-07/23/content_51344.htm，2014年7月18日访问。

给各方设定权利与义务,这样就不便于各缔约国按照统一的标准来适用公约,特别是在缔约国国内法没有相关规定或者缔约国之间没有签署相关协定时。而《网络犯罪公约》规定了一种新的国际合作方式,其既规定了相互协助,又规定了引渡的内容。在第 23 条、第 24 条和第 25 条中,《公约》规定了引渡和协助请求的内容。从这个意义上,《公约》是"自给自足的"。[①] 但是,缔约方之间所缔结的司法协助条约仍是处于第一位的,《公约》是作为补充的第二位条约。亦即,只有在双方没有任何现存的条约的情况下,《公约》才会处于优先的位置。这种较软的处理方式实际上是非常重要的,缔约国各方可以通过这种方式修复双边关系,同时也考虑到那些敏感事项,保障各方最大限度地实现《公约》的规定。针对于同一合作方式,如果《公约》和其他条约都规定了,那么各方可以选择后者。

上述问题涉及国际条约规范优先原则,这是国际司法协助中普遍存在的原则。比如,德国 1982 年《国际刑事司法协助法》第 1 条第 3 款规定:"国际条约中的规范在变成可直接适用的国内法后,将优先于本法中的规范。"即一般的国际条约规定的适用优先于专门的司法协助规定。俄罗斯《刑事诉讼法典》第 1 条第 3 款规定:"如果俄罗斯联邦签署的国际条约规定了与本法典不同的规则,则使用国际条约的规则。"其他国家关于国际刑事司法协助的国内法是通过规定补充性原则确立国际条约规范的主导和优先地位。[②] 所以,从某种意义上来说,《公约》属于关于网络犯罪的专门条约,具有较强的专业性,能够弥补其他条约或者协议在专业性上的不足。因此,《公约》让各方之间自由选择,利用已经缔结的司法协助协议或者根据《公约》的指导缔结新的协议,这种方式可以确保《公约》具有较强的适用性与可接受性。

---

① [加]唐纳德·K.皮雷格夫、卢建平著,王君祥、杨易龙译:"打击网络犯罪和网络恐怖主义中的国际合作",载《法学家》2003 年第 4 期。
② 参见黄风:"制定我国《国际刑事司法协助法》的几个问题",载《中外法学》2011 年第 6 期。

《公约》在其第六章规定了国际合作,包括一般原则和特殊规定两部分。在一般原则中包含规范引渡及相互合作等相关问题,而特殊规定则系有关电脑证据取得的问题,签约国应建立一周7天且一天24小时皆能联络合作机制的网络,各国也要对于相关人员加强训练,并配备必要的装备以配合各国合作事项的进行。① 总体而言,《公约》的国际合作部分已经相当合理,需要修正的部分不多:首先,在引渡与协助的总体原则上,特别是不引渡、不协助的情形中,如果不规定依据各缔约国之间已经签订的协助协定或条约,那么就要依据国际刑事合作的发展变化做出实时调整,比如政治犯罪的定义、腐败犯罪和网络恐怖主义的非政治化等;其次,在具体的协助中《公约》主要是将第四章的证据调查措施适用于国际合作,但是一些协助方式可以多元化。

一、国际合作的一般原则

(一)与国际合作有关的原则

《公约》第23条规定了与国际合作有关的一般原则。即"涉及计算机系统和数据的犯罪调查或相关行动,或为在电子形式的犯罪中收集证据时,签约方应根据本节中的规定,通过与犯罪事务相关的国际文件、有关单边的或双边的立法方面达成的协议以及对对内法最大程度的应用,进行互相合作。"

这一条属于原则性规定,阐明了各缔约方应该互相合作的义务,同时也表明了《公约》开放的态度。《公约》强调各方可以适用多种文件达成合作,从而保证《公约》可以得到最大限度的执行。

《公约》解释性报告指出,第23条提出第三章中关于国际合作的3项基本原则。首先,国际合作是缔约国之间在最广泛的程度上提供

---

① 参见百度百科:"网络犯罪公约",载 http://baike.baidu.com/view/1854675.htm,2014年7月19日访问。

的。该原则要求缔约国之间提供广泛的合作，使障碍降到最低并且使信息和证据得到迅速流通。其次，第 23 条提出了合作的基本责任范围：合作要扩展至所有与计算机系统和数据相关的刑事犯罪。同时也涵盖刑事犯罪的电子形式证据的收集。这表明要么是通过计算机系统犯下的罪行，要么不是通过计算机系统而犯下的普通罪行（如一项杀人罪）都涉及电子证据，第三章的所有条款都可适用。然而，需要说明的是第 24 条（引渡）、第 33 条（实时收集流量数据的司法协助）和第 34 条（拦截内容数据的司法协助）允许缔约国对适用这些措施规定不同的范围。最后，合作是"依据本章条款"和"通过适用关于犯罪事项的相关国际协定，及基于统一或互惠的立法和国内法而接受的安排"而得以实现的。后面的条款建立了一项基本原则，即是第三章的规定不会取代关于司法协助和引渡的国际协定的作用，也不会取代缔约国之间的互惠安排的作用（第 27 条将详细论述），或者取代与国际合作相关的国内法规定的作用。此项基本原则明确加强了第 24 条（引渡）、第 25 条（与相互协助相关的一般原则）、第 26 条（主动提供信息）、第 27 条（在缺乏可适用的国际协定的情况下与相互协助有关的程序）、第 28 条（使用的保密与限制）、第 31 条（访问存储计算机数据的相互协助）、第 33 条（实时收集流量数据的相互协助）和第 34 条（拦截内容数据的司法协助）。

（二）有关引渡的一般原则

《公约》第 24 条是关于引渡的条款，共 7 款。在引渡原则方面，《公约》采取通用的双重归罪标准，即引渡的犯罪嫌疑人应当是依据请求方和被请求方的国内法均应受到刑事处罚的，而且是可能被判处 1 年以上有期徒刑或更严重的刑罚的人。同时，《公约》还规定了"或引渡或起诉"原则，即如被请求方拒绝引渡请求时，其应当将案件移送起诉并应以适当的方式向引渡请求方通报最终结果。

第 1 款规定："（1）倘若根据双方签约方的法律，罪犯应受到最长至少 1 年的剥夺自由的时间或更严厉的处罚，本条款适用于在签约方之间依据本协定的第 2 条至第 11 条确定的犯罪的引渡。(2) 在同意单边或双边立法或引渡条例,包括适用于双边或多边的《欧洲引渡协定》(ETS No. 24) 的基础上,当处罚有不同的最低限度时,应适用达成的协约或条约下的最低处罚。"

第 2 款规定:"本条款第 1 款中记述的违法行为都应被视作包含在签约方之间现存的、任何引渡条约中的可引渡的犯罪。签约方保证将该犯罪视为签约方之间缔结的任何引渡条约中的可引渡的犯罪。"

第 3 款规定:"如果在条约存在基础上进行有条件的引渡的签约方接收到来自另一个没有引渡条约的签约方的引渡请求,该签约方可以将本协定视为是本条款第 1 款中提及的任何犯罪的引渡的合法依据。"

第 4 款规定:"在条约存在基础上进行有条件的引渡的签约方应将本条款的第 1 款中提及的犯罪视为可引渡的犯罪。"

第 5 款规定:"引渡应服从被请求的签约方的法律或可适用的引渡条约提出的条件,包括被请求的签约方可以拒绝引渡的依据。"

第 6 款规定:"如果本条款第 1 款中提及的犯罪的引渡仅依据被捕人的国籍,或因为被请求的签约方认为其具有处理该犯罪的权限而被拒绝,被请求的签约方应向提出请求的签约方的要求其具有法定资格的机构递交该情况以用于起诉,并应在适当的时候向提出请求的签约方通报最终的结果。"

第 7 款规定:"(1) 每一签约方,在签字或采取手段认可、接受、赞同、批准或增加协定时,应向欧洲议会常务秘书递交提出或接收引渡请求或在缺乏条约时进行临时拘捕的负责人的名字和地址。(2) 欧洲议会的常务秘书应建立并更新由签约方指定的机构的记录。签约方应确保保留在记录上的细节始终是正确的。"

《公约》要求,依据国内法确认的刑事犯罪视为被包括在任何现有的条约或者其他引渡协议中。而引渡作为国际合作的重要方式,具有其鲜明特点。其一,引渡是一种国家行为,关系到国家司法主权。一国公民触犯刑事法律因害怕被追究刑事责任而逃往他国,为了行使刑事管辖权，该国就不得不请求他国提供协助。而"无义务，不引渡"是一项通行的国际原则，是否引渡以及在何种条件下可以引渡都有国家法律明确规定。亦即，国家有决定是否引渡的权力，但是没有向他国提供引渡的义务。其二，引渡对象仅限于受到犯罪指控的自然人。《公约》第 24 条规定，引渡仅限于罪犯，有关法人或组织的引渡是不被接受的。其三，引渡是依申请行为，即一方只有收到另一方的引渡请求后才会考虑是否引渡。只有在特定条件下，一方才会主动将罪犯引渡给他国。比如，当给予请求国引渡合作有利于本国的国家利益时，即使两国之间没有签订引渡协议，请求国也会主动给予引渡合作。实际上，一国可以通过驱逐出境或限制入境，来对待不受欢迎的人或罪犯。任何国家未经他国允许，不得进入他国进行调查取证等司法活动，这是基本的国际法原则。如果要追捕已经逃往他国的罪犯，一国只能请求他国提供协助，或者依据双方已经签订的司法协助协定或引渡条约来解决此类问题。

《公约》第 24 条第 1 款提到的双重犯罪原则，是引渡制度得以适用的重要前提条件。亦即，双重犯罪是指所引渡的行为必须根据请求国和被请求国的法律均构成犯罪，并且达到一定的刑罚量刑标准。仅依据单方法律构成犯罪，则不构成引渡的理由。这是国际法基本原则中主权平等原则的体现，也是国际合作原则的体现。一些行为根据请求双方的法律均构成犯罪，但若法律的特殊规定而致使该行为不再受到刑事处罚，作出此类行为的主体将不会被引渡。[①] 这类情况有：根据请求国或被请求国的法律，犯罪的追诉时效或行刑时效已过；请求国或被请求国对有关犯罪行为已实行了赦免等。[②]

在引渡的双重犯罪问题上，存在双重犯罪的罪名与犯罪类别是否需要一致的问题。而以往的实践要求罪名和犯罪类别也必须一致。一般而言，不同国家特别是不同法系国家的刑事犯罪理论存在不同，其

---

① 参见徐乃斌："《联合国反腐败公约》中的引渡制度探析"，载《河北法学》2009 年第 4 期。

② 参见成良文：《刑事司法协助》，法律出版社 2003 年版，第 30 页。

犯罪罪名体系及量刑标准也不同。双重犯罪原则要求在请求国与被请求国都构成犯罪，且判处 1 年以上有期徒刑的犯罪行为。但实际上一个犯罪行为在不同国家的认定标准差异太大，如果要求罪名与犯罪类别一致，则很多犯罪行为的实施主体无法被引渡，最终导致正义无法被伸张。但现在只要求一个犯罪行为同时触犯请求国与被请求国的法律，即认定符合双重犯罪标准，不要求罪名与犯罪类别相同。① 那么，为了避免各国在适用双重犯罪原则时陷入罪名与犯罪类别的争议，各国在订立刑事司法协助条约时一般会约定，在适用双重犯罪原则时只审查有关事实根据本国法律是否构成犯罪。近年来，国际社会开始承认双重犯罪原则的例外。《打击跨国有组织犯罪公约》首先突破了双重犯罪原则，规定在文书、证据方面的司法协助上，被请求国可在其认为的斟酌决定范围内提供协助，而不论该行为按被请求国本国法律是否构成犯罪，但在引渡方面仍然坚持双重犯罪原则。《联合国反腐败公约》第 44 条第 2 款却规定缔约国本国法律允许，可以就本公约所涵盖但依照本国法律不予处罚的任何犯罪准予引渡，这突破了双重犯罪原则。②

在《网络犯罪公约》的诞生地欧盟，引渡制度中的双重犯罪原则在不断被弱化。《欧盟成员国间引渡公约》规定，可引渡罪行对于请求国而言须可受最长期限至少 12 个月以上，对于被请求国而言至少 6 个月以上即应予引渡。此规定改变了传统的双重犯罪原则对请求国和被请求国双方在可罚性方面的同一性要求，扩大了可引渡罪行的范围。③ 对于一些特殊的犯罪行为，《惩治恐怖主义的欧洲公约》第 1 条和第 2 条所提及的一项或多项共谋和组织犯罪，不适用双重犯罪原则。而《关于欧洲逮捕令及成员国间移交程序的框架决定》第 2 条规

---

① 参见马德才："双重犯罪原则及其发展趋势——兼论我国《引渡法》的完善"，载《江西社会科学》2007 年第 7 期。

② 参见张丽娟："从反腐败领域看国际刑事司法协助发展趋势——以《联合国反腐败公约》为视角"，载《法学杂志》2010 年第 6 期。

③ 参见周露露："欧盟引渡制度的新发展及对我国的启示"，载《法学》2003 年第 12 期。

定，根据签发监禁或欧洲逮捕令的成员国的法律，至少判处 3 年以上刑罚的 32 种罪行，均不适用双重犯罪原则。那么，通过网络实施的恐怖主义犯罪活动，则是一种严重的刑事犯罪行为，不应受到双重犯罪原则的限制或者受到刑罚量刑标准的限制。所以，《网络犯罪公约》在引渡方面，坚持绝对的双重犯罪原则，鉴于打击网络犯罪的需要，或许可以设置一些例外规定。

同时，必须指出《公约》对于引渡程序中双重犯罪原则的规定仅限于犯罪调查或证据收集等刑事诉讼目的，但实际上国际合作中还存在执行刑罚的引渡需求。比如《中华人民共和国和西班牙王国引渡条约》第 2 条规定的可引渡的犯罪，不仅包括"为对被请求引渡人进行刑事诉讼而请求引渡的，依双方法律，对于该犯罪均可判处一年以上徒刑；为执行徒刑或者以其他方式剥夺自由而请求引渡的，在请求方提出引渡请求时，被请求引渡人尚未服完的刑期至少为六个月。"而网络犯罪的诉讼过程中，也一定会出现执行徒刑的协助需求。《公约》缺乏对执行刑罚的引渡规定，不利于有效打击网络犯罪。

《公约》第 24 条第 6 款提到了"本国国民不引渡"问题。各国实行本国国民不引渡原则的原因在于向外国引渡本国国民会致本国国民于他国法律控制之下，而为了维护司法主权，使本国国民受到公正的法律审判，必须实行本国国民不引渡原则。[①] 不引渡的原因如下：一是管辖权属于国家的司法主权，不容放弃；二是不相信外国司法，在语言、环境、司法制度的差异下，本国国民可能受到不公正审判；三是本国国民在外国受审和服刑不利于其改造和回归社会。[②] 但是，本国国民不引渡原则不利于一些案件的侦破，也不利于实现司法正义，特别是在网络犯罪全球化的情况下，网络犯罪团伙很可能也是全球化的，没有重要犯罪嫌疑人的直接证词，将不利于案件的侦破。1996 年

[①] 参见马德才："中外双边引渡条约中有关引渡的一般原则探析"，载《江西财经大学学报》2007 年第 4 期。

[②] 参见马德才："本国国民不引渡原则的发展趋势探析——兼论我国《引渡法》的完善"，载《江西社会科学》2011 年第 2 期。

出台的《欧盟成员国引渡公约》第6条第1款明确规定,不得因为被引渡人为本国国民而拒绝引渡,原则上排除了本国国民不引渡的限制。① 2004年开始实施的《关于欧洲逮捕令及成员国间移交程序的框架决定》则对限制适用本国国民不引渡原则,提出了更为具体可行的规定。即如一国为检控目的而出具的欧洲逮捕令涉及另一成员国国民,另一成员国可以附条件移交本国国民,条件是当事人庭审后应回到国内服刑。如为执行目的而出具的欧洲逮捕令,被请求国可以承诺依其本国法执行徒刑或拘禁后,拒绝移交本国国民。②

《公约》第24条第6款还提到了"或引渡或起诉"原则。"或引渡或起诉"原则是被请求国拒绝引渡的替代措施,被请求国在拒绝引渡请求后必须将被请求引渡的犯罪嫌疑人交由国内司法机关予以起诉。实际上,这是一种无奈的移送管辖方式。请求国在其引渡请求被拒绝后,尽管法理上还享有对犯罪嫌疑人的司法管辖权,但实质上是无法行使的。因此,被请求国对犯罪人予以起诉,相当于将一国管辖的刑事案件转移给另一国审理并为此放弃本国的管辖权。但是"或引渡或起诉"原则存在不可避免的缺陷。比如,当被请求国均以本国国民不引渡原则拒绝引渡而在被请求国本国起诉时,由于各国法律制度的差异性,该类罪犯可能得不到合理的刑事制裁,那么一个案件的正义性与公正性难以体现。此时,"或引渡或惩处"原则应运而生。"或引渡或惩处"原则,是指被请求国在不允许引渡本国国民的情况下同意对本国国民执行由请求国判处的刑罚。这一原则很好地弥补了"或引渡或起诉"原则的缺陷。这一原则进一步扩大了在不引渡情况下展开其他国际刑事司法合作的范围。

因此,《公约》在有关引渡的一些原则上应该依据国际社会的发展而有所完善,或者明确依赖于各个缔约国之间签署的协定。而《公

---

① 参见周露露:"欧盟引渡制度的新发展及对我国的启示",载《法学》2003年第12期。

② 参见马德才:"本国国民不引渡原则的发展趋势探析——兼论我国《引渡法》的完善",载《江西社会科学》2011年第2期。

约》第 1 款宜修订为："（1）倘若根据双方签约方的法律，罪犯应受到最长时间至少 1 年的剥夺自由或更严厉的处罚，本条款适用于在签约方之间依据本协定的第 2 条至第 11 条确定的犯罪的引渡。（2）为执行徒刑或者以其他方式剥夺自由而请求引渡的，在请求方提出引渡请求时，被请求引渡人尚未服完的刑期至少为六个月。（3）在同意单边或双边立法或引渡条例，包括适用于双边或多边的《欧洲引渡协定》（ETS No. 24）的基础上，当处罚有不同的最低限度时，应适用达成的协约或条约下的最低处罚。"

（三）有关相互协助的一般原则

这部分总共包括两条，分别是第 25 条和第 26 条，明确了相互协助的一般原则。《公约》在网络犯罪调查协助方面，要求缔约方应向另一方提供最大可能的协助，以调查网络犯罪或收集电子证据。同时，缔约方可以主动向他方提供信息。

1. 有关相互协助的一般原则

第 25 条是关于相互协助的一般原则，共 5 款。

第 1 款规定："基于涉及计算机系统和数据的犯罪的调查或相关行动的目的是为了在电子形式的犯罪中收集证据，签约方应在最大可能的程度上向另一方提供相互协助。"

第 2 款规定："每一签约方还应采取必要的立法和其他措施来履行第 27 条至第 35 条中提出的义务。"

第 3 款规定："在紧急情况下，每一签约方可以通过快速信息手段，包括传真或电子邮件，并在保证该手段提供了合适的安全度和真实度（包括在必要时使用编密码），且在受请求签约方要求下提供后续正式确认的情况下，提出相互协助或通讯请求。被请求的签约方应接收并通过任何快速信息手段对请求做出答复。"

第 4 款规定："除了本章节本条款中特殊规定的情况，相互协助应服从被请求的签约方或可适用的互助条约中提出的条件，包括被请求的签约方可以拒绝合作的依据。在第 2 条至第 11 条提及的犯罪仅涉及财税犯罪时，被请求的签约方不应行使拒绝进行相互协助的权利。"

第 5 款规定："在与本章节规定相一致的情况下，接受请求的签约方可以在存在双重归罪时进行双边协助。此限制应为可执行的且与其法律是否将此犯罪归为相同的犯罪类型或与提出请求的签约方使用相同的术语来命令此犯罪无关。"

2. 主动提供信息

第 26 条是关于主动提供信息的规定，共 2 款。

第 1 款规定："当签约方认为在其本国调查系统内取得的信息的公开可能在启动或实施依据本协定确定的犯罪行为的调查或相关行动中有助于接收方，或者可能导致该签约方依照本章节提出合作请求，在签约方本国法律的限制内和没有收到预先请求的情况下，签约方可以向另一签约方转寄上述信息。"

第 2 款规定："在提供该信息之前，提供信息的签约方可以要求该信息得到保密或仅是有条件地使用。如果接收签约方不能满足上述要求，它应当通告提供签约方，后者随后将决定是否继续提供信息。如果接收签约方接受有附加条件的该信息，该签约方应受到那些条件的约束。"

国际司法协助的内容包括送达司法文书、询问证人和鉴定人、搜查、扣押、移交有关物品以及提供有关法律资料以及外国法院判决和外国仲裁裁决的承认与执行等，基本上是一种程序性行为。[①] 但随着国际社会的发展和治理犯罪行为的需要，国际司法协助已经不仅限于程序方面的协助，在审判程序、追回资产、提供资料以及未经请求主动予以协助等方面都存在司法协助需要。司法协助是国际合作的重要表现，在一定条件下一国的司法调查权延伸至另一国，对于国际犯罪特别是具有全球性的网络犯罪具有异常重要的意义。

《公约》第 26 条提到了国际刑事司法协助中的新趋势，即主动协

---

① 参见成良文："国际刑事司法协助的基本原则"，载《中国法学》2002 年第 3 期。

助模式。比如，2000年《打击跨国有组织犯罪公约》第18条第4款作出了明确规定，缔约国主管当局如果认为与刑事事项有关的资料可能有助于另一国主管当局进行或者顺利完成调查和刑事诉讼程序，或者可以促成其根据本公约提出请求，则在不影响本国法律的情况下，可无需事先请求而向该另一国主管当局提供这类资料。①《联合国反腐败公约》第56条第4款采纳了与《打击跨国有组织犯罪公约》基本相同的规定，即在不影响本国法律的情况下，缔约国在另一缔约国未提出协助请求并且可能完全不知晓存在有关资料或证据的情况下，可以向该国提供其认为对于打击公约所涵盖的犯罪十分重要的资料和证据。②而2005年签署的《中华人民共和国和西班牙王国关于刑事司法协助的条约》第16条规定："缔约国任何一方可以未经事先请求，向另一方提供信息或者证据，以便在该另一方提起刑事诉讼。"因此，《公约》在国际司法协助中规定了主动提供信息体现其司法协助的全面性，有利于缔约国打击网络犯罪。

实际上，《网络犯罪公约》在确定国际司法协助的内容时，必须考虑犯罪范围界定和调查权实现这两个问题。"基于涉及计算机系统和数据的犯罪"应该是非常广泛的，不仅包括《公约》所列举的犯罪类型，还包括《公约》所未提及的非直接攻击行为。一般而言，目前的计算机及其系统只是作为犯罪工具而存在，将来计算机及其系统则可能成为犯罪主体，自动发送病毒进行攻击活动。通过界定犯罪范围可以明确犯罪类型，有利于打击犯罪，对于调查权的保障，有利于打击犯罪分子。同时，《公约》规定的国际合作的调查权与国内对犯罪调查权基本是一致的，这有利于最大限度地实现对于网络犯罪的打击。所以，根据《公约》所确立国际合作的调查权，不仅应该包括《公约》所确立的犯罪，更应该包括任何利用计算机实施网络犯罪或

---

① 参见张丽娟："从反腐败领域看国际刑事司法协助发展趋势——以《联合国反腐败公约》为视角"，载《法学杂志》2010年第6期。
② 参见杜邈："反腐败国际刑事司法协助的新趋势"，载《法治研究》2012年第12期。

者涉及电子证据的犯罪之中。根据第 25 条第 1 款的规定,"基于涉及计算机系统和数据的犯罪的调查或相关行动的目的或为了在电子形式的犯罪中收集证据,签约方应在最大可能的程度上向另一方提供相互协助。"所以,为与实体法、程序法的修正保持一致,《公约》规定国际合作范围应该是用于任何犯罪电子证据的收集。

另外,网络犯罪属于全球性犯罪,不存在犯罪的地域空间障碍,因此其受害者是全球性的、施害者也是全球性的。网络犯罪的影响日趋全球化,一些网络犯罪甚至带有政治目的。在乌克兰的动乱局势中,大量抗议者通过网络获取信息,Facebook 等"熟人社交媒体"成为乌克兰抗议主战场。人们在社交网络与社交媒体中获取信息,与不同的群体共享信息,互相影响,并提出诉求,甚至通过在短时间内大量发帖的方式形成网络抗议。从全球形势来看,境内外敌对势力、恐怖主义势力、民族分裂势力等通过互联网发布虚假信息、造谣生事、散播恐怖信息、组织袭击活动等,严重威胁社会稳定和政治安全。基于此,第六十八届联合国大会第四次评审通过《联合国全球反恐战略》,并根据中国提出的修改意见,首次将打击网络恐怖主义的相关内容写入其中。[①] 鉴于网络犯罪影响的全球性,在刑事司法协助中,不仅应有证据调查的协助,还应有证据开示或出庭作证的协助。比如 2005 年签署的《中华人民共和国政府和法兰西共和国政府关于刑事司法协助协定》第 1 条规定:"缔约国双方应就请求方法律规定的刑事犯罪的侦查、起诉以及相关诉讼程序,相互提供最广泛的司法协助",协助的内容包括证人、鉴定人在请求方境内出庭作证和临时移送在押人员出庭作证。2005 年签署的《中华人民共和国和西班牙王国关于刑事司法协助的条约》也规定,协助包括安排有关人员作证或协助调查,移送在押人员以便作证或者协助调查。证人出庭作证是司法公正的重要保证,调查证据效力的保证,更是行使对质权的前提条件,也

---

① 参见唐岚:"网络恐怖主义:安全威胁不容忽视",载《人民日报》2014 年 7 月 21 日版。

是证据开示的重要体现。而《公约》在证人出庭作证或证据开示方面，没有具体的规定，这将不利于网络犯罪案件的调查与审判。

依上文所述，第 25 条第 1 款应做如下修改："基于涉及计算机系统和数据的犯罪的调查或相关行动的目的或为了刑事犯罪中电子证据的收集，及相关诉讼程序的实现，签约方应在最大可能的程度上向另一方提供相互协助。"

（四）在缺乏可适用的国际协约的情况下与相互协助请求有关的程序

在缺乏可适用的国际协定时，《公约》要求缔约国应指定一个或多个机构负责相互协作事务，通过集中的协调完成司法协助。总共包括第 27 条和第 28 条两条，分别是请求的程序和保密及限制。

1. 在缺乏可适用的国际协约的情况下与相互协助请求有关的程序

第 27 条是对国际协助"条约前置主义"的变通，共有 9 款。《公约》考虑到现实中可能存在的问题，通过这部分规定保障《公约》的最大化适用。

第 1 款规定："在请求签约方与被请求签约方之间的没有基于单边的或双边的立法的基础上的相互协助条约或协议时，应适用本条款第 2 款至第 9 款的规定。本条款的规定不应适用于存在上述条约、协议或立法存在的情况，除非有关签约方同意应用任何本条款或其中所有剩余部分。"

第 2 款规定："（1）每一签约方应指定负责发送和回应相互协助请求、执行请示或向具有法定资格进行执行的机构传递的一个中心的机构或多个机构；（2）中心机构应直接相互交流；（3）每一签约方，在签字或采取手段认可、接受、赞同、批准或增加规定时，应向欧洲议会常务秘书递交本款指定负责的名字和地址。（4）欧洲议会的常务秘书应建立并更新由签约方指定的中心机构的记录。签约方应确保保留在记录上的细节始终是正确的。"

第 3 款规定："除了在与被请求签约方的法律相矛盾时，本条款下的相互协助请求应依照提出请求的签约方指定的程序执行。"

第4款规定："除了第25条第4款中提出的拒绝的依据，在下列条件下，被请求的签约方可以拒绝协助：（1）提出的请求涉及被请求的签约方认为是政治犯罪或与政治犯罪有关的犯罪，或（2）被请求的签约方认为请求的执行可能损害其国家主权、安全、特殊人群或其他基本利益。"

第5款规定："如果有关请求的行动将损害被请求的签约方的机构进行的犯罪调查或起诉，该签约方可以推迟上述行动。"

第6款规定："在拒绝或延迟协助之前，被请求的签约方，在已同提出请求的签约方进行协商时，应考虑请求是否可以部分同意或服从它认为是必需的条件。"

第7款规定："被请求的签约方应立即向提出请求的签约方通报协助请求的执行情况。应当提供任何有关拒绝或推迟执行请求的理由。被请求的签约方也应向提出请求的签约方通报任何致使请求的执行无法完成或可能严重地推迟请求的执行的理由。"

第8款规定："除了对请求的执行是必要的信息之外，提出请求的签约方可以要求被请求的签约方为依据本章及提出的任何请求的实情或其目标保密。如果被请求的签约方不能遵守请求的保密要求，该签约方应立即通报提出请求的签约方，其应随后决定该请求是否还要被执行。"

第9款规定："（1）在紧急事件中，相互协助或通讯的请求可以通过提出请求的签约方的司法机关直接发送给被请求的签约方的上述机构。在任何上述情况下，请求的副本应在同时经提出请求的签约方的中心机构发送给被请求的签约方的中心机构。（2）本款下的任何请求或通讯可以通过国际犯罪警察组织（国际警察组织）进行。（3）在请求是依照本条子款的规定进行且该机构不具有处理请求的法定资格时，该机构应将请求提交给具有法定资格的国家机构并将有关上述行动的信息直接通知提出请求的签约方。（4）本款下进行的、不含有强制性行动的请求或通讯可以由提出请求的签约方的具有法定资格的机构直接传递给被请求的签约方的具有法定资格的机构。(5)每一签约方,在签字或采取手段认可、接受、赞同、批准或增加协定时,为了提高效率,应向欧洲议会常务秘书递交本款规定的要提交给中心负责人的请求。"

2. 使用的保密性与限制

第 28 条是关于相互协助过程中保密与限制性条件的规定,共分为 4 款。

第 1 款规定:"在请求签约方与被请求签约方之间没有基于单边的或双边的立法的基础上的相互协助条约或协议时,应适用本条款的规定。本条款的规定不应适用在存在上述条约、协议或立法存在的地方,除非有关签约方同意应用任何本条款或其中所有其他部分。"

第 2 款规定:"被请求的签约方可以在提供信息或材料以作为对请求的回应时附加下述条件:(1)在缺乏该条件时,对司法协助请求不能实现的地方为其保密,或(2)不用于请求中规定之外的调查或起诉。"

第 3 款规定:"如果提出请求的签约方不能遵守第 2 款中提及的条件,该签约方应立即通知其他签约方,后者应随后决定是否还提供信息。当提出请求的签约方接受条件时,该签约方应受到条件的约束。"

第 4 款规定:"提供符合第 2 款中提及的条件的信息或资料的任何签约方可以要求其他签约方解释与上述条件有关的上述信息或资料的使用。"

本部分的条款是对国际合作中"条约前置主义"的变通。条约前置主义是指一些国家的法律要求以在进行司法协助或引渡时的前提条件。若不存在双边条约,则不提供司法协助或不予引渡。但是,一国不可能与所有的国家都签订关于引渡或司法协助的条约,那么条约前置主义就严重限制了司法协助与引渡工作的开展,最终导致刑事案件难以侦破或犯罪嫌疑人难以得到合理的刑事处罚。[①] 因此,许多采取

---

① 参见黄风:《引渡问题研究》,中国政法大学出版社 2006 年版,第 2 页。

"条约前置主义"的国家对该原则的态度已经有所改变，纷纷通过立法程序对该原则进行变通。① 比如，近年来，英国、新西兰、印度、南非等国纷纷修改其引渡法，规定若未签订双边条约，但在互惠的基础上，可以对他国提供司法协助或者引渡；澳大利亚、加拿大等国则在其国内引渡法中允许多边公约或者个案协议作为引渡合作的依据。②

《公约》第27条第4款，提出了拒绝提供协助的情形，包括政治犯罪不引渡、损害利益不引渡等情形。政治犯不引渡原则从18世纪末期就开始被作为国际法的重要原则。③ "政治犯不引渡原则"得以广泛采用的原因可能是各国的社会制度和意识形态不同，对于涉及他国的政治性质的犯罪，一般出于人道主义考虑或其他目的考虑，不予引渡。④ 但是，由于各国的政治制度、发展程度和历史文化背景等不同，所以对如何界定"政治犯罪"各国都有不同观点。在意识形态不同又缺乏沟通与了解的国家之间，适用政治犯不引渡原则甚至有可能被指责为干涉他国内政。⑤

各国在追捕逃往他国的犯罪嫌疑人特别是腐败案件、恐怖主义案件犯罪嫌疑人时，经常会遇到以申请政治避难为由，而获得他国的庇护的情况。为了避免政治犯不引渡的弊端，犯罪行为非政治化的适用范围越来越广泛，以利于打击严重犯罪行为特别是恐怖主义犯罪。同时，出于保护基本人权和政治自由，又将"政治犯不引渡"的使用范围扩大到与政治有关的因种族、宗教、国籍或政治见解等原因而受追诉或处罚者。⑥

---

① 参见李晓明、陈栋："从国际引渡制度谈我国反腐败工作机制的新发展"，载《社会科学家》2010年第4期。
② 参见冯殿美、王芳："反腐败犯罪国际引渡合作机制研究——基于我国主动引渡制度的视角"，载《法学论坛》2011年第2期。
③ 参见王铁涯：《国际法》，法律出版社1995年版，第186页。
④ 参见徐乃斌："'联合国反腐败公约'中的引渡制度探析"，载《河北法学》2009年第4期。
⑤ 参见李晓明、陈栋："从国际引渡制度谈我国反腐败工作机制的新发展"，载《社会科学家》2010年第4期。
⑥ 参见贾宇：《国际刑法学》，中国政法大学出版社2004年版，第397页。

《联合国反腐败公约》在第44条第4款规定：在以本公约作为引渡依据时，如果缔约国本国法律允许，根据本公约确立的任何犯罪均不应当视为政治犯罪。《联合国反腐败公约》明确规定腐败犯罪不应被视为政治犯罪，在打击腐败犯罪领域引入这一新规则，体现了腐败犯罪"非政治化"的趋势。[①] 同时，鉴于恐怖主义犯罪的危害加剧，在一些条约和公约中恐怖主义犯罪出现了"非政治化"趋势。《制止恐怖主义爆炸公约》第11条和《制止向恐怖主义提供资助的国际公约》第14条规定，不得为引渡或者司法协助的目的，将有关恐怖行为视为政治犯罪。《惩治恐怖主义犯罪的欧洲公约》从理论上完全排除了引渡政治犯的可能，要求必须对恐怖主义犯罪非政治化。[②]《中华人民共和国和西班牙王国关于刑事司法协助的条约》第3条也规定："恐怖主义犯罪和双方均为缔约国的国际公约不认为是政治犯罪的行为均不视为政治犯罪。"而随着网络的发展，恐怖主义犯罪与网络犯罪经常交织在一起，网络恐怖主义亦成为一种严重的网络犯罪形式。恐怖主义犯罪的非政治化，表明网络恐怖主义犯罪也应非政治化。亦即，通过网络实施的腐败犯罪、恐怖主义犯罪等犯罪行为，不应当成为《公约》第25条第4款规定的"政治犯罪或与政治犯罪有关的犯罪"，被请求国应当提供最大可能的协助。

因此，《公约》第27条第3款，可以修正为："除了第25条第4款中提出的拒绝的依据，在下列条件下，被请求的签约方可以拒绝协助：（1）提出的请求涉及被请求的签约方认为是政治犯罪或与政治犯罪有关的犯罪，但不得将通过网络实施的腐败犯罪与恐怖主义犯罪政治化，或（2）被请求的签约方认为请求的执行可能损害其国家主权、安全、特殊人群或其他基本利益。"

---

① 参见张丽娟："从反腐败领域看国际刑事司法协助发展趋势——以《联合国反腐败公约》为视角"，载《法学杂志》2010年第6期。

② 参见蒋娜："国际反恐合作与不引渡问题探析——以首例'核暗杀'事件嫌疑犯的引渡案为切入点"，载《现代法学》2009年第4期。

二、关于相互协助的特殊机制

关于相互协助的特殊机制包括："有关临时措施的相互协助""有关调查权力的相互协助"和"24/7 网络"。其中，有关临时措施的相互协助，包括计算机存储数据的快速保护和存储流量数据的快速公开。有关调查权力的相互协助，包括有关计算机存储数据访问的相互协助和在获得同意或可公开访问的情况下越境访问计算机存储数据、实时收集流量数据的相互协助、拦截内容数据的相互协助。24/7 网络是指，各缔约国应指定一个一周 7 天、每天 24 小时的有效联系点，以确保在进行与计算机系统和数据相关犯罪调查或起诉时，或收集犯罪的电子形式证据时提供及时协助。

（一）关于临时措施的相互协助

临时措施的相互协助规定体现在第 29 条和第 30 条中，分别是加快保存和加快公开相关的数据，通过这两种措施可以有效地保护与犯罪相关的数据，同时为了符合国际法的基本原则也列举了例外情况。

1. 计算机存储数据快速保护

第 29 条是关于计算机存储数据快速保护的规定，共 7 款。

第 1 款规定："签约方可以要求另一签约方通过命令或其他方式加速保存储存的计算机数据。该数据位于该签约方的领土内并涉及提出请求的签约方打算提交有关搜查或类似访问、没收或类似取得或数据的公开的相互协助的请求。"

第 2 款规定："在第 1 款下完成的有关保护的请求应指定：（1）执行保存的机构；（2）接受犯罪调查或起诉的犯罪其相关事实的报告；（3）将要保护的储存的计算机数据和它与上述违法行为的关系；（4）识别储存的计算机数据的管理人和计算机数据的位置的任何可获得的信息；（5）保存的必要性；（6）签约方打算提交有关搜查或类似访问、没收或类似取得或数据的公开的相互协助的请求。"

第 3 款规定："一旦接收到来自另一签约方的请求，被请求的签约方应依照其本国法律采取所有合适的措施迅速地保存指定的数据。为了对请求做出应答,双重归罪不应被作为提供上述保护的条件被要求。"

第 4 款规定:"除了依照本协定的第 2 条至第 11 条确定的犯罪,要求将双重归罪作为提供有关搜查或类似访问、没收或类似取得或数据的公开的相互协助的请求的条件的签约方,在该签约方有理由认为在公开情况下双重归罪的条件不可能得到满足时,可以保留拒绝本条款下的保存请求的权利。"

第 5 款规定:"此外,只可在下列情况下拒绝保护请求:(1)请求涉及被请求的签约方认为是政治犯罪或与政治犯罪有关的犯罪,或(2)被请求的签约方认为请求的执行可能损害其国家主权、安全、特殊人群或其他基本利益。"

第 6 款规定:"在被请求的签约方认为保存将不能保证数据的未来可获得性或将威胁提出请求的签约方的调查的机密性或损害其调查时,被请求的签约方应立即通报提出请求的签约方,后者应随后决定请求是否还要被执行。"

第 7 款规定:"为了保证签约方能够提交有关搜查或类似访问、没收或类似取得或数据的公开的相互协助的请求,作为对第 1 款中提及的请求的应答而实施的任何保护应持续不少于 60 天的时间。在收到上述请求之后,应一直保存数据直到做出有关该请求的决定。"

2. 存储流量数据的加速公开

第 30 条是关于流量数据公开的规定,共两款。

第 1 款规定:"在依照第 29 条完成保存有关指定的通讯流量数据的请求的执行期间,在被提出请求的签约方发现另一国家内的服务提供商参与了通讯的传递时,被提出请求的签约方应迅速地向提出请求的签约方公开足够的识别上述服务提供商和通讯传递途径的流量数据。"

第 2 款规定:"在下列条件下,才可以拒绝保存第 1 款规定下的流量数据:(1)请求涉及被请求签约方认为是政治犯罪或与政治犯罪有关的犯罪,或(2)它认为请求的执行可能损害其国家主权、安全、特殊人群或其他基本利益。"

网络犯罪的飞速发展,呈现复杂化、全球化、组织化特点。在内容上,从数据泄露到黄、赌、毒、诈骗、谣言的泛滥,网络犯罪涉及社会的全方位,影响社会的各类安全。在范围上,网络犯罪不再局限于计算机犯罪,网络犯罪的新阵地已经全面扩展至移动互联网络。在影响上,网络犯罪不仅限于侵犯个体或群体的权利,更多地在于通过网络犯罪来牟取利益。更重要的是,一些网络犯罪行为呈现出组织化倾向,爆发出比传统犯罪更可怕的危害性,尤其是网络空间中的编造、传播谣言行为,颠覆传统价值观念,而且更可能导致社会的动荡。

同时,网络犯罪证据也有其特点,比如电子证据具有不稳定性,特别是涉及国际网络犯罪证据调查时,司法协助访问或披露数据存在程序流程以致出现时间延误,这就增加了证据灭失的风险。证据灭失可能是故意抹除数据,或者因服务提供商和其他管理人员不知情而造成,或由于人们的无知等偶然性原因所造成的。那么,网络犯罪调查不仅需要采取传统的调查措施,更需要新型的调查手段。

《公约》规定,为了更有效地调取现存的电子证据,通过司法协助来保护数据是一项临时措施。其后,通过开展协助调查,就可以更有效地获取涉及案件的电子证据。《公约》规定的程序比传统的协助方法更迅速、更利于保护隐私,与传统协助方式配合也更有效。《公约》规定了"保护令"的使用,即"签约方可以要求另一签约方通过命令或其他方式加速保存储存的计算机数据",可以要求将其作为临时保护措施使用。这些临时保护措施可以一直持续至后续访问或者数据公开。

由于计算机存储数据快速保护是一项临时措施,一般在调查的早期阶段使用,此时犯罪并没有被完全披露,因此,"双重归罪"不应当作为协助提供数据保存的一个前提条件。亦即,在请求国提出数据快速保护的临时协助时,被请求国不应当以双重犯罪原则为由,拒绝提供协助。双重犯罪原则的淡化，已经成为现代国际相互协助的趋势，特别是数据保护措施与数据调查措施相比，破坏性较低、侵害性较小。在正式的调查与披露之前，数据只是被保护或固定着，而不是调查阶段的被侵入、被分析，尽可能地保存了数据的原始性与真实性。一些国家出于国内因素的考虑，在请求国请求提供案件调查措施协助时，会要求遵循双重犯罪原则。《公约》也作出了妥协规定："要求将双重犯罪原则作为提供有关搜查或类似访问、没收或类似取得或数据的公开的相互协助的请求的条件的签约方，在该签约方有理由认为在公开情况下双重归罪的条件不可能得到满足时，可以保留拒绝本条款下的保存请求的权利。"因此，双重归罪是一个拒绝合作的理由，即除非有理由相信到请求国披露数据时，双重归罪条件将不能满足。

为保持《公约》前后一致，《公约》第29条第5款也应进行相应修正。即修正为："此外，只可在下列情况下拒绝保护请求：（1）提出的请求涉及被请求的签约方认为是政治犯罪或与政治犯罪有关的犯罪，但不得将通过网络实施的腐败犯罪与恐怖主义犯罪政治化，或（2）被请求的签约方认为请求的执行可能损害其国家主权、安全、特殊人群或其他基本利益。"

（二）有关调查权力的相互协助

调查权有效行使对于犯罪侦查的顺利开展具有重要意义，对于具有跨区域性质的网络犯罪来说更是如此，因此调查权的实现与否直接关系着案件侦破的成败。但是由于各国规定的差异，为了有效地实现调查，《公约》第31条、第32条、第33条、第34条对于调查权力作出了基本规定，分别是对于存储数据的访问、越境访问数据、实时收集流量数据和内容数据的拦截。

1. 有关计算机存储数据访问的相互协助

第31条规定了计算机存储数据访问的相互协助，共3款。

第1款规定："签约方可以要求另一签约方搜查或类似访问，没收或类似取得和公开借助位于被请求的签约方的领土内的计算机系统存储的数据，包括依照第 29 条已被保存的数据。"

第 2 款规定："被请求的签约方应通过第 23 条中提及的国际文件、协议和法律的应用，并依照本章节中的其他相关规定对请求做出应答。"

第 3 款规定："在下列情况下可以快速请求：（1）有确切理由相信相关数据极易丢失或被更改；或（2）第 2 款提及的文件、协议和法律提供了快速合作。"

2. 在获得同意或可公开访问的情况下越境访问计算机存储数据

第 32 条是关于越境调查数据的规定，即"未经另一签约方的授权，签约方可以：（1）访问可公开获得的储存的计算机数据，而不管该数据的地理定位；或（2）如果该签约方获得具有合法权限经该计算机系统向签约方公开数据的人的合法的自愿的同意，可经其领土范围内的计算机系统访问或接收位于另一签约方领土范围内的储存的计算机数据。"

3. 实时收集流量数据的相互协助

第 33 条是关于实时收集流量数据的相互协助的规定，共 2 款。

第 1 款规定："在签约方领土内，实时收集借助计算机系统传递的指定的通信流量数据时，签约方应提供相互的协助。服从第 2 款的规定，此协助应受到本国法律提出的条件和程序的管理。"

第 2 款规定："每一签约方应在与实时收集流量数据相关的犯罪方面，提供处理类似国内案件时的帮助。"

4. 拦截内容数据的相互协助

第 34 条是关于拦截内容数据的相互协助的规定，即"在实时收集或记录借助计算机系统传递的指定的通讯流量数据时，签约方应在其可适用的条约和本国法律允许的程度内互相提供协助。"

《公约》此部分的规定是证据调查的程序法规定在国际合作中的体现。相互代为调查和收集有关刑事案件的证据始终是各国之间进行国际刑事司法协助中最经常和最普遍采用的合作机制。当然，本部分规定的只是电子证据调查中的相互协助，但是对于取证方式、取证主体、取证说明及证人出庭等事项,《公约》并未进行规定,而更依赖于缔约国之间的刑事司法协助协定等。

一般而言,国际合作司法协助中的取证方式主要是委托他国协助提供证据或调查核实证据或搜查扣押或代为询问证人、鉴定人等。但是通过上述方式取得的证据是在被请求国的法律程序下取得的,所取得的证据不一定符合请求国的程序法规定,证据的效力与作用不一定会得到有效发挥,不一定能为请求国所采用或对案件有作用。因而,通过视频会议方式进行现场取证,特别是获取证人或鉴定人的证言,在一些国家和国际刑事审判机构中开始出现。[1] 英国于 2003 年通过《刑事司法法》对此专门作出了规定。[2]《联合国反腐败公约》第 46 条第 18 款也要求缔约国在证人不可能或不宜旅行时,在可能并且符合本国法律基本原则的情况下,安排使用电视会议作为一种提供口头证据的手段。但是,通过视频连接等方式进行取证也存在一些难以解决的问题,比如电子邮件请求书的效力问题、视频连接中证据宣誓问题、证人拒绝回答能否构成藐视法庭罪等。[3] 当然,通过视频连接方式取证,不仅可以解决证人、鉴定人不便或不能出庭的问题,又可以节约诉讼资源,提高司法协助的效率。

现代科技手段在调查和证实腐败犯罪过程中取得了良好效果。例如,原广东省南海市置业公司经理李某外逃至澳大利亚长达 8 年之久,当时中澳两国尚未签订有关引渡条例,我国检察机关提出了与澳大利亚警方直接合作,在澳大利亚对李某提起刑事诉讼,由当地法院审判并追缴赃款的办案思路。2009 年 4 月 22 日至 5 月 13 日,由澳大利亚联邦检察官指控的李某洗钱案在澳大利亚布里斯班法庭进行预审听证。应澳方请求,广东省检察院和南海区检察院组织有关证人就此

---

[1] 参见张丽娟:"从反腐败领域看国际刑事司法协助发展趋势——以《联合国反腐败公约》为视角",载《法学杂志》2010 年第 6 期。

[2] 参见陈光中主编:《联合国打击跨国有组织犯罪公约和反腐败公约程序问题研究》,中国政法大学出版社 2007 年版,第 249 页。

[3] 参见乔雄兵:"信息技术与域外取证:问题、理论与规则",载《武大国际法评论》2010 年第 1 期。

案在澳大利亚驻广州总领事馆进行了远程视频作证。预审取得了圆满成功，李某因洗钱罪被澳大利亚昆士兰州高级法院判处监禁 26 年，被其侵吞并转移至澳大利亚的 4000 万元财产已有 3000 余万元被收缴至国内。[1]

那么，在更具跨国性、更具影响性、更具复杂性的网络犯罪中，关于网络犯罪的证据调查更应该利用网络犯罪的科技性特点，通过科技手段进行调查取证的相互协助。《公约》规定了既可以由被请求国实施访问调查取证的协助，也可以由请求者直接越境访问被存储的计算机数据，以获取需要的电子证据。

《公约》第 32 条提到的越境访问计算机存储数据问题，实际上涉及了刑事犯罪域外取证问题。刑事犯罪域外取证涉及一系列的法律问题，比如国家主权问题、执行程序问题等。但也有成功的案例，比如 1993 年经俄罗斯政府准许，中国派遣侦查小组到俄罗斯境内就北京至莫斯科列车上连续发生的强奸、抢劫案进行侦查，从而成功地破获该案。[2] 但是《公约》似乎舍弃了派员进行域外取证的方式。

域外取证是国际社会广泛采用的高效的协助形式，在民商事案件司法协助中尤为盛行，以《海牙取证公约》为代表。域外取证的方式包括领事取证、特派员取证和当事人或诉讼代理人自行取证。[3] 而 1994 年缔结的《中华人民共和国和加拿大关于刑事司法协助的条约》首次引入了派员进行调查取证的条款，几乎所有随后缔结的刑事司法协助双边条约都包含关于派员进行调查取证的条款。[4] 派员进行调查取证是域外调查取证的一种形式。相对于委托调查取证，派员进行调

---

[1] 参见佚名："检方称外逃贪官李继祥由澳方追诉因无引渡条例"，载《法制日报》2011 年 9 月 22 日。

[2] 参见赵永琛："涉外刑事案件侦查中的几个问题"，载《公安大学学报》1994 年第 3 期。

[3] 参见郭玉军："论美国与欧盟国家域外取证领域的冲突及其解决"，载《河北法学》2011 年第 4 期。

[4] 参见黄风："向外国请求刑事司法协助的程序问题"，载《人民检察》2011 年第 13 期。

查取证方式允许请求方的代表直接参加在被请求国境内进行的调查取证活动。当然，派员进行调查取证的批准程序是异常严格的，而且是以委托调查取证为基础的，即请求方代表不能私自调查取证，而是必须在被请求国人员的陪同下就特定事项进行调查取证。

由于网络犯罪的电子证据通常存在于计算机系统或网络中，而网络又是互通互联的，因此一般不需要域外取证。《公约》第 32 条规定的越境访问计算机存储数据，在一定程度上降低了域外取证的需要，但是这种取证方式是在没有被请求国人员陪同的情形下进行取证的，很可能引发侵犯他国网络安全、网络主权的问题。而且，他国境内的计算机数据也可能受到特殊的法律保护或技术保护，越境访问一般不能成功。但也不能排除电子证据存储载体、介质等在境外，为了保证电子证据的稳定性与"原件"性，在请求国技术欠缺或人员不足的情况下，就需要派员进行调查取证等域外取证方式来获取案件证据。比如，美国司法部宣称谷歌等网络公司遍布于美国境外的服务器中的数据也属于美国，那么在网络犯罪取证中就可能需要派员进行调查取证。

因此，在《公约》本部分的相互协作中应当规定一款，即第 31 条修正为：

第 1 款规定："签约方可以要求另一签约方搜查或类似访问，没收或类似取得和公开借助位于被请求的签约方的领土内的计算机系统存储的数据，包括依照第 29 条已被保存的数据。"

第 2 款规定："在协助请求被同意的前提下，签约方可以派出有关机构或人员到另一签约方领域内，直接或者协助获取与网络犯罪有关的电子证据。"

第 3 款规定："被请求的签约方应通过第 23 条中提及的国际文件、协议和法律的应用，并依照本章节中的其他相关规定对请求做出应答。"

第 4 款规定："在下列情况下可以快速请求：（1）有确切相信相关数据极易丢失或更改；或（2）第 2 款提及的文件、协议和法律提供了快速合作。"

（三）24/7 网络

第 35 条规定的 24/7 网络是《公约》十分独特的内容，这个规定是为了保护协助的连接点，从而确保对于网络犯罪的有效打击，本条共有 3 款。

第 1 款规定："每个签约方应指定一个一周 7 天、每天 24 小时的联系点，以确保在进行与计算机系统和数据相关犯罪调查或起诉时，或收集犯罪的电子形式证据时提供即时协助。此协助应推动，在其国内和规定允许下，直接采取下列行动：（1）提供技术意见；（2）依照第 29 条和第 30 条保存数据；（3）收集证据、提供合法信息以及定位嫌疑犯。"

第 2 款规定："（1）签约方的联系点应具有与另一签约方的联系点实现快速通讯的能力；（2）如果签约方指定的联系点不是签约方机构或负责国际协助或引渡的机构的一部分，这个联系点应确保它能够与上述机构进行快速合作。"

第 3 款规定："为了推动网络的运作，每一签约方应确保可获得经过训练的和已经进行装备的职员。"

应当说，鉴于网络犯罪的全球性和多点爆发特征，公约的这一规定在当前环境下仍然十分必要，应当维持这一"全天候"互动机制。

第七章　公约补充协定的中国思路

公约在起草时不可能一蹴而就，而且就算草案完备，通过时的策略考虑，补充协定也是"一大法宝"。结合当前世界网络犯罪的态势演变，中国在加入公约之后，不仅要推定完善既有的补充协定，而且要推定新的补充协定的通过。

一、关于网络种族主义和排外性质行为的补充协定的整体介绍

2001年，欧洲委员会称，该条约不久将补充关于根除种族主义网站、为网上煽动仇恨的讲话进行界定和定罪的条款。① 2003年1月23日，欧盟在斯特拉斯堡通过了《网络犯罪公约补充协定：关于通过计算机系统实施的种族主义和排外性行为的犯罪化》（Additional Protocol to the Convention on Cybercrime, Concerning the Criminalisation of Acts of a Racist and Xenophobic Nature Committed through Computer Systems）这一《网络犯罪公约》的补充协定。作为《公约》的第一个和迄今唯一一个补充协定，无疑具有范本意义，我们需要仔细探究其起草过程。在其序言中，提到了以下背景和理由：

欧洲理事会成员国和其他2001年11月23日于布达佩斯开放签署

---

① 参见佚名："欧洲委员会制定第一个网络犯罪公约"，载http://www.yesky.com/20011109/1424100.shtml, 2014年7月22日访问。

的网络犯罪公约缔约国，在此签署：

考虑到欧洲理事会的目标是在其成员国之间取得更大的一致性；

回顾到所有人在尊严和权利方面生而自由和平等；

强调有必要确保完全和有效地实施所有人权，没有任何歧视或差别地，如同在欧洲和其他国际文件中规定的一样；

确信种族主义和排外性行为构成侵犯人权和威胁法治和民主稳定；

考虑到国内和国际法律需要提供足够法律回应通过计算机系统的种族主义和排外性宣传；

意识到这些行为的宣传经常被国内立法犯罪化；

注意到提供了现代而灵活的国际合作手段网络犯罪公约，确信需要统一关于打击种族主义和排外性宣传的实体法条款；

意识到计算机系统在全球范围内提供了一种前所未有的促进表达和通信自由的手段；

认识到言论自由构成民主社会的必要基础之一，是其进步和每个人发展的基本条件之一；

但担忧误用或滥用这些计算机系统传播种族主义和排外性宣传的危险；

注意到需要确保言论自由和有效打击种族主义和排外性行为之间的合理平衡；

认识到该协议并不想影响关于言论自由的国内法律体系的既有原则；

考虑到该领域的相关国际法律文件，特别是保护人权和基本自由公约及其关于一般禁止歧视的第12号附加协议，既存的欧洲理事会关于刑法领域合作的公约，特别是网络犯罪公约，联合国1965年12月21日消除一切形式的种族歧视国际公约，1996年5月15理事会基于欧洲联盟条约第11条第3款通过的关于打击种族主义和排外性行动的欧洲联盟一致行动计划；

欢迎进一步推进打击网络犯罪和种族主义和排外的国际理解与合作；

注意到欧洲理事会国家和政府首脑会议在其第二次峰会（斯特拉

斯堡，1997年10月10日至11日）通过的基于欧洲理事会的标准和价值寻求对新技术发展的共同应对的行动计划。

由上可见，该补充协议的出发点是打击通过计算机系统实施的种族主义和排外性行为，但其要遵循一贯的人权公约和区域文件，特别是前述的网络犯罪公约，是作为网络犯罪公约的补充协议出现的。"起草网络犯罪公约的委员会讨论了包括其他内容相关罪行的可能性，比如通过计算机系统传播种族主义宣传的行为。但是，委员会不能在犯罪化该行为上达成一致。尽管有赞同该行为为罪行的不少支持者，一些代表基于言论自由立场对该条款表达了强烈担忧。注意到该问题的复杂性，决定委员会求助于欧洲犯罪问题委员会起草公约附加协议。"[1] 由此可见，附加协议成为网络犯罪公约当时不能达成一致的问题的解决方案，而这个解决方案的推动者是欧洲犯罪问题委员会，这也是《网络犯罪公约》最后一章中第44条规定的修正案中提出意见的主体，第45条解决争议的主体之一。

同样需要重视的一个问题是，该引言表明该罪行本质上是属于内容相关的罪行。而在笔者提出的新公约草案中，对于网络作为犯罪空间的情形，集中统一规定为"制作、传播违法有害信息"："当利用计算机系统、信息网络制作、传播侮辱、诽谤、虚假等违法有害信息"，这里的违法有害信息从范围上看，也包括种族主义和排外性信息，所以，在该附加协议上，应当这样规定该协议与公约的关系：网络犯罪公约能够适用本协议没有规定的事项的，包括管辖原则，缔约方应当延伸适用。如此一来，就避免了网络犯罪公约适用于该附加协议规定了的事项，换言之，附加协议规定的特别事项有限地被适用于网络犯罪规定的一般事项。

---

[1] 该协议解释性报告第4段。

二、关于网络种族主义和排外性质行为的补充协定的具体修正

第一章第1条规定了立法目的：本协议的目的在于，在本协议缔约国家补充网络犯罪公约关于通过计算机系统实施的种族主义与排外性行为的犯罪化条款。《公约》解释性报告指出：本协议的条款是命令性质的。为了满足这些义务，缔约国不仅必须制定合适的立法，而且确保其得以有效执行。

第2条规定了定义：为了本协议的目的，"种族主义和排外性材料"是指赞同、提倡或刺激基于种族、肤色、出身或国籍或民族的状况，和作为任何这些因素借口的宗教，对任何个体或团体进行仇恨、歧视或暴力的思想或理论的任何书面材料、任何图像或任何其他表现形式。该附加协议中使用的术语和表达应当如同它们根据网络犯罪公约的解释一样被解释。对此，《公约》解释性报告指出，种族主义和排外性的思想或理论的书面材料、图像或任何其他表现形式是以能通过计算机系统存储、处理和传播的格式存在的。所以，笔者建议在公约正文中明确这一点。协议正文中的术语和表达要与网络犯罪公约正文中的术语和表达一致，也意味着协议解释性报告中的术语和表达要和公约解释性报告中的术语和表达作同等解释。

第二章规定了国家层面的措施。第3条规定了通过计算机系统传播种族主义和排外性的材料：当利用计算机系统传播或者以其他方式提供种族主义和排外性的材料给公众，是没有正当理由而故意进行时，每一签约方应采取本国法律下认定犯罪行为必要的立法的和其他手段。一方可以保留不对本条第1款规定的行为适用刑事责任的权利，如果第2条第1款规定的材料赞同、提倡或刺激与仇恨或暴力无关的歧视，且有其他有效的救济。尽管如此，一方可以保留不对由于关于言论自由国内法律体系确立的原则而其不能提供前款提到的有效救济的歧视案例适用第1款的权利。对此，《公约》解释性报告指出，该协议不影响根据合法政府授权实施的行为（例如，一方政府采取行

动维护公共秩序，保护国家安全或调查刑事犯罪）。而且，网络设计固有的合法和一般活动，或者合法并且一般性的运营或商业活动不应当被犯罪化。留待缔约方决定这些例外，如果实施于其国内法律制度（在刑法或其他文件中）。并且，协议中的所有罪行必须是"蓄意"实施的，才能适用刑事责任。在某些案件中附加的特定主观要素构成该罪行的一部分。该协议的起草者，同公约的起草者一样认为"蓄意"的确切含义应当留待国内法解释。如果没有要求的主观要素，人们不能在刑事上为任何本协议规定的罪行负责。例如，服务提供者根据本条被归责是不足够的，因为这样的服务提供者仅仅是作为含有这些材料的网站或新闻编辑室的渠道或主持，在具体案件中没有国内法要求的主观要素。而且，并不要求服务提供者监测行为，以避免刑事责任。

对此解释性报告，应当说，几年过去了，《公约》起草者仍然未能与时俱进，仍然完全免除了服务提供者的监控责任，却不知不少国家的国内法已经这样要求了。根据笔者在前述网络作为犯罪空间的部分提出的网络信息分级和过滤机制要求，应当对这里和前述网络犯罪公约解释性报告进行限缩：虽然对违法有害信息的传播不是其本身的意图，但是蓄意在英美法上一般认为是"引发某种结果是其目的，或者虽非其目的，但其知道该结果将是他成功完成引发其他后果的事件过程中正常发生，也就是说，意图 A 结果必然涉及 B 结果的发生，则对 B 结果仍然也认定为意图。"[①] 所以如果不支持分级和过滤，必然导致违法有害信息传播，也是一种主观上的"蓄意"，应当认定为犯罪。或许公约和协定起草者认识到了这样一种现象，但是却认为"蓄意"必须是自觉希望实施某种行为或者发生某种结果，而把这种现象排除在"蓄意"之外。这一点是我们理解和适用公约和协定必须要阐明的差异，否则未来新公约会遇上更大的理解和适用问题。

另外，需要理顺协议本条中的 3 款规定之间的关系：第 1 款规定

---

① 参见［英］赫林：《刑法》，法律出版社 2002 年版，第 67 页。

是一般要求；而第 2 款规定是对非与仇恨或暴力有关的歧视场合进行"缓和"，允许对规定为犯罪进行保留，而采纳其他的有效救济；第 3 款规定是当限于国内言论自由方面的法律原则不能对歧视案件进行有效救济时，可以对第 1 款规定为犯罪的要求进行保留。

第 4 条规定了种族主义和排外激发的威胁行为：利用计算机系统威胁对以下人们或团体之一实施国内法律规定的严重罪行：（1）由于种族、肤色、出身或国籍或民族的状况，和作为任何这些因素的借口的宗教，而被区别出来的团体的人们；（2）任何由于这些特征而被区别出来的团体，是没有正当理由而故意进行时，每一签约方应采取本国法律下认定犯罪行为必要的立法的和其他手段。对于本条，需要注意的是，根据其解释性报告，威胁实施的罪行是否严重，留待缔约国判断。当然，这一结论其实也可从协议正文"国内法律规定的严重罪行"这一表述中自然得出。所以这一结论没有必要添加至补充协议正文中。但是，另一个要点，就是不要求威胁为公开进行，私下传播也构成本罪，鉴于与下一条的对比，笔者以为有必要在正文当中予以明示为"公开或者不公开地"。

第 5 条规定了种族主义和排外激发的侮辱：当利用计算机系统公开地侮辱以下人们或团体之一：（1）由于种族、肤色、出身或国籍或民族的状况，和作为任何这些因素的借口的宗教，而被区别出来的团体的人们；（2）任何由于这些特征而被区别出来的团体，是没有正当理由而故意进行时，每一签约方应采取本国法律下认定犯罪行为必要的立法的和其他手段。一方可以要求本条第 1 款提到的罪行具有第一款提到的人或团体遭受了仇恨，轻视或嘲笑的影响，或者保留整体或部分不适用本条第 1 款的权利。对此，协议解释性报告指出，该行为必须实际上使第一款提到的人或团体受到了仇恨、轻视或嘲笑，而非有此可能或危险。如此看来，本条规定的罪行与前条规定的威胁罪行相比，除了要求公开进行，而且还允许缔约方另行添加行为结果要素，甚至完全保留其适用效果。应当说，要求公开进行，是国内侮辱罪的一般性构成要素，但要求实际效果，则是种族主义和排外侮辱行为特有的规定。

第6条规定了否定、严重低估、赞同或正当化种族灭绝或反人类罪：当利用计算机系统向公众传播或提供否定、严重低估、赞同或正当化国际法定义的，1945年8月8日伦敦协定确定的国际军事法庭最后有效判决认定的，或任何其他相关国际文件确定的、其管辖为该方承认的国际法庭最后有效判决认定的构成种族灭绝的行为或反人类罪的材料，是没有正当理由而故意进行时，每一签约方应采取本国法律下认定犯罪行为必要的立法的和其他手段。一方可以要求本条第1款提到的罪行具有第1款提到的人或团体遭受了仇恨，轻视或嘲笑的影响，或者保留整体或部分不适用本条的权利。一方可以要求本条第1款要求的否定或者严重低估的实施意图是引发针对由于种族、肤色、出身或国籍或民族的状况，和作为任何这些因素的借口的宗教，而被区别出来的团体或人们的仇恨、歧视或暴力，或者保留整体或部分不适用本条第一款的权利。根据该条的解释性报告，该条的目的是想明确，历史正确性得以确定的事实是不允许被否定、严重低估、赞同或正当化，以支持可憎的理论和思想。当然，由于这是不允许言论的表达，也存在前一条的疑虑，所以也允许附加要素，限缩罪行范围，甚至整体予以保留。应当说，本条的目的非常契合当代的种族主义和排外事实，但是，其最大的缺憾应当是，真正对此不知悔改的国家是不会缔结本协议的，即使缔结，也会对本条进行保留。所以，国际协定的目标只能是，尽可能地争取更多的国家加入到本协议，在更大的范围形成对种族主义和排外行为的高压态势。

第7条规定了帮助和教唆行为：当帮助或教唆根据本协定确定的任何罪行，意图该罪行得以实施，是没有正当理由而故意进行时，每一签约方应采取本国法律下认定犯罪行为必要的立法的和其他手段。对此，解释性报告指出，本条的目的是确定帮助或教唆任何罪行的实施的罪行。与公约不同的是，该协议并没有包括其罪行的实施未遂的犯罪化，因为已经被犯罪化的行为很多具有预备性质。对此，笔者以为，这样的理由不能成立。首先，即使是很多罪行具有预备性质，那其他没有预备性质的犯罪呢？他们的未遂应当认定为犯罪，当然各国刑法中对未遂的处罚模式不同，但可以规定保留。其次，即使是具有预备性质的犯罪，如上述威胁罪行，也因为其严重危害性而被特别立法，被实行化，成为完全的犯罪行为，不能排除其未遂构成犯罪的可能。在对网络犯罪公约未遂规定的评论中，笔者就已经指出：对其犯罪的教唆和帮助共犯，"毫不留情"，全部规定是可罚的，且不允许保留，这也反映了各国对共犯的普遍打击态度；而对犯罪的未遂，则考虑到各国法律制度的基本概念有所不同，允许保留该条款以限制未遂处罚的范围，且规定一些条款本身没有未遂，以排除其未遂的适用。

应当说，如此规定，能够在很大程度上达到其立法目的。对教唆犯和帮助犯的规定也能弥补上述网络空间作为犯罪平台规定的补足措施。但是，在未遂规定上，规定一些条款本身没有未遂，以排除其未遂的适用，笔者担心会事与愿违。换言之，不规定一些条款有未遂条款的适用，视乎是能排除其未遂的适用，扩张其"既遂"的适用。但是，实际效果恐怕是，限制了前面"正条"规定的适用。如果参照共犯条款无一遗漏的做法，则全部可以适用未遂规定，反而可以避免认定为未遂而不能适用正条的规定。因此，这里也应当参照新公约的规定，不但要规定未遂犯罪，而且要全部规定未遂犯，只是缔约国可以对具体条款的未遂犯进行保留。否则事实上认定为未遂，又没有未遂条款的涵盖，则难以全面打击网络犯罪。所以，笔者建议新协议条款规定为：当帮助或教唆本协议前述各条确立的任何罪行，意图该罪行得以实施，或者实施本协议各条确立的任何罪行而未遂，是故意进行时，每一签约方应采取本国法律下认定犯罪行为必要的立法的和其他手段。各方可以保留整体或部分地不适用本条未遂规定部分。

第八条规定了网络犯罪公约和本协议的关系：公约第1条、第12条、第13条、第22条、第41条、第44条、第45条和第46条应当准用于本协议。缔约方应当延伸公约第14条至第21条、第23条至第35条规定的措施的适用范围于本协议第2条至第7条。解释性报告指出，为了明确性，相关的条款被具体指出。但是，笔者以为，具体规定固然可以明确指明应当适用的条款,但却限制和排除了其他条款的适用。对此,前已述及,在该附加协议上,应当这样规定该协议与公约关系:网络犯罪公约条款能够适用本协议没有规定的事项的,包括管辖原则,缔约方应当延伸适用。如此一来,就避免了《公约》适用于该附加协议规定了的事项,换言之,附加协议规定的特别事项有限地被网络犯罪规定的一般事项适用。所以,笔者建议,采用总结和列举的方式表明适用的条款范围:网络犯罪公约条款能够适用本协议没有规定的事项的,包括管辖原则,缔约方应当延伸适用。

第四章规定了本协议的约束同意的表达、生效、加入、保留和宣言、保留的地位和撤销、领土适用、退出、通知等事项,与网络犯罪公约本身的规定类似,兹不赘述。

三、关于网络恐怖活动犯罪的补充协定的实证与中国论证

根据上述关于种族主义网站、网上煽动仇恨进行界定和定罪的条款,我们应当而且可以对网络恐怖主义活动犯罪进行界定和定罪。

恐怖活动犯罪已经成为公共安全乃至国家安全的严重威胁。在传统社会和网络社会交叉融合的"双层社会",网络恐怖活动犯罪愈演愈烈。中国政法大学网络法研究中心主任于志刚教授研究网络犯罪近20年,提出"要在了解涉网恐怖活动的基础上,预测和设计未来的网络恐怖主义应对策略。"研究网络恐怖16年的以色列海法大学传播学教授在美国威尔逊中心发布报告,"警惕社交媒体成为恐怖组织新阵地"。无疑,对网络恐怖活动犯罪进行数据统计,具有基础性意义。针对网络恐怖活动犯罪愈演愈烈的犯罪态势,笔者通过信息网络检索各种涉案资料,随机整理了100个网络恐怖活动犯罪案例。从整个完整的网络恐怖犯罪流程链条来看,可以将网络恐怖活动犯罪分为以下行为类型进行评估。

(一)网络恐怖活动犯罪的实证评估

一般的网络恐怖宣传中5种行为类型并发。恐怖活动犯罪分子可

以利用网络进行恐怖活动宣传,达到制造恐慌氛围犯罪目的。网络恐怖宣传行为主要分为 5 种,按照出现的频率依次是恐吓将要进行恐怖袭击、恐怖活动实时传播、进行一般性恐怖主义宣传、恐吓能够进行恐怖袭击、纪念恐怖主义活动。所以,未来反恐怖法对于网络恐怖宣传行为的打击应当主要面向这 5 种行为类型,而现实反恐实践则应当加大对于这 5 种行为的立案侦查力度,积累实践经验。

特别是,网络煽动宣传中各行为形式之间和各行为类型之间差异都较大。恐怖活动犯罪分子可以利用网络进行煽动宣传,达到强化既有成员犯意以及增加独立的追随者、信奉者数量的犯罪目的。其一,在煽动形式上,可以开设网络媒体以进行煽动宣传;提供链接、音视频、文本。其二,在煽动内容上,可以进行综合性、一般性煽动;煽动利用网络新媒体进行恐怖宣传;树立精神偶像的煽动、明确煽动"独狼行动";煽动进行反犹等具体恐怖活动。可见,网络中几乎所有的宣传形式都已被犯罪分子利用,网络反恐形势极为严峻;而在煽动内容上,不仅仅煽动具体的犯罪活动,更多的是一种全方位的、"潜移默化"的策略。在煽动"独狼行动"的案例中,有一半已经产生的实际效果,受惑者自身单独进行了恐怖袭击。而且,有一半案例中的宣传还明确了网络空间中的反映效果,这些是潜在的实际效果,包括点赞人次、评论人次、浏览量、关注者数量、推送消息追随者人数(15000)。可见,煽动消息的传播人次动辄达到成千上万的程度,实际影响是巨大的。

但是,网络聚集人员、财物、信息案例难以发现。网络招募传统恐怖活动组织成员的行为极为少见。原因应当是由于信息网络的特性,进行"独狼行为"的煽动宣传就已足够,如果加入组织可能仍然需要进行严格的线下交流和考验。换言之,信息时代的恐怖活动发生了变化,不再要求必须加入组织和进行严格的身份认证甚至登记,只要行为人单方面认可恐怖主义组织的宣传,可以单独行动即可,不需要在行动时受命听从具体指挥,"独狼行为"是恐怖组织追求的新形式,在"独狼行为"发生时,恐怖组织甚至可能根本不知道行为人及其行为的存在。而利用信息网络进行资金募集的案例都属于两个在网络上最为活跃的恐怖组织（圣战组织和基地组织）。可见，重者恒重，传统空间中的恐怖组织的"老大"到了网络空间依然是"大哥"，在其他恐怖组织尚未涉足的资金募集领域较早进行了"开发"。在信息时代，网络恐怖活动犯罪随机案例中只有一例利用信息网络进行情报挖掘和数据分析的案例，似乎反常。但是，审视前述进行恐怖宣传和攻击的案例可以发现，恐怖组织很可能早已掌握了相关犯罪所必须的图像信息、防卫信息，而这些信息必然包括源于网络空间这一潜力巨大的犯罪"富矿"中的信息搜集、整理甚至是通过黑客行为获取的信息。同时，在后续利用信息网络进行恐怖犯罪的协调、组织方面，已经在实然层面表明，恐怖组织已经掌握了此类信息：既然能够在信息网络上提供此类信息，那么它们也能够在信息网络上搜集和分析此类信息。

类似的，网络协调组织行为也难以发现，一共才涉及8个案例。其中，在利用网络进行协调组织的网络恐怖活动犯罪中，进行犯罪预备、综合性的协调组织是主流，少数是为具体的恐怖犯罪如谋杀进行组织协调。网络训练指导则呈现出四位一体的行为类型结构：恐怖活动犯罪事先的攻击技能培训、安全培训，应用于进行恐怖活动事中的指导，以及一般性的全方位指导。而在公众预期最高的网络恐怖攻击行为的数据分析中，将网络、计算机作为恐怖犯罪对象的案例却只有7个。综合来看，攻击内容具有综合性的著名网站是主流，由于著名网站涉众广布，有利于实现恐怖主义的目标；而攻击特定知名的邮件、社交应用账号则是特定情况下的特定目标，较为罕见。网络事后认领行为中利用网络进行事后认领的案例有9个，其中对于数个恐怖活动进行认领的案例有2个，不可忽视。

综合以上分析，公众所关注的网络恐怖活动犯罪并非在实际犯罪态势中占据主流，需要进一步宣传引导；学者所研究的网络恐怖活动犯罪也并不全面，需要扩大研究领域；反恐实践对于网络恐怖活动犯罪的关注也存在重点偏差的问题，需要未来的立法实践进行提升和改进。只有在实证评估的基础上，进行体系性的调整，才可谓持久的反恐策略。

（二）网络恐怖活动犯罪分析凸显刑法应对困境

恐怖活动犯罪与网络的结合，在不同层面上对刑事立法和司法产生了全面的挑战和冲击，需要进行体系性的梳理和反思。

1. 侦查诉讼的困境：网络恐怖活动犯罪难以发现和预防

整个网络犯罪都反映的问题之一是其高度的技术性，使得司法部门难以侦查取证。在网络恐怖活动犯罪中也凸显了打击难度的问题。前述100个随机案例中利用网络聚集人员（2%）、财物（3%）、信息（1%）的恐怖犯罪比例正反映了恐怖活动犯罪的隐蔽性，这与网络恐怖宣传活动犯罪不同，前者为后续犯罪积累力量，必然要求隐蔽性，而宣传活动就是要尽可能地广为公开传播。此外，虽然我们可以通过技术防范，防止两类犯罪的出现：一是针对网络所实施的恐怖主义活动，即攻击特定的系统和网络；二是利用网络实施传统的恐怖主义活动，例如，通过网络远程操控系统实施一些传统空间的破坏活动。但是，网络恐怖信息反复出现，即使在官方处理后，仍能在搜索引擎和一些社交网站上搜索出来，这种情况在100个随机案例中也多次出现。

这些打击和预防难度的问题凸显了现行刑事立法和司法的缺憾：（1）对网络空间的重视不够，在此突出表现为反恐力量未能充分掌握网络恐怖活动的特征与打击策略，尤其对网络平台没有足够地重视；（2）在实战上，未能组建专门的网络反恐力量，一般是侦查力量立案一般的网络犯罪都感觉难以下手，对网络恐怖活动犯罪这一未来将愈演愈烈的特别网络犯罪更是心有余而力不足；（3）网络恐怖活动犯罪的国际刑事司法协助机制欠缺，信息沟通不畅，联合力度不够。

2. 罪名体系的缺失：网络恐怖活动犯罪难以全面覆盖

《刑法》分则除了第120条组织、领导、参加恐怖组织罪和第120条之一资助恐怖活动罪外，专门的反恐罪名几乎没有，在罪名数量上甚至明显少于黑社会组织犯罪的罪名，既不能充分贯彻国际反恐公约的要求，也难以满足不断发展的反恐需要。① 这两个罪名在应对传统空间中的恐怖犯罪时尚且"力不从心"，在面临网络空间中的全新犯罪行为模式时，更显"捉襟见肘"。这其实凸显的是立法的粗疏，随着罪情的演变发展，这一矛盾越来越突出：多样复杂的罪情需要多样化、成体系的罪名。

其一，网络恐怖宣传行为的罪行评价缺失。前已总结，网络恐怖宣传行为主要分为5种，恐吓将要进行恐怖袭击、恐怖活动实时传播、进行一般性恐怖主义宣传、恐吓能够进行恐怖袭击、纪念恐怖主义活动。将这些行为种类套进"组织、领导、参加恐怖活动组织罪"显然是牵强的，有违罪刑法定原则，而且不能做到罪刑相适应的评价。（1）恐吓将要进行恐怖袭击的，如果是虚假信息的，可能被评价为编造、传播虚假恐怖信息罪，但是，该信息毕竟涉及恐怖袭击，属于"危害公共安全"的一类信息，与该罪本身针对的爆炸威胁、生化威胁、放射威胁等恐怖信息（属于"扰乱公共秩序"）还是有区别的，是否能实现罪刑相适应的刑法评价，也值得考虑。如果恐吓信息并不虚假，则产生类似军警人员能否评价为"冒充军警人员抢劫"的问题。（2）恐怖活动实时传播的，连认定为"虚假"恐怖信息的可能性都没有，完全无法进行刑法评价。（3）进行一般性恐怖主义宣传的，由于内容庞杂，更是需要全新的罪名予以容纳。（4）恐吓能够进行恐怖袭击的，只是一种能力的展示或者犯意的凸显，对此现行刑法也难以评价。（5）纪念恐怖主义活动的，只是在事后强化恐怖主义袭击的宣传效果，甚至宣传的不是该组织或者该人所应当负责的袭击行为，所以也难以用现行罪名体系予以容纳。

其二，网络聚集人员、财物、信息行为的罪行评价缺失。（1）或许利用信息网络吸纳人员的行为，能够认定为组织恐怖组织罪，但是如果对"组织"行为进行狭义限定，只是初始的"创设"行为，而不包括后续的不断扩容成员行为，那么，很多网络招募行为将无法为

---

① 参见于志刚："恐怖主义犯罪与我国立法应对"，载《人民检察》2011年第21期。

该罪名所评价。此外,还存在协助组织的行为无法评价的问题:即使能够评价组织行为,那么,懂得网络技术的人员帮助发布招募信息的,是否能评价为网络组织行为的正犯,也是问题。(2)利用信息网络募集资金、财物的行为,《刑法》规定了资助恐怖活动罪,但却对收受一方的行为没有进行规制,显然是法律的漏洞。此时可能只能评价为组织、领导、参加恐怖组织罪的预备行为。但是,如果行为人想"单干"呢?"资助恐怖活动组织或者实施恐怖活动的个人的"的法条表述本身就提示我们,这种情况是存在的,也是典型的行为类型。这种情况下只能评价为刑法其他罪名的预备行为了,但从罪名上,根本看不出和恐怖活动有关,是否适用《刑法》总则第 66 条的特别累犯制度,从严打击"恐怖活动犯罪"也成为疑问。(3)利用信息网络搜集和处理信息、情报的,只能认定为其他涉及秘密的犯罪,但如果不涉及秘密,则无法直接评价,可能评价为相关恐怖犯罪的预备行为,是否能够达到罪刑相适应的规制效果,值得考虑。可见,只有针对恐怖组织的独立罪名,而无针对恐怖活动的独立罪名,导致一系列的刑法评价困境和偏差。

其三,网络恐怖攻击行为的评价困境。在已有案例中,攻击大型著名网站、攻击电子通讯、攻击社交账号的行为都对现行评价体系产生冲击。(1)攻击大型网站,可能为破坏计算机信息系统罪所覆盖,但是,如果适用该罪名要求的"后果严重",则可能难以达到,如1998 年西班牙抗议者扰乱全球通信机构(网络服务提供商)的运行;并且如果达到,只"处五年以下有期徒刑或者拘役",显然在罪刑评价上不相适应。(2)攻击电子通讯的,如斯里兰卡一团体自称"网络黑虎",通过大量的电子邮件攻击,扰乱斯里兰卡大使馆的通信,也存在类似的问题。(3)攻击社交账号的,可能难以评价为非法获取计算机信息系统数据,因为其可能完全不获取,而直接适用强大的信息技术手段予以进入;此时也难以评价为非法侵入计算机信息系统罪,因为该罪保护的对象是特定的计算机信息系统。可见,出于恐怖主义目的而进行的网络恐怖袭击,在刑事政策上必然要求予以规制,而现行罪名体系却常常只能"望洋兴叹"。

其四,虚假认领行为的评价困境。虽然在既有的认领案件中,未能发现虚假认领的申请发生,似乎自己真实认领还可以增加刑事诉讼上的证据和证明力。但是,虚假认领的行为是在逻辑上和事实上存在的。网络恐怖分子的威胁对象包括政治团体或其他种族、宗教或民族主义者团体(都可包括其他恐怖分子团体)。[①] 类似的,恐怖分子出于各种目的,完全可能将其他恐怖分子或者恐怖组织实施的犯罪活动"认为己有"或者"据为己有",甚至将非恐怖活动的行为及后果也宣称"如假包换"。此时,就产生了刑法评价的困境。虚假认领他人的犯罪的,我们可能想到伪证罪,但是该罪要求特定的参与刑事诉讼的主体,不可能是被告人,而且该罪要求"意图陷害他人或者隐匿罪证"的特定动机。其实,虚假认领行为,不管是认领他人的犯罪行为,还是认领他人的非犯罪行为甚至天灾,都事实干扰了刑事司法的进行,应当评价为广义的妨害公务,但是现行的妨害公务罪根本无法规制干扰现有的犯罪追诉的行为,或者不当地发起本不存在的刑事追诉的行为。

3. 传统犯罪形态规则的偏差:网络恐怖活动犯罪难以合理评价

网络犯罪早已经在一般性地冲击着传统的共同犯罪评价规则以及犯罪完成形态评价规则。[②] 这在网络恐怖活动犯罪中有了新的表现形式,需要刑法研究的及时跟进。

其一,网络犯罪一般呈现犯罪链条的形态和流程模式,但是犯罪链条的各个节点之间很难根据传统的共同犯罪评价规则认定为共同犯罪。这是因为各个节点的独立性在网络空间中愈加凸显。例如,前述网络恐怖活动犯罪从恐怖活动事前、事中、事后的整个流程模式来看,的确可以分为9大类行为模式,但是,从100个随机案例中可以发现,几乎没有哪个案例涉及3种以上行为模式,只有少数案例同时

[①] Myth and Realities Cyberterrorism, "Countering Terrorism Through International Cooperation", Alex P. Schmid (ed.), ISPAC, Vienna, 2001, p. 42.

[②] 参见于志刚:"网络犯罪与中国刑法应对",载《中国社会科学》2010年第3期。

涉及两种行为模式，绝大部分案例只涉及某一特定行为方式，这就意味着，这9种行为模式中的每一个模式所代表的犯罪链条节点都需要在个案中独立评价。此时，或许评价为共同犯罪的可能是，根据犯意联络，将幕后的组织、策划者、资助者认定为共犯。但是这种思路存在重大缺陷：（1）即使能够评价为理论上的共犯，仍然无法评价为法定的共犯，因为实在法上在很多情况下并无针对上述行为模式的特定罪名，而将实施9种行为的人认定为组织、领导恐怖活动罪的共犯，则是将正犯共犯化处理的表现，显然不能反映罪行的本质，也无法实现罪刑一致的评价；（2）即使如此评价无法定限制，也无罪刑失衡的问题，如此认定共同犯罪也是难以操作的，不说组织、领导者难以捕获，即使捕获，要认定其与网络恐怖活动犯罪人之间的犯意联系也是困难重重，因为行为人很可能只是"独狼行动"，也就是自发、自觉地实施上述9种行为，而恐怖组织并不知道其人、其行为的存在。

其二，网络恐怖活动犯罪绝大部分并未能直接对刑法所保护的法益造成侵害，而仅仅实施了预备行为，难以评价为犯罪既遂。如网络煽动宣传的行为类型中恐怖主义活动的一般性煽动、进行"独狼行动"的煽动、进行具体恐怖袭击的煽动、进行网络恐怖宣传的煽动、树立精神偶像的煽动，再如招募人员、募集资金、收集信息的行为。如果仅仅评价为组织、领导恐怖犯罪的预备行为，是难以实现罪刑相适应的评价的。例如，网络煽动行为的与传统网络空间中的煽动行为不可相提并论，其不仅直接面对成千上万的受众，而且其煽动信息是无国界的，甚至超时间限制存在，很可能在信息网络上反复出现，前面提到的网络恐怖信息一天内取得的效果指数就是很好的说明。所以，评价为犯罪预备行为是对罪刑关系的不当把握。

4. 管辖权限的限制：网络恐怖活动犯罪难以有效管辖

前述网络恐怖活动犯罪涉及的国家和地区分布的模糊化现象凸显了信息时代网络恐怖活动犯罪的管辖权问题。随着网络时代的来临与网络犯罪的兴起，由于虚拟空间具有瞬时性、无界性的特点，过去具有合理性的管辖原则受到了强烈的冲击。这一点，甚至成为网络社会中的常态现象,尤其是煽动型犯罪等与信息密切关联的犯罪。① 对于网络恐怖活动犯罪,也存在管辖权限的困惑。如 1996 年秘鲁恐怖分子不仅在一个欧洲网站上传播其袭击信息,而且还提供了一段准备任务的视频。此时,各个国家属人管辖权、属地管辖权等各种管辖权互相冲突是不可避免的。更为忧心的是,一方面,确定网络恐怖分子适用的计算机的位置是个问题;另一方面,网络恐怖主义相关的网络空间没有领土,与网络恐怖分子相关的很可能是整个计算机系统,该犯罪本身发生在网络空间中。② 花费数年仅仅为确定网络恐怖分子是谁和他们在哪里是难以有效威慑网络恐怖犯罪的。

客观地讲,国际公约中的刑事管辖权问题是个核心问题,它是国际社会需要携手合作、学术界需要重点研究的方面,而《网络犯罪公约》却实质采取了一种回避的态度,只是简单地照搬传统的刑事管辖规则,建议各缔约方在具体案件中通过磋商解决,实际上等于放弃了建立网络犯罪全新刑事管辖权规则的探索。而各种反恐公约也并未对网络恐怖活动犯罪有足够认识,更谈不上对其管辖权作出规定。当然,此种情况,可能也是未能推动各国在这一问题上达成一致的一种表现。

(三) 网络恐怖活动犯罪法律应对策略的体系化构建

"网络恐怖主义应当描述为使用电子网络……实施既定的国内禁止恐怖主义的制度所犯罪化的实质行为或者国际习惯法所涵盖的恐怖主义行为。"③ 这表明,打击网络恐怖主义,必须从国内和国际两个视野展开思考和互动。对网络恐怖群体特征和网络行为特征的研究归根结底要落实到如何应对的问题上来,即在理解过去网络恐怖活动的基

---

① 参见于志刚:"'信息化跨国犯罪'时代与《网络犯罪公约》的中国取舍——兼论网络犯罪刑事管辖权的理念重塑和规则重建",载《法学论坛》2013 年第 2 期。

② Kelly A. Gable, Cyber-Apocalypse Now, "Securing the INternet Against Cyberterrorism and Using Universal Jurisdiction Dterrent", 43 Vand. J. Tansnat'l L. 57 2010, pp. 100~101.

③ Yaroslav Shiryaev, "Cyberterrorism in the Context of Contemporary INternational Law", 14 San Diego Int'l L. J. 139 2012~2013, p. 191.

础上，预测和设计未来的网络恐怖主义应对策略。针对以上凸显的网络恐怖活动犯罪的刑法应对困境，有必要构建相应的应对体系。

1. 树立多重平台思维，强化网络恐怖犯罪打击机制

从体制机制上讲，对于打击难度的问题，要加强国际、国内合作，建立定期和不定期交流合作机制。例如，欧洲刑警组织、国际刑警组织以及联合国反恐委员会等国际组织掌握了较为全面的网络恐怖活动犯罪信息；美国 FBI 等官方机构也积累了较为成熟的网络恐怖活动防控与打击策略；英国正致力于建立以英国情报部门政府通信总局为中心的监测网络，将情报局、国防部、内政部等多个政府部门进行统一协调，各自分工，相互合作，并与其他国家进行合作，为网络空间制定国际标准。① 这也就是针对新的犯罪平台构建新的打击平台的思维。中国未来的反恐专门力量，必须与网络恐怖活动犯罪一同跟进网络空间，学习和交流网络恐怖活动犯罪的防控和打击的策略与机制，在搭建网络恐怖活动犯罪信息反馈通报、联手打击等国际、国内平台方面加强探索。

从刑事思维转变上讲，要转变针对网络恐怖主义的刑事政策，从偏重传统空间的恐怖活动到重视网络空间的恐怖主义活动，从偏重打击传统的恐怖活动到并重威慑网络恐怖活动。"尽管只有时间才能说明不同的法案是否将有预期效果，但不可否认的是政府认真对待网络恐怖主义问题。"② 网络恐怖信息反复出现的实例就表明，网络恐怖信息治理不能被预防，所以符合逻辑的步骤是尝试通过持久有效的起诉来威慑网络恐怖分子。③ 对此，特别要建立对跨国界的恐怖活动犯罪网络平台的有效规制机制。"网络平台责任"在信息时代不可回避：网络平台本身可视作网络空间中的"准政府""准国家"；在所有空

---

① 参见佚名："英国依靠立法强化监管互联网 打击网络恐怖主义"，载 http：//www. ln. chinanews. com/html/2014 - 02 - 25/828519. html，2014 年 7 月 23 日访问。

② Tara Mythri Raghavan, In Fear of Cyberterrorism, "An Analysis of the Congressional Response", 2003 U. Ⅲ. J. L. Tech. &Pol'y 297 2003, p. 17.

③ Kelly A. Gable, Cyber - Apocalypse Now, "Securing the Internet Against Cyberterrorism and Using Universal Jurisdiction Dterrent", 43 Vand. J. Tansnat'l L. 57 2010, p. 99.

间中则可认为是"二政府""二国家"。网络运营商提供着网络社会的生存平台，在信息时代事实上承担着"网络社会"的部分管理职能，必须承担起相应的反恐责任，对于纵容恐怖主义宣传、煽动等的运营商，绝不姑息，必须予以严厉的法律制裁，包括刑事制裁；尤其是对于国外网络运营商，要探索通过国际合作，建立有针对性、有实效的制裁行为。

2. 完善反恐罪名体系，全面覆盖网络恐怖活动犯罪

要增设"实施恐怖活动罪"，这是恐怖活动犯罪的基本罪名，也是中国刑法恰恰缺失的一个罪名。恐怖活动毕竟有鲜明的特色，其犯罪手段的恐怖性和制造社会恐慌之目的性都有别于普通刑事犯罪，有些行为也无法按照普通罪名定罪量刑。因此，可以借鉴法国、俄罗斯等国立法例，单独规定"实施恐怖活动罪"，将恐怖行为按照一个罪名统一评价，既能填补刑法真空，也避免将恐怖活动以爆炸罪等普通刑事犯罪论处。[1] 增设罪名不仅能够弥补法律漏洞，而且能够对恐怖活动犯罪进行刑罚上的特别谴责，也能在刑罚上实现罪刑相适应的评价。

此外，针对上述网络恐怖宣传行为，网络招募人员、募集资金、搜集信息的行为，网络恐怖袭击行为、网络虚假认领行为也需要专门立法；或者修改现有罪名内容，以扩容行动行为方式。特别是要增设"煽动实施恐怖活动罪"，形成与"煽动分裂国家罪""煽动民族仇恨、民族歧视罪"两上罪名相互支撑：其一，这三股势力经常是交叉融合在一起的；其二，三者在刑法章节上也能实现有序过渡。这样，就可以从罪名体系上进行有针对地的覆盖和评价。

3. 调适犯罪形态评价规则，及时跟进网络恐怖活动犯罪样态

针对前述犯罪链条断裂趋势，有必要对单一的犯罪链条节点进行独立评价。正犯化处理意味着独立的罪名、独立的犯罪定量标准、独立的犯意认定标准。例如，针对煽动"独狼行动"的行为，不评价为实施恐怖活动罪行的共犯，而是直接认定为该罪，或者增设的其他针

---

[1] 参见于志刚："恐怖主义犯罪与我国立法应对"，载《人民检察》2011年第21期。

对该种行为的特定罪名，并且对其设定独立的犯罪定量标准，实现准确的罪刑评价，再者单独认定其犯罪主观方面，而不依赖于上下游行为人的主观状态。

此外，对网络恐怖活动犯罪进行预备行为实行化处理，不管是通过现阶段初步的扩大解释，还是未来的长远立法。例如恐吓将要进行恐怖袭击的，以及网络煽动宣传的，进行完成形态的评价，评价为实施恐怖活动罪行的完成形态，或者评价为其他专门针对其的特定罪名的完成形态，并适用独有的犯罪定量标准，如网络平台数量、音视频数量、文本数量、网络链接等。由此从严打击犯罪组织及其活动，这是有司法根据的。《最高人民法院、最高人民检察院关于办理组织和利用邪教组织犯罪案件具体应用法律若干问题的解答》规定，利用互联网以外的计算机网络、广播、电视或者利用手机群发短信息、群发IP录音电话、BP机群呼等形式宣扬邪教、传播邪教信息的，应当认定为"其他制作、传播邪教宣传品，情节严重的"。对于宣传邪教的活动，尚且对互联网以外的网络宣传行为予以直接打击，对于社会危害和反人类性质有过之而无不及的网络恐怖活动宣传，必须进行直接打击。日后最高人民法院出台司法政策，打击传播暴恐音视频犯罪，也应当遵循这一思路。

上述两点策略表明：针对网络空间中不断异化的网络恐怖行为类型，调适和增加不同罪名，势在必行。针对网络恐怖犯罪，构建体系化的犯罪定量标准，对其进行公正、高效的罪行评价，难以回避。

4. 延伸普遍管辖范围，完善甚至起草国际反恐公约

面对网络恐怖活动犯罪的管辖权限困惑，必须重新梳理网络犯罪的管辖权规则，进行理念的转型。已有的反恐公约已经明确了对实害型恐怖犯罪的普遍管辖权。但是，网络空间中的恐怖活动犯罪往往是在实害发生以前的行为，如宣传行为，以及特定的宣传行为，如认领行为。这种情况在我国也有抬头的趋势。北京发生"10·28"严重暴力恐怖袭击案件后，"东伊运"发布恐怖视频，宣称对袭击案件负责，并继续煽动对中国政府实施恐怖袭击；从破获的昆明"3·01"、乌鲁

木齐"4·30""5·22"等多起暴恐案件来看,暴恐分子几乎都曾收听、观看过暴恐音视频,最终制造暴恐案件。普遍管辖权应当是网络恐怖活动犯罪的最佳管辖权原则,能够有效地追诉网络恐怖犯罪分子,不受"双重犯罪规则"的引渡条件限制,对网络恐怖活动犯罪实行普遍管辖,符合普遍管辖原则所要求的严重国际罪行、共同利益、国家作为国际社会代理人起诉等原理。[1] 所以,这些网络恐怖信息等网络恐怖活动犯罪行为也应当一体被纳入普遍管辖权的适用范围之内,否则恐怖犯罪行为转移到网络空间就无法被有效管辖。

以管辖权的明确为核心,完善现有反恐公约,甚至牵头起草全新的网络反恐公约,是国际和国家反恐形势的要求,也符合国际条约的发展惯例。其一,突尼斯等国最近进行反恐立法,各国也加大了这方面的研究和投入,与中国在同一起跑线上。其二,在国际反恐条约的修订或网络反恐条约的增设上,已有较为成熟的模式,如劫持航空器条约的对罪情的不断跟进。就反恐公约而言,由针对典型正犯的公约《制止恐怖主义爆炸事件的国际公约》(1997年12月15日)发展到针对恐怖犯罪共犯的公约《制止向恐怖主义提供资助的国际公约》(1999年12月9日),再发展到针对新型恐怖犯罪的公约《制止核恐怖主义行为国际公约》(2005年4月13日),表明国际反恐公约的发展必然是随着罪情的变化而不断升级和成体系的。在信息时代,网络恐怖活动犯罪的罪情呼唤中国与其他国家进行及时应对,而国际公约的完善甚至起草就是其中的必备一环。[2]

四、关于网络恐怖活动犯罪的补充协定的起草与中国说明

结合以上基础论述与前述关于种族主义网站、网上煽动仇恨进行

---

[1] Kelly A. Gable, Cyber – Apocalypse Now, "Securing the Internet Against Cyberterrorism and Using Universal Jurisdiction Dterrent", 43 Vand. J. Tansnat' l L. 57 2010, pp. 103、111、112.

[2] 公约中也可有其他针对网络恐怖犯罪分子的从严规则。如针对网络空间中的网络恐怖行为类型,增加网络"禁止令"。再如规定网络恐怖活动犯罪分子的"特别累犯"制度、不受追诉时效限制制度。

界定和定罪的条款,可以总结出网络恐怖活动犯罪附加协议的主要条款应当包括:

其一,网络恐怖活动犯罪的定义。对于网络恐怖活动犯罪的研究和规制,首先要明确该种罪行研究的语境,也就是其理论背景问题。在我国实在法上,只有刑法上提到了"恐怖活动组织""恐怖活动犯罪"的概念,但迄今仍无统一的解释。至于网络恐怖活动犯罪,更是没有涉及。这与我国网络和罪情的发展阶段,以及立法和研究的滞后有关。国外针对这一概念的研究较为丰富。以色列海法大学传播学教授 Gabriel Weimanq 迄今研究网络恐怖主义已经十几年,可以说其对网络恐怖主义的认识较具代表性。2004 年,他认为网络恐怖主义是网络空间与恐怖主义的结合,指的是对于计算机、网络及其上存储的信息的非法攻击和威胁攻击,以恐吓或强迫政府或其人民来达到政治或社会目的。① 可见,在网络发展的第二个阶段,其认识仍然处于网络 1.0 时代,认为网络恐怖主义只限于网络恐怖攻击行为。到了 2014 年,在网络 3.0 阶段,其对网络恐怖主义的认识就及时跟进了。他认为新媒体带来了新恐怖主义,并详细分析了电子圣战、Facebook 恐怖主义、Twitter 恐怖主义、Youtube 恐怖主义等新恐怖主义,认为恐怖分子已经长久使用网络,以招募人员、进行宣传、进行蛊惑、进行恐吓、募集资金。② 由此可见,网络恐怖主义的概念和范围是随着网络的演变、网络恐怖活动犯罪的罪情变化而不断发展的过程。在现阶段,必须与时俱进地认为,网络恐怖活动犯罪是指出于恐怖主义目的,针对计算机、信息网络,利用信息网络,或者在信息网络上进行的攻击行为及所有攻击行为的预备行为与帮助行为。在信息时代,"恐怖活动犯罪"的概念要比"恐怖活动组织"的概念更为周延:特

---

① Gabriel weimannm, Cyberterrorism, "How Real Is the Threat?", 载 http://dspace.cigili-brary.org/jspui/bitstream/123456789/15033/1/Cyberterrorism% 20How% 20Real% 20Is%20the%-20Threat.pdf?, 2014 年 6 月 5 日访问。

② Gabriel weimannm, "New Terrorism and New Media", 载 http://www.wilsoncenter.org/sites/default/files/STIP_ 140501_ new_ terrorism_ F_ 0.pdf, 2014 年 6 月 5 日访问。

定的网络恐怖活动犯罪可能并不能归责于特定的恐怖活动组织。网络恐怖主义前者的行为人包括国家、非国家行为人、公司、个人。[①] 而预备行为与帮助行为之所以与攻击行为并列为网络恐怖活动犯罪，是因为在信息时代，预备行为与帮助行为已经产生了异化，其危害性和行为模式已经开始独立，Gabriel Weimanq 教授在 2004 年的定义中将"威胁攻击"与"非法攻击"并列对待，无疑是有前瞻性的。

其二，术语一致的规定。前述关于种族主义网站、网上煽动仇恨进行界定和定罪的条款，在界定"种族主义和排外材料"后提出了该附加协议中使用的术语和表达应当如同它们根据网络犯罪公约的解释一样被解释。网络恐怖活动犯罪附加协议作为网络犯罪公约的附加协议，也应当如此规定。

其三，国家层面措施应当规定的罪行。(1) 通过计算机系统传播恐怖主义材料：当通过计算机系统发行或以其他方式提供恐怖活动材料，包括煽动实施恐怖活动犯罪和宣传恐怖活动犯罪、组织、个人的材料，给公众，是没有正当理由而故意进行时，每一签约方应采取本国法律下认定犯罪行为必要的立法的和其他手段。网络恐怖活动材料是任何通过计算机系统和信息网络赞成、宣传、刺激恐怖主义的材料。(2) 基于恐怖主义的威胁：当通过计算机系统威胁实施恐怖活动犯罪，是没有正当理由而故意进行时，每一签约方应采取本国法律下认定犯罪行为必要的立法的和其他手段。(3) 恐怖活动犯罪网络预备行为：当为了恐怖主义目的通过计算机系统和信息网络招募人员、募集资金、搜集信息时，每一签约方应采取本国法律下认定犯罪行为必要的立法的和其他手段。(4) 网络恐怖袭击行为：当为了恐怖主义目的攻击计算机系统、计算机数据、信息网络时，每一签约方应采取本国法律下认定犯罪行为必要的立法的和其他手段。(5) 网络虚假认领行为：当为了恐怖主义目的通过计算机系统和信息网络对恐怖活动犯

---

① Yaroslav Shiryaev, "Cyberterrorism in the Context of Contemporary INternational Law", 14 San Diego Int' I L. J. 139 2012～2013, p. 139.

罪进行虚假认领时，每一签约方应采取本国法律下认定犯罪行为必要的立法的和其他手段。

其四，其他规定。(1) 帮助和教唆行为和未遂行为：当帮助或教唆本公约前述各条确立的任何罪行，意图该罪行得以实施，或者实施本公约各条确立的任何罪行而未遂，是故意进行时，每一签约方应采取本国法律下认定犯罪行为必要的立法的和其他手段。各方可以保留整体或部分地不适用本条未遂规定部分。(2) 与公约的关系：网络犯罪公约能够适用本协议没有规定的事项的，包括管辖原则，缔约方应当延伸适用。

图书在版编目（CIP）数据

网络犯罪公约的修正思路／郭旨龙，丁琪，高严著．
—北京：中国法制出版社，2016.1
（法学格致文库系列／于志刚主编）
ISBN 978-7-5093-6846-6

Ⅰ．①网… Ⅱ．①郭… ②丁…③高… Ⅲ．①互联网络-计算机犯罪-研究-中国 Ⅳ．①D924.364

中国版本图书馆 CIP 数据核字（2015）第 256385 号

策划编辑／刘　峰（52jm.cn@163.com）
责任编辑／靳晓婷（tinajxt@126.com）　　　　　　封面设计／杨泽江

网络犯罪公约的修正思路
WANGLUO FANZUI GONGYUE DE XIUZHENG SILU

著者／郭旨龙　丁琪　高严
经销／新华书店
印刷／北京九州迅驰传媒文化有限公司

开本／640 毫米×960 毫米　16	印张／15　字数／189 千
版次／2016 年 1 月第 1 版	2016 年 1 月第 1 次印刷

中国法制出版社出版
书号 ISBN 978-7-5093-6846-6　　　　　　　　　定价：58.00 元

北京西单横二条 2 号　　　　　　　值班电话：010-66026508
邮政编码 100031　　　　　　　　　传真：010-66031119
网址：http://www.zgfzs.com　　　　编辑部电话：010-66054911
市场营销部电话：010-66033393　　　邮购部电话：010-66033288

（如有印装质量问题，请与本社编务印务管理部联系调换。电话：010-66032926）